数字化管理创新系列教材

数字化运营管理
（微课视频版）

李晓 刘正刚 王雷 何炳炯 编著

清华大学出版社
北京

内容简介

本书沿着企业数字化转型的思路，从企业数字化转型战略—数字化运营系统的规划与设计—数字化运营系统的管理逐步展开，全面系统地介绍制造企业数字化运营管理相关的理论与实践，探索企业从订单到交付完整价值链的数字化转型。

全书共 8 章，第 1 章为概述，主要介绍数字经济的时代背景、数字产业化与产业数字化以及数字化运营管理的内涵等；第 2 章为企业数字化转型战略，主要介绍企业如何制定与实施数字化转型战略；第 3、4 章属于数字化运营系统的规划与设计，包括数字化设计与制造以及数字孪生与数字化工厂，主要介绍如何进行产品的数字化设计与制造，如何构建基于数字孪生的数字化工厂，以及数字化工厂的整体架构；第 5～8 章为数字化运营系统的管理，主要介绍企业资源计划、高级计划排产、从制造执行系统到制造运营管理以及工业互联网。全书理论与实践相结合，每章均附有微课视频和课后习题。

本书适合作为高等院校数字化工程与管理、管理科学与工程、工业工程、工商管理等专业本科生的教材，同时可供对企业数字化转型与数字化运营管理感兴趣的企业人员、广大科技工作者和研究人员参考。

本书封面贴有清华大学出版社防伪标签，无标签者不得销售。
版权所有，侵权必究。举报：010-62782989，beiqinquan@tup.tsinghua.edu.cn。

图书在版编目(CIP)数据

数字化运营管理：微课视频版/李晓等编著. —北京：清华大学出版社，2021.9(2023.1重印)
(数字化管理创新系列教材)
ISBN 978-7-302-58790-3

Ⅰ. ①数… Ⅱ. ①李… Ⅲ. ①数字技术－应用－企业管理－高等学校－教材 Ⅳ. ①F272.7

中国版本图书馆 CIP 数据核字(2021)第 156432 号

责任编辑：刘向威　张爱华
封面设计：文　静
责任校对：焦丽丽
责任印制：曹婉颖

出版发行：清华大学出版社
网　　址：http://www.tup.com.cn，http://www.wqbook.com
地　　址：北京清华大学学研大厦 A 座　　邮　编：100084
社 总 机：010-83470000　　邮　购：010-62786544
投稿与读者服务：010-62776969，c-service@tup.tsinghua.edu.cn
质量反馈：010-62772015，zhiliang@tup.tsinghua.edu.cn
课件下载：http://www.tup.com.cn，010-83470236

印 装 者：三河市铭诚印务有限公司
经　　销：全国新华书店
开　　本：185mm×260mm　　印　张：15.25　　字　数：368 千字
版　　次：2021 年 11 月第 1 版　　印　次：2023 年 1 月第 5 次印刷
印　　数：7501～9500
定　　价：49.00 元

产品编号：087523-01

总序
FOREWORD

2003年,在习近平新时代中国特色社会主义思想的重要萌发地浙江,时任省委书记的习近平同志提出建设"数字浙江"的决策部署。在此蓝图的指引下,"数字浙江"建设蓬勃发展,数字化转型和创新成为当前社会的共识和努力方向。特别是党的十八大以来,我国加快从数字大国向数字强国迈进,以"数字产业化、产业数字化"为主线推动经济高质量发展,我国进入数字化发展新时代。

数字强国战略的实施催生出大量数字化背景下的新产业、新业态和新模式,响应数字化发展需求的人才培养结构和模式也在发生显著变化。加强数字化人才培养已成为政、产、学、研共同探讨的时代话题。高等教育更应顺应数字化发展的新要求,顺变、应变、求变,加快数字化人才培养速度、提高数字化人才培养质量,为国家和区域数字化发展提供更好的人才支撑和智力支持。数字化人才不仅包括数字化技术人才,也包括数字化管理人才。当前,得益于新工科等一系列高等教育战略的实施以及高等学校数字人才培养模式的改革创新,数字化技术的人才缺口正在逐步缩小。但相较于数字经济的快速发展,数字化管理人才的供给缺口仍然巨大,加强数字化管理人才的培养和改革迫在眉睫。

近年来,杭州电子科技大学管理学院充分发挥数字化特色明显的学科优势,努力推动数字化管理人才培养模式的改革创新。2019年,在国内率先开设"数字化工程管理"实验班,夯实信息管理与信息系统专业的数字化优势,加快工商管理专业的数字化转型,强化工业工程专业的数字化特色。当前,学院数字化管理人才培养改革创新已经取得良好的成绩:2016年,信息管理与信息系统专业成为浙江省"十三五"优势本科专业(全省唯一),2019年入选首批国家一流本科建设专业。借助数字化人才培养特色和优势,工业工程和工商管理专业分别入选首批浙江省一流本科建设专业。通过扎根数字经济管理领域的人才培养,学院校友中涌现了一批以独角兽数字企业联合创始人、创业者以及知名数字企业高管为代表的数字化管理杰出人才。

杭州电子科技大学管理学院本次组织出版的"数字化管理创新"系列教材,既是对学院前期数字化管理人才培养经验和成效的总结提炼,又为今后深化和升华数字化管理人才培养改革创新奠定了坚实的基础。该系列教材既全面剖析了技术、信息系统、知识、人力资源等数字化管理的要素与基础,也深入解析了运营管理、数字工厂、创新平台、商业模式等数字化管理的情境与模式,提供了数字化管理人才所需的较完备的知识体系建构;既在于强化系统开发、数据挖掘、数字化构建等数字化技术及其工程管理能力的培养,也着力加强数据分析、知识管理、商业模式等数字化应用及其创新能力的培养,勾勒出数字化管理人才所需的创新能力链条。

"数字化管理创新"系列教材的出版是杭州电子科技大学管理学院推进数字化管理人才培养改革过程中的一项非常重要的工作,将有助于数字化管理人才培养更加契合新时代需求和经济社会发展需要。"数字化管理创新"系列教材的出版放入当下商科人才培养改革创新的大背景中也是一件非常有意义的事情,可为高等学校开展数字化管理人才培养提供有益的经验借鉴和丰富的教材资源。

作为杭州电子科技大学管理学院的一员,我非常高兴地看到学院在数字化管理人才培养方面所取得的良好成绩,也非常乐意为数字化管理人才培养提供指导和支持。期待学院在不久的将来建设成为我国数字化管理人才培养、科学研究和社会服务的重要基地。

是为序!

中国工程院 机械与运载工程学部 院士
工程管理学部

2020年6月

前言

本书是"数字化管理创新系列教材"之一,是为顺应数字经济时代数字化相关人才培养的需求而编写。本书在编写过程中根据培养应用型人才的需要,本着循序渐进、理论联系实际的原则,内容以适量、实用为度,注重理论知识的运用,着重培养学生应用理论知识分析和解决企业数字化转型中遇到的实际问题的能力。本书力求叙述简练,概念清晰,通俗易懂,便于自学。与本书配套的课程"数字化运营管理"已在中国大学 MOOC 以及"智慧树"网站上线。本书沿着数字化转型战略—数字化运营系统的规划与设计—数字化运营系统管理的思路展开,力求紧密联系企业实际的同时,又能够形成具有严密逻辑的理论系统,是一本体系创新、深浅适度、重在应用、着重能力培养的应用型本科教材。

本书共 8 章,主要内容有概述、企业数字化转型战略、数字化设计与制造、数字孪生与数字化工厂、企业资源计划、高级计划排产、从制造执行系统到制造运营管理以及工业互联网。

本书可作为高等院校数字化工程与管理、管理科学与工程、工业工程以及工商管理等专业本科生的教材,同时可供对企业数字化转型与数字化运营管理感兴趣的企业人员、广大科技工作者和研究人员参考。

本书由杭州电子科技大学管理学院李晓、刘正刚、王雷和原浙江正凯集团有限公司CIO(首席信息官)何炳炯共同编写。其中第 1~4 章由李晓编写,第 5、6 章由刘正刚和何炳炯编写,第 7、8 章由李晓和王雷编写。全书由李晓完成修改及统稿。本书在编写过程中得到杭州电子科技大学管理学院的大力支持,在此表示衷心的感谢。同时也感谢曹佳柔、陈雨晨、梁鸿飞、李冲、秦嘉乐、陈冠臻等同学为本书的编写所做的收集和整理资料工作。

特别感谢清华大学出版社的编辑为本书的出版付出的辛勤劳动。

本书在编写过程中参考了国内外大量数字化运营相关书籍、期刊、会议资料、白皮书、公众号、个人微博等,在此一并感谢。由于编者水平有限,书中不妥之处在所难免,欢迎广大同行和读者批评指正。

李 晓
2021 年 4 月

目录

第 1 章 概述 ... 1
1.1 数字经济 ... 1
- 1.1.1 数字经济的"前世今生" ... 1
- 1.1.2 数字经济的概念 ... 4
- 1.1.3 数字产业化与产业数字化 ... 6

1.2 数字化核心技术 ... 7
- 1.2.1 5G 技术 ... 7
- 1.2.2 云计算 ... 8
- 1.2.3 人工智能 ... 10
- 1.2.4 物联网 ... 10
- 1.2.5 边缘计算 ... 12

1.3 产业数字化 ... 13
- 1.3.1 产业数字化概况 ... 13
- 1.3.2 产业数字化场景 ... 14

1.4 数字化运营管理概述 ... 17
- 1.4.1 数字化运营管理产生背景 ... 17
- 1.4.2 数字化运营管理的内涵 ... 18
- 1.4.3 本书内容介绍 ... 19

习题 ... 19

第 2 章 企业数字化转型战略 ... 22
2.1 企业数字化转型趋势与挑战 ... 22
- 2.1.1 数字化转型的驱动力 ... 22
- 2.1.2 传统产业数字化转型的趋势 ... 24
- 2.1.3 企业数字化转型的挑战 ... 25

2.1.4　数据安全挑战与安全能力 25
　2.2　数字化转型相关术语 27
　　　2.2.1　信息数字化 27
　　　2.2.2　业务数字化 27
　　　2.2.3　数字化转型 27
　2.3　企业数字化转型战略规划 28
　　　2.3.1　数字化转型战略规划内容 28
　　　2.3.2　数字化转型助力制造企业赢得竞争优势 28
　　　2.3.3　制造企业推进数字化转型战略规划 29
　　　2.3.4　制造企业数字化转型模式 30
　2.4　企业数字化转型战略举措 31
　习题 35

第3章　数字化设计与制造 37
　3.1　工业革命与制造变革 37
　　　3.1.1　工业革命的发展历程 37
　　　3.1.2　工业4.0与智能制造 40
　3.2　产品数字化开发概述 42
　　　3.2.1　产品开发基本流程 42
　　　3.2.2　产品数字化设计过程 43
　　　3.2.3　产品数字化开发的三个阶段 45
　3.3　产品全生命周期管理 46
　　　3.3.1　PLM的概念与内涵 46
　　　3.3.2　PLM的管理功能 47
　　　3.3.3　PLM软件介绍 52
　3.4　数字化设计与制造技术 54
　　　3.4.1　数字化设计技术 54
　　　3.4.2　数字化制造技术 58
　　　3.4.3　基于模型的企业 61
　习题 63

第4章　数字孪生与数字化工厂 66
　4.1　数字孪生的产生与发展 66
　　　4.1.1　数字孪生的产生 66
　　　4.1.2　数字孪生的发展历程 67
　4.2　数字孪生的概念与内涵 69
　　　4.2.1　数字孪生的定义 69
　　　4.2.2　数字孪生的内涵 70
　4.3　数字孪生的内容与架构 71
　　　4.3.1　数字孪生的内容 71

4.3.2　数字孪生的架构 ………………………………………………… 72
　4.4　数字化工厂 ……………………………………………………………… 74
　　　4.4.1　基于数字孪生的数字化工厂 …………………………………… 74
　　　4.4.2　数字化工厂推进与建设路径 …………………………………… 77
　　　4.4.3　数字化工厂的核心架构 ………………………………………… 78
　习题 …………………………………………………………………………… 82

第5章　企业资源计划 …………………………………………………………… 84
　5.1　ERP 概述 ……………………………………………………………… 84
　　　5.1.1　ERP 的概念与作用 ……………………………………………… 84
　　　5.1.2　ERP 系统的功能模块及其集成 ………………………………… 85
　5.2　MRP 及其运算逻辑 …………………………………………………… 92
　　　5.2.1　MRP 的基础信息 ………………………………………………… 92
　　　5.2.2　MRP 逻辑 ………………………………………………………… 95
　　　5.2.3　MRP 基本逻辑模型的 Excel 仿真案例分析 …………………… 98
　5.3　MPS 及其运算逻辑 …………………………………………………… 101
　　　5.3.1　MPS 概述 ………………………………………………………… 101
　　　5.3.2　MPS/ATP 案例 …………………………………………………… 103
　　　5.3.3　MPS/ATP 软件案例解析 ………………………………………… 105
　　　5.3.4　ATP 算法解析 …………………………………………………… 108
　5.4　能力需求管理 …………………………………………………………… 109
　　　5.4.1　能力需求管理概述 ………………………………………………… 109
　　　5.4.2　RCCP 及其运算逻辑 …………………………………………… 113
　　　5.4.3　CRP 及其运算逻辑 ……………………………………………… 119
　习题 …………………………………………………………………………… 121

第6章　高级计划排产 …………………………………………………………… 126
　6.1　APS 概述 ………………………………………………………………… 127
　　　6.1.1　APS 的概念与内涵 ……………………………………………… 127
　　　6.1.2　APS 与 ERP 的对比与关联 ……………………………………… 129
　　　6.1.3　APS 与 SCM 关联分析 …………………………………………… 132
　6.2　APS 体系架构及系统功能模块 ………………………………………… 134
　　　6.2.1　APS 体系架构 …………………………………………………… 134
　　　6.2.2　APS 系统功能模块 ……………………………………………… 136
　　　6.2.3　APS 系统功能实施案例 ………………………………………… 137
　6.3　APS 的逻辑 ……………………………………………………………… 143
　　　6.3.1　APS 计划排产的三种模式 ……………………………………… 143
　　　6.3.2　APS 计划排产建模 ……………………………………………… 144
　　　6.3.3　APS 计划排产规则 ……………………………………………… 147
　6.4　APS 系统的算法 ………………………………………………………… 149

   6.4.1　APS算法分类 ·············· 149
   6.4.2　APS算法本质 ·············· 150
   6.4.3　APS算法优劣分析 ·············· 154
 习题 ·············· 155

第7章　从制造执行系统到制造运营管理 ·············· 158
 7.1　MES的基本概念 ·············· 158
   7.1.1　MES的产生与发展 ·············· 158
   7.1.2　MES的定义 ·············· 160
   7.1.3　MES系统的发展趋势 ·············· 162
 7.2　MES系统的功能模型及与其他系统的集成 ·············· 163
   7.2.1　MES系统的核心功能 ·············· 163
   7.2.2　MES系统与其他系统的集成与比较分析 ·············· 165
 7.3　MES系统规划与需求分析 ·············· 167
   7.3.1　基础数据梳理 ·············· 167
   7.3.2　业务流程梳理与优化 ·············· 173
   7.3.3　工艺建模与分析 ·············· 176
   7.3.4　数据采集基础梳理 ·············· 176
   7.3.5　MES系统边界与集成 ·············· 178
   7.3.6　系统需求分析与框架设计 ·············· 179
   7.3.7　实施方案制定 ·············· 181
 7.4　制造运营管理 ·············· 182
   7.4.1　MOM概念的提出 ·············· 182
   7.4.2　MOM与MES的关系 ·············· 183
   7.4.3　MOM的功能结构模型 ·············· 184
   7.4.4　MOM信息的交互与信息资源 ·············· 190
   7.4.5　MOM活动模型 ·············· 191
   7.4.6　MOM的案例 ·············· 193
 习题 ·············· 199

第8章　工业互联网 ·············· 201
 8.1　工业互联网概述 ·············· 201
   8.1.1　工业互联网发展的动因 ·············· 201
   8.1.2　工业互联网的概念与内涵 ·············· 202
   8.1.3　工业互联网的本质与特征 ·············· 204
 8.2　工业互联网平台的体系架构及核心技术 ·············· 206
   8.2.1　工业互联网平台的定位和作用 ·············· 206
   8.2.2　工业互联网平台的体系架构 ·············· 207
   8.2.3　工业互联网平台的核心技术 ·············· 209
 8.3　工业互联网平台应用案例 ·············· 211

8.4 工业互联网平台运营模式 …………………………………………………… 216
8.5 基于区块链的工业互联网 …………………………………………………… 218
　8.5.1 区块链概述 ………………………………………………………… 218
　8.5.2 区块链赋能工业互联网 …………………………………………… 221
习题 ………………………………………………………………………………… 226
参考文献 ………………………………………………………………………… 228

第 1 章 概述

数字经济作为信息时代新的经济社会发展形态,正成为全球经济发展的新动能,将带来哪些变革?企业、消费者、政府以及整个社会该如何迎接数字经济的到来?本章从数字经济的"前世今生"开始,逐步介绍何为数字经济、数字经济有哪些特征、数字产业化和产业数字化的相关概念和内容,最后介绍数字化运营管理的产生背景与内涵。

1.1 数字经济

从农业时代、工业时代到信息时代,纵观世界文明史,每次科技革命和产业变革都推动了生产力的大幅提升和人类文明的巨大进步,技术力量不断推动人类创造新的世界,人类正站在一个新的时代到来的前沿。如图 1.1 所示,数字经济作为信息时代新的经济社会发展形态,更容易实现规模经济和范围经济,日益成为全球经济发展的新动能。

1.1.1 数字经济的"前世今生"

1. 数字经济的"前世"

"数字经济"(digital economy)一词首次出现在 1994 年加拿大商业策略大师唐·塔普斯科特(Don Tapscott)的著作 *The Digital Economy: Promise and Peril in the Age of Networked Intelligence*(数字经济:网络智能时代的承诺与危险,见图 1.2)中,作者突出了该词,并对其做了详细描述,此文引起了巨大的反响。唐·塔普斯科特被公认为"数字经济之父"。

The Digital Economy: Promise and Peril in the Age of Networked Intelligence 中,唐·塔普斯科特回答了每个有远见的高管和经理心中的一个问题:新技术对我和我的业务意味着什么。唐·塔普斯科特用通俗易懂的语言表达了成功参加新 IT 浪潮的领先组织的实际案例,揭示了新技术和业务策略不仅会改变业务流程,而且会改变产品和服务的创建

视频讲解

图 1.1　数字技术发展推动全球进入数字经济时代(中国信通院,2019)

图 1.2　唐·塔普斯科特和他的 *The Digital Economy: Promise and Peril in the Age of Networked Intelligence*

方式与投放市场、企业的结构和目标、竞争的动态以及业务成功的所有规则。但是,非凡的旅程并没有就此结束。

数字经济还将人们带到计算、电信和娱乐的新融合中心。从沃尔玛公司的电子连接采购系统,到太阳微系统的桌面大学,再到大通曼哈顿银行的消费者视频亭等,它揭示了渴望结果的组织如何从简单的重新设计过渡到公司完全由 IT 推动的转型。

1994 年,美国 MIT 教授、MIT 媒体实验室创办人尼古拉斯·尼葛洛庞蒂(Nicholas Negroponte)出版了《数字化生存》(Being Digital)一书(见图 1.3)。书中写道:计算机不再只与计算有关,它决定我们的生存;社会的基本构成要素将由原子(atom)转变成比特(bit);网络将改变人们的生存方式、改变世界。该书出版后曾长期位居美国《纽约时报》畅销书排行榜榜首,美国《时代》周刊将尼古拉斯·尼葛洛庞蒂评为当代最重要的未来学家之一。

《数字化生存》是一部有关数字化社会的启蒙之作,它对互联网的发展起到了推波助澜

图1.3 尼古拉斯·尼葛洛庞蒂和他的《数字化生存》

的作用。尼古拉斯·尼葛洛庞蒂也因此被称为"数字化之父"。

随着曼纽尔·卡斯特(Manuel Castells)的《信息时代:经济、社会与文化》(*The Information Age: Economy, Society and Culture*)三部曲、尼古拉斯·尼葛洛庞帝的《数字化生存》等著作的出版和畅销,数字经济理念在全世界流行开来。

1998年,美国商务部发布报告:*The Emerging Digital Economy*(《新兴的数字经济》),从政府角度判断美国数字经济的到来,并开始设计测量指标、搜集数据,将数字经济纳入官方统计中。此后,又陆续发布了 *The Emerging Digital Economy* Ⅱ(《新兴的数字经济Ⅱ》)和 *Digital Economy* 2000(《数字经济2000年度报告》)等。"数字经济"的概念在全社会开始广泛使用。

由于万维网的普及,大量资金投入互联网企业,纳斯达克股指曾疯涨到5000多点。美国政府也在不断宣传以数字经济为特征的新经济神话,美国信息产业1990—2000年平均增长率达到6.47%,是其GDP(国内生产总值)增速的2倍。但到了2001年,新经济神话突然破灭,纳斯达克股指跌到1000多点,许多互联网公司倒闭。当时很多经济学家争论数字经济究竟有没有提高生产率,互联网经济是不是泡沫。国内一些学者也发表文章论述中国处在工业化时期,重化工阶段不可逾越。在这种情况下,我国的数字经济和信息化推进速度有所下降。

事实表明,2001年的互联网泡沫破灭只是数字经济发展过程中一段短暂的低潮。2004年美国脸书(Facebook)公司成立,几年后其市值就超过谷歌(Google)公司,社交网络很快成为全球热点。接着,云计算、物联网风起云涌,一浪接一浪,将数字经济又推向高峰。2004—2007年,全球经济年均增长速度高达5%,是近30年来增长最快且最为平稳的一段时间。2008年的国际金融危机使全球经济特别是传统金融业遭受重创,但苹果、脸谱、谷歌、微软、亚马逊等数字公司基本上毫发无损。我国的阿里巴巴、百度、腾讯等数字企业受影响也不大,为我国经济稳定增长做出了贡献。

2. 数字经济的"今生"

大数据、人工智能、虚拟现实、区块链等技术的兴起为人们带来了希望,世界各国不约而同地将这些新的信息技术作为未来发展的战略重点。

2016年9月,二十国集团(G20)杭州峰会发布《数字经济发展与合作倡议》,认为数字经济将提供新角度和新思维,通过推动新工业革命的技术、要素和组织变革,提高全要素生产率和潜在增长率,提升中长期增长潜力,开启世界经济增长前景的全新评价和发展模式。

2016年10月,习近平总书记在中共中央政治局第三十六次集体学习时强调,要做大做强数字经济,加快数字经济对经济发展的推动。

2017年3月,"数字经济"被写进了政府工作报告,提出"加快人工智能、第五代移动通信等技术研发和转化,推进'互联网＋'深入发展,促进数字经济加快成长,让企业广泛受益、群众普遍受惠"。

2017年1月7日,阿里巴巴集团副总裁、阿里研究院院长高红冰发布《数字经济2.0》报告。

2017年3月3日,腾讯公司董事会主席马化腾认为"数字经济"与"互联网＋"一脉相承。"互联网＋"强调的是连接;"数字经济"强调的是连接之后有产出,有效益。

数字经济已成为我国以及世界各国的重要战略发展方向,也被视为经济增长的新引擎。

1.1.2 数字经济的概念

视频讲解

数字经济有一个广泛的相似概念"家族"。维基百科(Wikipedia)提出,数字经济时常与互联网经济(internet economy)、新经济(new economy)、网络经济(web economy)等概念表达相似或观念相同。

1. 数字经济的定义

1) 二十国集团数字经济的定义

二十国集团对数字经济的定义是:"数字经济是指以使用数字化的知识和信息作为关键生产要素、以现代信息网络作为重要载体、以信息通信技术的有效使用作为效率提升和经济结构优化的重要推动力的一系列经济活动。"这一定义的外延很广,远远超出了狭义的信息产业。

2) 中国信息通信研究院(CAICT):《中国数字经济发展白皮书》

数字经济是以数字化的知识和信息为关键生产要素,以数字技术创新为核心驱动力,以现代信息网络为重要载体,通过数字技术与实体经济深度融合,不断提高传统产业数字化、智能化水平,加速重构经济发展与政府治理模式的新型经济形态。其内涵是:

- 数字经济包括数字产业化和产业数字化;
- 数字经济超越了信息产业部门的范围;
- 数字经济是一种技术经济范式;
- 数字经济是一种经济社会形态;
- 数字经济是信息经济、信息化发展的高级阶段。

3) 陈世清:对称经济学术语表

作为经济学概念的数字经济是人类通过大数据(数字化的知识与信息)的识别—选择—过滤—存储—使用,引导、实现资源的快速优化配置与再生,实现经济高质量发展的经济形态。

通过不断升级的网络基础设施与智能机等信息工具,以及互联网、云计算、区块链、物联网等信息技术,数字经济促使人类处理大数据的数量、质量和速度的能力不断增强,从而推动人类经济形态由工业经济向信息经济—知识经济—智慧经济形态转化,最终极大地降低社会交易成本,提高资源优化配置效率,提高产品、企业、产业附加值,推动社会生产力快速发展,同时为发展中国家后来居上实现超越性发展提供了技术基础。

数字经济也称智能经济,是工业4.0或后工业经济的本质特征,是信息经济—知识经济—智慧经济的核心要素。正是得益于数字经济提供的历史机遇,中国才得以在许多领域实现超越性发展。

2. "数字经济"概念中"数字"的含义

(1) 数字技术。如大数据、云计算、人工智能、区块链、物联网、AR/VR等,将极大地提高生产力,扩大经济发展空间,产生新的经济形态,创造新的增量财富,同时也将推动传统产业转型升级,优化产业结构,从传统实体经济向新实体经济转型。

(2) 数字即数据。特别是大数据,既是新的生产要素,也是新的消费品。

大数据作为新的生产要素,不仅能够提高其他生产要素(资本、劳动)的使用效率和质量,更重要的是,大数据将改变整个生产函数,即经济活动的组织方式,通过平台化的方式加速资源重组,提升全要素生产率,推动经济增长。

大数据作为消费品,数字所包含的信息、知识、数字内容、数字产品已经形成了非常大的市场,同时也成为新的财富载体,直播、短视频、数字音乐、新闻推送等产业极富创造力,且增长速度飞快。

3. 数字经济的三大定律与七大特征

1) 数字经济的三大定律

(1) 梅特卡夫定律。一个网络的价值等于该网络内节点数的平方,而且该网络的价值与联网的用户数的平方成正比。该定律意味着一个网络的用户数越多,整个网络和该网络内的每台计算机的价值也就越大。相应公式是网络的价值 $V=KN^2$,其中 K 为价值系数,N 为用户数,如图1.4所示,图中,网络的成本 $C=PN$,其中 P 为成本系数,相应两条线相交处形成一个临界点。

图1.4 梅特卡夫定律

(2) 摩尔定律。集成电路上可容纳的晶体管数目约每隔18个月便会增加一倍,性能也将提升一倍。它揭示了信息技术进步的速度。

(3) 达维多定律。进入市场的第一代产品能够自动获得50%的市场份额,所以任何企业在本产业中必须第一个淘汰自己的产品。实际上,达维多定律体现的是网络经济中的马太效应,即强者愈强、弱者愈弱的两极分化现象。

这三大定律决定了数字经济具有的基本特征。

2) 数字经济的七大特征

(1) 快捷性。

首先,互联网突破了传统的国家和地区界限,被网络连为一体,使整个世界紧密联系起来,把地球变成为一个"村落"。其次,突破了时间的约束,使人们的信息传输、经济往来可以在更小的时间跨度上进行。最后,数字经济是一种速度型经济。现代信息网络可用光速传输信息,数字经济以接近于实时的速度收集、处理和应用信息,节奏大大加快。

(2) 高渗透性。

迅速发展的信息技术、网络技术具有极高的渗透性功能,使得信息服务业迅速地向第一、第二产业扩张,使三大产业之间的界限模糊,出现了第一、第二和第三产业相互融合的趋势。

(3) 自我膨胀性。

网络价值等于其节点数的平方,说明网络产生和带来的效益将随着网络用户的增加而呈指数形式增长。在数字经济中,由于人们的心理反应和行为惯性,在一定条件下,优势或劣势一旦出现并达到一定程度,就会导致不断加剧而自行强化,出现"强者更强,弱者更弱"的"赢家通吃"的垄断局面。

(4) 边际效益递增性。

边际效益递增性主要表现为:一是数字经济边际成本递减;二是数字经济具有累积增值性。

(5) 外部经济性。

网络的外部经济性是指每个用户从使用某产品中得到的效用与用户的总数量有关。用户人数越多,每个用户得到的效用就越高。

(6) 可持续性。

数字经济在很大程度上能有效杜绝传统工业生产对有形资源、能源的过度消耗,造成环境污染、生态恶化等危害,实现了社会经济的可持续发展。

(7) 直接性。

由于网络的发展,经济组织结构趋向扁平化,处于网络端点的生产者与消费者可直接联系,因此降低了传统的中间商层次存在的必要性,显著降低了交易成本,提高了经济效益。

1.1.3　数字产业化与产业数字化

数字经济有数字产业化和产业数字化两大部分。数字产业化也称为数字经济的基础部分,即信息产业,具体包括电子信息制造业、电信业、软件和信息技术服务业、互联网行业等;产业数字化也称为数字经济的融合部分,即传统产业由于应用数字技术所带来的生产数量和生产效率提升,其新增产出构成数字经济的重要组成部分(见图1.5)。

数字产业化通常意义上讲就是通过现代信息技术的市场化应用,将数字化的知识和信息转化为生产要素,推动数字产业的形成和发展。数字产业化是发展数字经济的重要内容,是推动经济高质量发展的重要驱动力。习近平总书记强调:"要发展数字经济,加快

图 1.5　数字产业化与产业数字化

推动数字产业化,依靠信息技术创新驱动,不断催生新产业新业态新模式,用新动能推动新发展。"

1.2　数字化核心技术

1.2.1　5G 技术

1. 5G 的概念

第五代移动通信技术(5th generation mobile networks 或 5th generation wireless systems、5th-Generation,简称 5G 或 5G 技术)是新一代蜂窝移动通信技术,也是继 4G、3G、2G 和 1G 系统之后的延伸(见图 1.6)。5G 的性能目标是高数据速率、减少延迟、节省能源、降低成本、提高系统容量和大规模设备连接。

视频讲解

图 1.6　通信发展历程(中国信息通信研究院,2019)

5G 移动网络与早期的 2G、3G 和 4G 移动网络一样。5G 网络是数字蜂窝网络,在这种网络中,供应商覆盖的服务区域被划分为许多被称为蜂窝的小地理区域。表示声音和图像的模拟信号在手机中被数字化,由模-数转换器转换并作为比特流传输。蜂窝中的所有 5G 无线设备通过无线电波与蜂窝中的本地天线阵和低功率自动收发器(发射机和接收机)进行通信。收发器从公共频率池分配频道,这些频道在地理上分离的蜂窝中可以重复使用。本地天线通过高带宽光纤或无线回程连接与电话网络和互联网连接。与现有的手机一样,当用户从一个蜂窝到另一个蜂窝时,他们的移动设备将自动"切换"到新蜂窝中的天线。

2. 5G 的特性与应用场景

5G 有三大特性:大带宽高速率、低时延高可靠和海量连接,如表 1.1 所示,5G 关键特性对应的应用场景如图 1.7 所示。网络速度提升,用户体验与感受才会有较大的提高。5G 速率较 4G 有全方位的提升,下行峰值速率可达 20Gb/s,上行峰值速率可能超过 10Gb/s。对网络速度要求很高的业务能在 5G 时代被推广,例如,云 VR 的呼声一直很高,但是目前 4G 速度不足以支撑云 VR 对视频传输和即时交互的要求,用户还需要依靠昂贵的本地设备进行处理。依托于 5G 的高速率,云 VR 将能够获得长足发展。5G 支持单向空口时延最低 1ms 级别、高速移动场景下可靠性 99.999% 的连接。5G 超低时延的特性可以支持敏感业务的调度,为车联网、工业控制、智能电网等垂直行业提供更安全、更可靠的网络连接,同时使自动驾驶、远程医疗等应用场景走向现实。5G 网络每平方千米百万级的连接数使万物互联成为可能。5G 网络面向的不仅仅是个人用户,还有企业用户和工业智能设备,5G 将为 C 端和 B 端的用户或智能设备提供网络切片、边缘计算等服务。5G 每平方千米百万级数量的连接能力和多种连接方式,拉近了万物的距离,实现了人与万物的智能互联。

表 1.1 5G 三大特性及其关键性能指标

三大特性	性能指标
大带宽高速率 eMBB(面向人)	用户体验速率:1Gb/s 峰值速率:上行 10Gb/s,下行 20Gb/s 流量密度:每平方米 10Mb/s
低时延高可靠 uRLLC(面向工业互联网)	空口时延:1ms 端到端时延:毫秒量级 可靠性:接近 100%
海量连接 mMTC(面向物联网)	连接数密度:每平方千米 100 万台 超低功耗,超低成本

1.2.2 云计算

云计算(cloud computing)是分布式计算的一种,指的是通过网络"云"将巨大的数据计算处理程序分解成无数个小程序,然后通过多个服务器组成的系统处理和分析这些小程序得到结果,并返回给用户。云计算早期就是简单的分布式计算,解决任务分发并进行计算结果的合并。因而,云计算又称为网格计算。通过这项技术,可以在很短的时间内(几秒)完成对数以万计的数据的处理,从而达到强大的网络服务。

现阶段所说的云服务已经不单单是一种分布式计算,而是分布式计算、效用计算、负载均衡、并行计算、网络存储、热备份冗余和虚拟化等计算机技术混合演进并跃升的结果。

第1章 概述

图 1.7　5G 关键特性对应的应用场景（中国信息通信研究院，2019）

如图 1.8 所示，云计算在第一个十年里已经正式确立了它的地位。如今正处在一个全新的时代，数据呈现爆炸性增长，人类对计算的需求大大增加，并且希望随时随地获取，这将直接推动云计算成为数字经济时代的新型信息基础设施，并作为公共服务支撑下一波数字经济的发展，推动人类进入数字化时代。

图 1.8　云计算发展历程（中国信息通信研究院，2019）

随着云计算的不断发展，云计算的服务模式也在不断调整。IT 基础设施被要求更大规模地扩展、更高的密度、更低的功耗和成本，同时要有灵活、弹性、直观与深入的管理方式，并以标准化、通用化的形式将服务提供给客户,这将很大程度上解决传统计算的服务模式固化、资源整合能力不足、资源分配时间成本高、平台化效率低等问题。云计算发展至今,其特点主要呈现为以下几个方面:

(1) 虚拟化。云计算支持用户在任意位置、使用各种终端获取应用服务。

(2) 规模化整合。云中的资源非常庞大,在一个公有云中可以有几十万甚至上百万台服务器,在一个小型的私有云中也可以有几百台甚至上千台服务器。

(3) 高可靠性。云计算使用了多副本容错技术和计算节点同构可互换等措施保障服务的高可靠性,使用云计算比使用本地计算机更加可靠。

(4) 高可扩展性。云计算具有高效的运算能力,在原有服务器基础上增加云计算功能能够使计算速度迅速提高,最终实现动态扩展虚拟化的层次,达到对应用进行扩展的目的。

(5) 按需服务。云计算是一个庞大的资源池,使用者可以根据需要进行购买。

1.2.3 人工智能

人工智能(artificial intelligence,AI)作为计算机学科的一个重要分支,是在1956年正式提出的,在当前被称为世界三大尖端技术之一。人工智能可以理解为用机器不断感知和模拟人类的思维过程,使机器达到甚至超越人类的智能。随着以深度学习为代表的技术的成熟,人工智能开始应用到数字经济的各个组成部分,促进产业内价值创造方式的智能化变革。

如图1.9所示,自诞生至今60多年的历史中,各行业的专家和学者进行了大量探索与实践,人工智能的发展也经历了多次起伏。人工智能最早于1956年夏天在美国达特茅斯学院的一个学术会议中被提出并获得肯定,这标志着人工智能科学正式诞生。20世纪60年代初,机器定理证明、跳棋程序等研究成果大大提高了人们对人工智能的关注度。但在随后的10年中,对人工智能过高的期待使得人们设立了许多不切实际的研发目标,例如用机器证明函数问题、依靠机器进行翻译等。这些挑战不出意外地相继落空,使人工智能的发展步入了低谷。到了20世纪70年代末期,专家系统的出现让人工智能成功地从理论研究走向了实际应用。专家系统通过模拟人类专家的知识和经验解决特定领域的问题,让人们开始在医疗、化学、地质等领域享受人工智能带来的价值。20世纪80年代到90年代,随着美国和日本立项支持人工智能研究,人工智能进入第二个发展高潮期。期间,与人工智能相关的数学模型取得了一系列重大突破,如著名的多层神经网络、BP(back propagation,反向传播)算法等,使算法模型准确度和专家系统获得了进一步优化。

在新一代信息技术的引领下,随着数据的快速积累、运算能力的大幅提升、算法模型的持续演进以及行业应用的快速兴起,人工智能的发展环境发生了深刻变化,跨媒体智能、群体智能、自主智能系统、混合型智能逐渐成为新的发展方向。

1.2.4 物联网

物联网(internet of things,IoT)是一种计算设备、机械、数字机器相互关联的系统,具备通用唯一识别码,并具有通过网络传输数据的能力,无须人与人或人与设备的交互。

物联网将现实世界数字化,应用范围十分广泛。物联网可拉近分散的数据,综合整理物与物的数字信息。物联网的应用领域主要包括以下方面:运输和物流、工业制造、健康医疗、智能环境(家庭、办公、工厂)、个人和社会领域等。

第1章 概述

图 1.9 人工智能发展历程（中国信息通信研究院，2019）

物联网为受各界瞩目的新兴领域，但安全性是物联网应用受到各界质疑的主要因素。大量传统设备在进行数字化改造时，几乎没有同步配置防护能力，影响了物联网的整体安全可靠性；同时由于物联网终端和应用的融合化、多样化，给物联网业务带来了更多的安全不确定性；不断增长的各类物联网互联设备为攻击者提供了巨大而广泛的网络攻击入口，导致物联网面临着大量的问题和挑战。这些都需要逐步完善相应的法律法规来约束。

在物联网领域，广泛被各国政府与机构引用的技术路线为顾问公司 SRI Consulting 描绘的物联网技术路线，其依据时间轴可分为四个阶段：供应链辅助、垂直市场应用、无所不在的定址和最后可以达到的 The Physical Web（意思是让物联网上的每一个智能设备都以 URL 标识），见图 1.10 所示。

图 1.10 物联网发展的技术图

物联网的架构一般分为三层或四层。三层架构由底层至上层依序为"感测层""网络层""应用层";四层架构由底层至上层依序为"感知设备层"(或称"感测层")、"网络连接层"(或称"网络层")、"平台工具层"与"应用服务层"。三层与四层架构的差异在于四层架构将三层架构中的"应用层"拆分成"平台工具层"与"应用服务层",对于软件应用做更细致的区分。

从通信对象和过程看,物与物、人与物之间的信息交互是物联网的核心。物联网的基本特征可概括为整体感知、可靠传输和智能处理。

(1) 整体感知。可以利用射频识别、二维码、智能传感器等感知设备感知获取物体的各类信息。

(2) 可靠传输。通过对互联网、无线网络的融合,将物体的信息实时、准确地传送,以便信息交流和分享。

(3) 智能处理。使用各种智能技术,对感知和传送到的数据和信息进行分析处理,实现监测与控制的智能化。

根据以上物联网的特征,结合信息科学的观点,围绕信息的流动过程,可以归纳物联网处理信息的功能如下:

(1) 获取信息的功能。主要是信息的感知、识别。信息的感知是指对事物属性状态及其变化方式的知觉和敏感;信息的识别指能把所感受到的事物状态用一定方式表示出来。

(2) 传送信息的功能。主要是信息发送、传输、接收等环节,最后把获取的事物状态信息及其变化的方式从时间(或空间)上的一点传送到另一点,这就是常说的通信过程。

(3) 处理信息的功能。指信息的加工过程,利用已有的信息或感知的信息产生新的信息,实际是制定决策的过程。

(4) 施效信息的功能。指信息最终发挥效用的过程,有很多表现形式,比较重要的是通过调节对象事物的状态及其变换方式,始终使对象处于预先设计的状态。

1.2.5 边缘计算

边缘计算(edge computing)是一种分散式运算的架构,将应用程序、数据资料与服务的运算,由网络中心节点移往网络逻辑上的边缘节点处理。边缘运算将原本完全由中心节点处理的大型服务加以分解,切割成更小与更容易管理的部分,分散到边缘节点处理。边缘节点更接近用户终端装置,可以加快资料的处理与传送速度,减少延迟。在这种架构下,资料的分析与知识的产生更接近于数据资料的来源,因此更适合处理大数据。

边缘计算处理数据中心明显的优势有以下几点:

(1) 边缘计算可以实时或更快地进行数据处理和分析,让数据处理更靠近源,而不是外部数据中心或者云,可以缩短延迟时间。

(2) 在成本预算上可以大大减轻经费预算。企业在本地设备上的数据管理解决方案所花费的成本大大低于云和数据中心网络。

(3) 减少网络流量。随着物联网设备数量的增加,数据的生成继续以创纪录的速度增长。结果网络带宽变得更加有限,压倒了云,导致更大的数据瓶颈。

(4) 提高应用程序效率。通过降低延迟级别,应用程序可以更高效、更快速地运行。

(5) 个性化。通过边缘计算,可以持续学习,根据个人的需求调整模型,带来个性化互动体验。

还有一个特别重要的问题是安全和隐私保护。网络边缘数据涉及个人隐私,传统的云计算模式需要将这些隐私数据上传至云计算中心,这将增加泄露用户隐私数据的风险。在边缘计算中,身份认证协议的研究应借鉴现有方案的优势,同时结合边缘计算中分布式、移动性等特点,加强统一认证、跨域认证和切换认证技术的研究,以保障用户在不同信任域和异构网络环境下的数据和隐私安全。

目前,各个行业通过物联网技术实现数字化和智能化转型中所遇到的五大难题:连接(connection)、实时(real-time)、数据优化(optimization)、智能(smart)、安全(security)。这五大难题简称CROSS。图1.11所示的边缘计算能解决这五大难题。

图1.11　边缘计算的五大难题

1.3　产业数字化

1.3.1　产业数字化概况

产业数字化有多个称谓,有人称其为"需求侧的数字化和供给侧的数字化",也有人称其为"消费互联网和产业互联网"。通俗地说,产业数字化就是数字与传统产业的结合,应用互联网等技术对传统产业进行连接和重构(见图1.12)。

"5G+云+AI"等数字化技术可以实现农业生产要素的精准测量及精细管理,最终实现农业产业智能化。例如,大量的农业传感器可以通过5G的边缘计算特性进行实时的信息交互,获取土壤、作物、空气等农业基础信息,然后上传到云端大数据中心,通过AI系统和专家诊断,预测气候模式并提供定向施肥策略。这些实时的海量数据产生的决策分析将驱动并引导农民在合适的时间做出最优决策,提升农业生产效率以及农作物产量,最终实现农业智能化。随着全球数字化进程的加速,智慧农业作为在农民数量不断减少情况下提高农业生产效率的关键举措正在变得越来越重要。

"5G+云+AI"等数字化技术将重构工业的生产模式,实现工业产业链中各要素的互联互通,加速工业产业数字化转型。5G实现产业链上各个价值要素的互联互通,高带宽、低

图 1.12　传统产业数字化

延时的特性能够满足对工业领域实时性场景的需求,而连接产生的大量数据汇聚到云端,由云为工业应用提供多元算力,最后由 AI 平台对工业数据进行训练和推理。ICT (information and communication technology,信息与通信技术)融入工业产业发展中,可以实现工业互联的全流程信息感知和事件决策,直接驱动智能终端和智能机器人从工具向助理的角色转变,使工业产业摆脱以往"粗放、低效、高能耗"的生产模式,向着"高品质、高能效、智慧化"的方向发展。

"5G＋云＋AI"等数字化技术的融合渗透进一步释放了服务产业的爆发力。我国第三产业服务业涉及行业点多面广,在《国民经济行业分类》(GB/T 4754—2017)中,包括批发零售、交通运输、住宿餐饮、信息服务、金融、房地产等 15 个门类。"5G＋云＋AI"可以变革各行各业的服务模式,例如,"5G＋云＋AI"赋能无人驾驶、智慧物流等应用场景,改变传统的交通运输方式。"5G＋云＋AI"改善 AR/VR 等新兴互动技术的体验,云游戏、VR 更衣室等应用场景加速了媒体和娱乐业的变革。未来,"5G＋云＋AI"将驱动服务产业更多的应用场景走向现实,释放更大的产业价值。

1.3.2　产业数字化场景

云计算、物联网、大数据、人工智能、区块链等新技术不断发展,正在影响和逐步改变人们的生产方式、生活习惯和思维模式,从衣食住行到文化健康,这些与人们生活密不可分的行业都已开始依托于数字技术发生改变,以数字化的方式解决发展中遇到的问题。加快产业数字化转型,已成为深化供给侧结构性改革、促进新旧动能转化、推动经济高质量发展的重要驱动力。因此,有必要积极拓展数字化输出的场景和模式,加快推进数字科技与传统产业的深度融合。

1. 智慧城市:提升城市管理效能

城市建设和管理最核心的工作之一就是对于城市基本信息的获取和管理,对交通、能源、商业等重要公共领域的监控显得非常必要。虽然许多现代化都市已经将摄像头布置到了各个角落,但由于设备、技术等因素的限制,获取信息的质量并不理想,对于管理工作的帮助也非常有限。

　　智慧城市是运用信息和通信技术手段感测、分析、整合城市运行核心系统的各项关键信息,从而对包括民生、环保、公共安全、城市服务、工商业活动在内的各种需求做出智能响应,实现城市管理工作的智能化。图1.13所示的数字化消防监控应用中,摄像头的设备收集的数据,将上传到云端供分析和处理,最终被应用于城市管理工作中。精准(多维度、高帧率、高解析度)的数据采集势必带来海量的数据流量,这就需要5G为代表的巨大带宽的支持。而海量数据的处理工作由人工进行处理显然是不现实的。由AI负责处理工作,不仅能节省人力,还可以为城市管理者提供丰富的分析、预测支持,甚至实现部分管理工作的自动化。

图1.13　数字化消防监控

　　2020年3月,习近平总书记在考查杭州城市大脑运营指挥中心时指出:"运用大数据、云计算、区块链、人工智能等前沿技术推动城市管理手段、管理模式、管理理念创新。"推动城市治理体系和治理能力现代化,一方面要善于运用数字技术实现智能化,另一方面也要通过细心、耐心、巧心提升城市精细化管理水平,提升公众获得感、幸福感和安全感。

2. 智能制造

　　在过去一个世纪,制造业经历了大规模生产、精益生产、柔性生产等多个阶段。虽然机器人等自动化设备的出现一定程度上缓解了人工的压力,但随着市场多样化、个性化的牵引以及商业竞争的加剧,以人工管理和调整生产流程的方式已不足以应对迅速变化的市场。为了更好地迎合消费者的需求、处理各式各样的状况,制造业需要对生产流程进行更精细的控制。

　　智能制造融合了5G、云计算和AI等技术,通过更加灵活、高效的生产系统,能够将高质量的产品快速推向市场。5G网络能够帮助制造工厂实现多维度、细粒度的数据采集。一般来说,人力仅能做到以分钟为频率进行采集,而机器采集的频率则可以达到秒级甚至毫秒级。这些数据需要在协作机器人间不断交换、分析以同步和协作自动化流程(同步实时协作机器人要求小于 1ms 的网络延迟),并在云、端之间进行传输,这就需要依靠 5G 网络的低延迟特性实现。而负责总体控制的云计算平台通过承载 AI 应用,能够根据精准的数据,在大规模的生产中识别各种各样的状况,进而调整生产,达到人力所不能及的柔性。

海尔、华为等企业依靠 5G 和云计算在空调工厂中实现了机器设备故障的远程诊断、远程排除、远程代码修改、远程维修指导等操作,既节省了维护成本,也实现了专家的技能复制,解决了技术专家紧缺的难题。

数字技术正深入到各个行业的生产全流程,帮助企业实现规划、研发、生产、制造、销售以及对客户服务的全面智能化升级,加快推动互联网、大数据、人工智能和制造业深度融合,是推进产业数字化的主要突破点。

3. 智慧医疗:完善医疗资源配置

随着人口老龄化在欧洲和亚洲明显加速,对医疗资源的需求愈发加剧。医疗行业受限于技术、地域等因素,在各地都呈现出明显的不足,而这一问题在未来将更加突出。要解决这一问题,除了要注重人才的培养外,还要提高医疗资源的使用效率。

智慧医疗将通过 5G、云、AI 等技术为医疗行业带来低延迟网络和智能化的应用,优化有限医疗资源的使用(见图 1.14)。首先,通过 5G 网络,可以实现远程医疗活动。原本需要近距离接触的诊断(如内窥镜、超声波等),依靠 10ms 以内的延迟,可以在相距甚远的两地营造近似的体验,让偏远地区也能使用紧缺的医疗服务。其次,通过云计算平台对病历等数据进行统一整合,能够快速实现复用,不仅方便多地医生进行协作,也为 AI 辅助提供了训练资源。此外,将 AI 应用于辅助医疗,既能够解放部分医疗资源,还能够帮助医生更准确地进行医疗活动。

图 1.14 智慧医疗:完善医疗资源配置

4. 智慧交通

交通行业与人们的生活息息相关。而随着人们出行需求的增加,无论是海运、陆运还是空运的负荷都在逐渐加重,安全问题日益突出,拥堵现象日益严重,大大影响了人们的出行体验。要解决这些问题,既需要关注人、车、船等微观要素的交互效率,也需要从宏观上进行整体规划。如图1.15所示,智慧交通通过对网络传输、整体规划和智能应用等方面的优化,能够明显改善交通出行质量。以 5G 技术为核心的基础网络能够覆盖整个出行流程场景,实现多维度数据的收集、传输和处理后信息的及时推送,为人们提供更全面的信息辅助;基于云计算的核心云平台能够对海量数据进行处理,从而对整体交通状况进行规划,更合理地分配海、陆、空路网资源;AI 的智能应用则能够更高效地完成从前复杂的人工处理工作,大大提高了通行效率。

图 1.15 智慧交通

大兴国际机场通过 5G 全覆盖网络实现了登机口、行李转盘等机场服务信息以及出票、托运、登机等时间、状态信息的实时推送。而基于 AI 的人脸识别技术,旅客只需依靠人脸就能够快速完成从购票、值机、托运到安检、登机等各个出行流程。深圳机场则通过 AI 实现了主动式安防,安全隐患的数字化识别率提高到 30% 以上,提升了安全保障的能力。

1.4 数字化运营管理概述

1.4.1 数字化运营管理产生背景

1. 中国制造 2025

制造业是国民经济的主体,是立国之本、兴国之器、强国之基。18 世纪中叶开启工业文明以来,世界强国的兴衰史和中华民族的奋斗史一再证明,没有强大的制造业,就没有国家和民族的强盛。打造具有国际竞争力的制造业是我国提升综合国力、保障国家安全、建设世界强国的必由之路。我国制造业持续快速发展,建成了门类齐全、独立完整的产业体系,有力推动工业化和现代化进程,显著增强综合国力,支撑世界大国地位。然而,与世界先进水平相比,中国制造业仍然大而不强,在自主创新能力、资源利用效率、产业结构水平、信息

视频讲解

化程度、质量效益等方面差距明显,转型升级和跨越发展的任务紧迫而艰巨。

2015年3月5日,李克强在全国两会上作《政府工作报告》时首次提出"中国制造2025"的宏大计划。"中国制造2025"以体现信息技术与制造技术深度融合的数字化、网络化、智能化制造为主线,主要包括八项战略对策:推行数字化、网络化、智能化制造;提升产品设计能力;完善制造业技术创新体系;强化制造基础;提升产品质量;推行绿色制造;培养具有全球竞争力的企业群体和优势产业;发展现代制造服务业。

2. 制造业面临的挑战与需求

如图1.16所示,当今制造业面临着快速成长的市场、更短的产品生命周期以及持续不断的成本压力的挑战,为了应对这些挑战,需要在管理能力、速度和效率方面进行改进和提升。近年来,以物联网、大数据、人工智能和云计算为代表的数字化技术不断变革,基于数字化技术的平台组织不断演化,表现出与传统产业融合发展的趋势。企业资源调配也正从"应用流程驱动"转化为"数据驱动",因此推动了企业运营的数字化、网络化与智能化。

制造业面临的挑战与需求		
快速成长的市场 • 数字化,移动设备,各行业的革新 • 产品微型化,复杂化趋势/企业正在丧失传统优势	⇒	管理能力 • 对新技术和市场的适应能力 • 更加高效的流程实施与改进能力
更短的产品生命周期 • 不断增长的新产品研发创新频率 • 新技术的出现:物联网、云技术、3D打印、机器人	⇒	速度 • 更加快速灵活的产品研发和生产能力 • 更高的交付时间与质量要求,需要更强的风险管控力
持续不断的成本压力 • 劳动力成本不断增加 • 地区及全球环保法规与合规性的需求不断增加	⇒	效率 • 在产品制造的全过程中,从研发到生产的效率提长

图1.16 制造业面临的挑战与需求(西门子公司)

1.4.2 数字化运营管理的内涵

数字化、网络化、智能化制造需求催生数字化运营管理。数字化运营管理是指通过数字化的方式将用户、企业内部管理链条和企业上下游价值链条完全贯通,以数据驱动业务流转和推进,形成数据驱动型的智慧运营方式和产业生态,并利用数字化技术驱动业务重构、驱动管理变革、重塑业务价值。

企业实现数字化业务体验的关键是要完成企业各个要素之间的数字化连接。企业各个要素之间不仅是一种串联关系,而且需要通过数字化形成各个要素之间的价值发挥,构建数字化的业务体系。

敏捷和创新是数字化业务能力的体现,5G、云计算、AI等数字化技术可以打破企业以往的管理体制、管理模式和生产方式,支撑业务创新和敏捷迭代,重构数字化的业务体系和运营体系,带来全新的业务体验。如图1.17所示,以发送一张照片给远方的朋友为例,以往传统的模式是用摄像机拍照,然后将胶片在暗室里冲洗出来后交邮政部门寄送给收件人,整个过程复杂并且消耗大量资源,如果每个环节都尽可能加速,最终端到端流程可以在最短一天内完成;而数字化业务运营模式只需要通过手机摄像头拍摄,然后通过互联网传送给收件人。与传统模式相比,数字化业务运营模式不再只是快,整个"架构"被精简了,结果是流程可以随时触发,并且以多种不同方式完成,花费完全不同量级的微小成本。

图 1.17 传统运营与数字化运营流程比较

1.4.3 本书内容介绍

本书包含 8 章。第 1 章为概述,第 2~8 章按照企业数字化转型战略—数字化运营系统的规划与设计—数字化运营系统的计划与控制的思路展开。第 2 章主要介绍企业该如何进行数字化转型战略的制定与实施。第 3、4 章为数字化运行系统规划与设计部分,主要介绍如何进行产品的数字化设计与制造,如何构建基于数字孪生的数字化工厂。第 5~7 章主要介绍数字化工厂的运营管理,包含企业资源计划、高级计划排产以及制造执行系统和制造运营管理。第 8 章主要介绍工业互联网的体系架构、核心技术及其运营管理。

习题

一、判断题

1. "数字经济"一词最先是由尼葛洛庞蒂在《数字化生存》一书中提出。(   )
2. 数字经济中,"数字"的含义包含数字技术和数据。(   )
3. 数字经济包含数字产业化与产业数字化。(   )
4. 数字化能够实现农业生产要素的精准测量及精细管理,最终实现农业产业智能化。(   )
5. 企业实现数字化业务体验的关键是要完成企业各个要素之间的数字化打通与连接。(   )
6. 数字经济是以数字化的知识和信息为关键生产要素。(   )
7. 数字经济以数字技术创新为核心驱动力。(   )

8. 数字经济以现代信息网络为重要载体。（　　）

9. 边缘计算也属于一种分布式计算：在网络边缘侧的智能网关上就近处理采集到的数据,而不需要将大量数据上传到远端的核心管理平台。（　　）

10. 5G的性能目标是高数据速率、减少延迟、节省能源、降低成本、提高系统容量和大规模设备连接。（　　）

11. 现阶段所说的云服务已经不单单是一种分布式计算,而是分布式计算、效用计算、负载均衡、并行计算、网络存储、热备份冗杂和虚拟化等计算机技术混合演进并跃升的结果。（　　）

12. 通俗地说,产业数字化就是数字和传统产业的结合,应用互联网等技术对传统产业进行连接、重构。（　　）

13. 从微观层面上看,"5G＋云＋AI"等数字技术是企业构建数字业务体验平台、政府服务模式创新的重要保障。（　　）

14. 从宏观层面上看,"5G＋云＋AI"等数字技术将加速农业、工业、服务业三大产业供应链的智能化,将数字产品和服务的理念从最初的生产者传递到最终的用户。（　　）

15. 数字化技术带来新体验、新模式、新产业,从微观层面看,构建数字化业务体验,推动企业生产方式变革；创新数字政务新模式,提高城市资源整合效能。（　　）

16. 制造业面临的需求和挑战有快速成长的市场、更短的产品生命周期和持续不断的成本压力。（　　）

17. 数字化运营管理是指通过数字化的方式将用户、企业内部管理链条和企业上下游价值链条完全贯通,以数据驱动业务流转和推进,形成数据驱动型的智慧运营方式和产业生态,并利用数字化技术驱动业务重构、驱动管理变革、重塑业务价值。（　　）

18. 在数字经济时代,企业运营的所有要素可以通过企业自身或第三方服务,走向全领域、全流程、全方位的数字化运营与管理。（　　）

二、单选题

1. 下面（　　）不属于5G的三大特点之一。
   A. 大带宽高速率　　B. 分布式计算　　C. 低时延高可靠　　D. 海量连接
2. 以下（　　）被称为"数字经济之父"。
   A. 唐·塔普斯科特　　　　　　　　B. 尼古拉斯·尼葛洛庞蒂
   C. 曼纽尔·卡斯特　　　　　　　　D. 爱迪生
3. 数字经济的本质在于（　　）。
   A. 信息化　　B. 数字化　　C. 集成化　　D. 平台化
4. 达维多定律：进入市场的第一代产品能够自动获得（　　）市场份额。
   A. 50%　　B. 40%　　C. 30%　　D. 20%
5. 以下（　　）不是数字经济的特点。
   A. 快捷性　　B. 高渗透性　　C. 内部经济性　　D. 可持续性
6. 物联网的定义是通过射频识别、红外感应器、全球定位系统、激光扫描器等信息传感设备,按约定的协议,把任何物品与互联网相连接,进行（　　）,以实现对物品的智能化识别、定位、跟踪、监控和管理的一种网络。

A. 信息收集与处理 B. 信息交换和通信
C. 信息收集与交换 D. 信息的通信与反馈

7. 以下( )不属于各个行业通过物联网技术实现数字化和智能化转型中的所遇到的五大难题。
A. 连接 B. 业务实时性 C. 数据简化 D. 数据优化

8. 5G、云和 AI 等技术的碰撞和融合将为社会带来数字( )效益。
A. 溢出 B. 压缩 C. 叠加 D. 孪生

9. 数据采集与处理中数据的流动方向是( )。
A. 应用层到数据层 B. 数据层到应用层
C. 平台层到应用层 D. 数据层到平台层

10. 中国制造以( )为主攻方向。
A. 智能制造 B. 高端制造 C. 集约制造 D. 环保制造

三、多选题

1. 边缘计算的价值是( )。
A. 实时 B. 连接 C. 数据优化 D. 安全

2. 科技界一般将信息化区分为( )三个阶段。
A. 数字化 B. 网络化 C. 智能化 D. 区块化

3. 数字经济的三大定律是( )。
A. 梅特卡夫法则 B. 摩尔定律 C. 达维多定律 D. 彼得原理

4. 以下( )是数字化相关核心技术。
A. 5G B. 云计算 C. 人工智能 D. 物联网

5. 近年来,以( )为代表的数字化技术不断变革,基于数字化技术的平台组织不断演化,表现出与传统产业融合发展的趋势。
A. 物联网 B. 大数据 C. 人工智能 D. 云计算

四、简答题

1. 什么是数字经济?数字经济将带来哪些变革?
2. 企业、消费者、政府以及整个社会该如何迎接数字经济的到来?
3. 云计算与边缘技术的区别与联系是什么?
4. 什么是数字产业化?什么是产业数字化?它们之间的关系是什么?

第 2 章　企业数字化转型战略

在全球经济进入数字化转型时期,数字化转型已成为传统企业必须付诸行动的必选题。本章首先介绍企业为什么要进行数字化转型以及如何把握数字化转型的时机,然后逐步剖析数字化转型的概念、内容、作用及挑战,进一步提出数字化转型的路径与战略举措。

2.1　企业数字化转型趋势与挑战

当下,数字化转型已经渗入人们日常的衣食住行、工作生活、生产服务等方方面面。如智能夹克,将互联网技术充分运用到袖口中,在骑车过程中可通过轻拍袖口将蓝牙与手机相连,播放音乐,彻底将技术运用于无形之中。在汽车运用方面,不少企业已经将自动驾驶、新能源、数字技术等充分融入汽车中。此外,还有智能烹饪系统、自动叠衣机器人、德国的全自动铺路技术等,均是数字化转型的典型案例。

2.1.1　数字化转型的驱动力

1. 国家宏观政策层面

(1) 传统产业数字化转型是深化供给侧结构性改革的重要抓手。当前我国经济运行的矛盾主要集中在供给侧,直接表现就是产能大量过剩与有效供给不足,企业所提供的产品和服务不能有效满足消费者需求,生产活动的市场价值难以兑现,经济运行难以实现良性循环。具体到传统产业,主要表现为需求乏力、品牌效益不明显、竞争过度、产能过剩等问题日益突出。对此,需顺应消费升级趋势,以产品和服务数字化、智能化为导向推进传统产业转型升级,减少低端无效供给,培育发展新动能。数字化转型就是要充分发挥数字技术在传统产业发展中的赋能引领作用,通过推动产品的智能化、满足消费需求的个性化以及实现企业服务的在线化等,有效提升企业产品和服务的质量和效率,充分激发传统产业的新活力。

视频讲解

(2) 传统产业数字化转型是制造业高质量发展的重要途径。中华人民共和国成立以来,我国制造业发展取得了长足进步,但多数制造业企业仍处于较低的发展水平,面临着人力、土地、技术等资源环境约束,综合成本持续上升。制造业中传统产业占比超过80%,以传统产业的改造提升推动制造业高质量发展,具有巨大潜力和市场空间。相关数据显示,一些传统产业通过实施智能制造试点示范项目,建设具有较高水平的数字化车间或智能工厂,有效提升了生产效率。这些示范项目改造前后对比显示,生产效率平均提升37.6%,能源利用率平均提升16.1%,运营成本平均降低21.2%,产品研制周期平均缩短30.8%,产品不良率平均降低25.6%。可见,数字化转型可将制造优势与网络化、智能化相叠加,有利于提高生产制造的灵活度与精细性,实现柔性化、绿色化、智能化生产,是转变我国制造业发展方式、推动制造业高质量发展的重要途径。

(3) 传统产业数字化转型是数字经济发展壮大的重要支撑。2017年的政府工作报告提出"促进数字经济加快成长";2019年的政府工作报告再次提及发展数字经济,要求"壮大数字经济"。当前,我国数字经济发展进入快车道,发展数字经济的实践包含数字产业化和产业数字化两个方面,其中,数字产业化是数字技术创新及产业化的过程,产业数字化则强调用数字技术来经营管理企业,把数字技术应用到产品和服务中去。从实践看,传统产业已经成为数字技术应用、创新的重要场景,两者之间的融合也支撑了数字经济的快速发展。

2. 微观企业层面

企业数字化转型的三个驱动力为经济形势、同行业竞争以及企业运营需要,如图2.1所示。

图2.1 企业数字化转型的驱动力

数字化转型的第一个驱动力是经济形势。在数字经济发展迅速的同时,中国市场整体经济的增速已放缓。特别是当前逆全球化的贸易保护主义抬头,企业面对市场开拓、贸易壁垒、核心技术不足等诸多挑战。在经济环境压力越来越重的情况下,企业要应对消极因素的影响从而实现平稳的运营并追求长期的成长。因此,企业开始考虑通过数字化转型提升应对宏观困境的能力。其次是国家可持续发展战略对我国经济和社会发展的长远规划。党的十九大报告明确提出,要加快发展先进制造业,推动互联网、大数据、人工智能和实体经济深度融合。它要求企业在供给侧落实绿色节能、改进产品结构、实现技术创新。因此,企业必然要借助新兴技术手段,以合理的投入来满足监管的要求。

数字化转型的第二个驱动力是同行业竞争。企业管理者已经看到市场竞争不仅来源于同行业企业的升级和创新,也来自具有互联网基因的企业切入传统行业市场而形成的全新竞争压力。最近几年这类案例不胜枚举,例如腾讯的微信作为最大的社交平台直接冲击了运营商成熟且营收颇为巨大的短信业务,而微众银行的出现则代表着互联网企业直接切入了金融行业的传统市场并在小微贷领域不断攻城略地。

数字化转型的第三个驱动力是企业运营需要。从企业自身的运营来看,由于在数字经济发展的影响下客户的需求已经发生了显著变化,因此,企业需要从产品/服务的转型升级开始,全方位思考如何保证最大限度地满足客户需求并实现客户体验最大化。企业的成功还在于数字化生态系统的构建。借助数字化技术的应用,企业需要打造高效的平台以连接上下游企业和合作伙伴,使得内外部人员之间数据流转更加便利,为创新实践提供成本低、访问便利的资源池并提供丰富强大的数据分析支持。

2.1.2 传统产业数字化转型的趋势

传统产业数字化转型的目的是利用数字技术破解企业、产业发展中的难题,重新定义、设计产品和服务,实现业务的转型、创新和增长。从实践来看,强化价值创造、数据集成以及平台赋能已经成为传统产业数字化转型的重要趋向。

1. 从生产驱动到以消费者需求为中心的价值创造

相比于传统经济形态,数字经济的市场条件发生了较大变化,传统产业的价值链中以消费者需求为中心的价值创造逻辑日益显现。数字化不仅仅是优化企业生产的关键技术支撑,更是连接市场、满足消费者需求、更好服务消费者的重要方式。一是利用互联网平台以及大数据等技术可以更好地了解消费者需求,并从单一的产品向"产品+服务"的方向升级,提供满足消费者多样化需求的全面解决方案;二是基于智能制造推动制造业变革,以柔性化生产有效满足消费者个性化需求;三是基于智能产品构建起全生命周期的服务体系,通过监测、整理和分析产品使用中的数据提高企业服务附加值;四是基于互联网社区、众创平台,鼓励消费者直接参与产品设计。基于数字化的价值创造,使企业价值链重构,成为既包含制造业价值链增值环节又包含服务业价值链增值环节的融合型产业价值链。

2. 从物理资产管理到数据资产管理

数字经济发展以数字化的信息和知识为核心生产要素。随着数据规模的不断扩大,加强数据资产管理成为数字化转型中企业的共识,越来越多的企业将数据纳入企业的资产管理中。一方面,数据资产的应用范围已经从传统的以企业内部应用为主,发展到支撑内部和服务外部并重,挖掘和释放数据价值、扩展数据应用和服务成为企业经营的重要内容;另一方面,企业也意识到并非所有数据都能成为资产,伴随着大量外部数据引入和内部数据的不断累积,数据规模扩大、数据质量不高、业务之间数据融合度低、数据应用不到位等都会产生大量的成本。因此,围绕数据的采集、筛选、加工、存储、应用等各环节进行规划,基于数据加工的全链条进行数据资产治理体系建设,提高数据资产价值,正在成为企业发展的重要任务,企业针对数据资产的管理也呈现出运营化发展趋势。

3. 从内部数字化到平台赋能的产业链协作

从实践来看,越来越多的互联网巨头企业以及重点行业中的骨干企业加大了在工业互联网上的投入。除了加快自身数字化外,这些企业通过平台建设将各自关于数字化实践的经验赋能中小企业,形成对上下游相关主体的支撑。据相关统计,目前我国工业互联网已经在航空、石化、钢铁、家电、服装、机械等多个行业得到了应用,具备行业、区域影响力的工业互联网平台超过50家。这些平台汇聚共享了设计、生产、物流等制造资源,有效整合了产品设计、生产制造、设备管理、运营服务等数据资源,开展面向不同场景的应用创新,不断拓展行业价值空间,平台赋能中小企业数字化转型的效果初步显现,传统产业数字化转型整体进度加快。

2.1.3 企业数字化转型的挑战

如果将数字化转型分成五个阶段,全球大多数组织正处在第二和第三的僵局阶段,而处于第四和第五阶段的组织,全球不超过25%。总体而言,未来数字化转型将面临五大挑战。

(1) 陈旧的考核体系。数字企业需要新的度量标准(KPI)来了解进度和引导投资,如果考核体系不变,企业将很难实现数字化转型。

(2) 孤立的组织架构。缺乏跨业务部门的协调能力,公司的潜能不能最大化,变革的速度也受限。

(3) 短视的战术规划。公司缺乏明确的战略转型和投资路线图。

(4) 有限的经验技能。公司缺乏数字化转型需要的经验和技能。

(5) 不足的创新协作。有太多的举措并涉及太多的技术提供商,组织必须关注数字平台,以优化资源和更快地进行创新。

2.1.4 数据安全挑战与安全能力

1. 数据安全面临的挑战

1) 大数据中的用户隐私保护

大量事实表明,数据未被妥善处理会对用户的隐私造成极大的侵害。

当前企业常常认为经过匿名处理后,信息不包含用户的标识符,就可以公开发布了。但事实上,仅通过匿名保护并不能很好地达到隐私保护和目的。例如,AOL公司曾公布了匿名处理后的3个月内部分搜索历史,供人们分析使用,虽然个人相关的标识信息被精心处理过,但其中的某些记录项还是可以被准确地定位到具体的人。《纽约时报》随即公布了其识别出的一位用户:编号为4417749的用户是一位62岁的寡居妇人,家里养了3只狗,患有某种疾病等。

目前,用户数据的收集、存储、管理与使用等在规范与监管方面都不够完善,很多时候主要依靠企业的自律。

2) 云环境下数据安全面临的挑战

(1) 数据的加密处理。根据相关法规和标准,到3级的云中系统以及敏感数据都必须加密,但加密限制了数据操作(如检索、运算等)的高效执行,相关技术尚需进一步完善。

(2) 数据隔离。多租户技术是 PaaS 云和 SaaS 云用到的关键技术。在基于多租户技术系统架构中,多个租户或用户的数据会存放在同一个存储介质上甚至同一数据表中。尽管云服务提供商会使用一些数据隔离技术(如数据标签和访问控制相结合)来防止对混合存储数据的非授权访问,但非授权访问通过程序漏洞仍然是可以实现的。如 Google Docs 曾经发生过不同用户之间文档的非授权交互访问。

(3) 数据迁移。当云中的服务器"宕机"时,为了确保正在进行的服务能继续进行,需要将正在工作的进程迁移到其他服务器上。

(4) 数据残留。数据残留是指数据删除后的残留形式。数据残留可能无意中透露敏感信息,所以即便是删除了数据的存储介质也不应该被释放到不受控制的环境,如扔到垃圾堆或者交给其他第三方。

2. 数据安全能力

关于构建企业的数据安全能力,需要组织从业务范围内数据全生命周期的角度出发,开展对数据安全的保障工作。国家标准《信息安全技术数据安全能力成熟度模型》给出了一个非常好的参考框架。它基于组织机构的数据生命周期,从组织建设、制度流程、技术工具以及人员能力四个能力维度,针对组织机构的数据安全保障能力进行分级评估。

数据生命周期安全:围绕数据生命周期,提炼出大数据环境下,以数据为中心,针对数据生命周期各阶段建立的相关数据安全过程域体系。

安全能力维度:明确组织机构在各数据安全领域所要具备的能力维度,明确为组织建设、制度流程、技术工具和人员能力四个关键能力的维度。

能力成熟度等级:基于统一的分级标准,细化组织机构在各数据安全过程域的五个级别的能力成熟度分级要求。

如图 2.2 所示,这个数据安全能力成熟度模型不仅可以用在组织对自身数据安全能力的评估上,同时,它也间接给出了组织建设数据安全能力的路线图,以及在数据生命周期的各个领域中保障数据安全的具体要求和实践,对企业有非常重要的借鉴意义。

图 2.2 数据安全成熟度模型

2.2 数字化转型相关术语

何谓数字化？何谓数字化转型？信息数字化、业务数字化与数字化转型的本质区别与内在联系是什么？

2.2.1 信息数字化

信息数字化(digitization)是指将模拟信息转换为0和1表示的二进制代码，以便计算机可以存储、处理和传输这类信息。

按照Gartner公司的IT术语显示：信息数字化是模拟形式变成数字形式的过程。

信息数字化在如今的企业界广泛存在，比如，将手写的文本或用打字机打出的文本转换为数字格式就是信息数字化的典型例子；又如，将音乐从黑胶唱片(LP)转换为数字格式或将视频从磁带(VHS)转换为数字格式。

在信息化时代，因为技术手段有限，对于一个客户、一件商品、一条业务规则、一段业务处理流程方法，只能以数据的形式人为地录入下来，大量数据依靠关系数据库用表(实体)、字段(属性)把这所有的一切都变成了结构性文字描述。

因此，在企业环境中，信息数字化对于处理模拟信息和"基于纸张"的流程来说十分重要。但要注意的是，这仅仅是对信息的数字化，而非对流程进行数字化。因此，信息数字化是利用云计算、大数据、人工智能等技术把现实缤纷世界在计算机世界全息重建。现实世界什么样，就有能力把它在计算机的世界里存储成什么样。

2.2.2 业务数字化

业务数字化(digitilization)是基于IT技术提供一切所需要的支持，让业务和技术真正产生交互而诞生的。

按照Gartner的术语表，业务数字化是指利用数字技术改变商业模式，并提供创造收入和价值的新机会，是转向数字业务的过程。数字业务则是模糊数字世界和物理世界，以此创建新的业务设计。

如西门子、施耐德等跨国巨头，基于同一个底层的数据库，把所有的人、IT系统、自动化系统连通在一起，为现实工厂在虚拟世界里建立一个"数字化双胞胎"。

如海尔，通过对传统生产模式的颠覆与升级，打造按需设计、按需制造、按需配送的互联工厂体系，使整个制造过程实现高度的柔性，满足个性化定制的需求。

2.2.3 数字化转型

企业往往有一个常见的误区，会把某个应用或者业务的数字化称为一个数字化转型。然而，数字化(信息数字化、业务数字化)与数字化转型(digital transformation)大不相同，数字化转型超越数字化，智能地链接人、物和业务。

数字化转型并不是技术转型，这个更广泛的术语是指客户驱动的战略性业务转型，不仅需要实施数字技术，还需要牵涉各部门的组织变革。它需要根据人、投入产出、知识与能力、财务、企业文化是否能接受或适应转型等进行分析和考虑，对标行业标杆，制订每一个阶段的目标和终极目标。它更是一种思维方式的转型甚至是颠覆。

因此，数字化转型通常包括三个方面。

（1）数字业务模型。企业以往数十年成功运行的业务模型（商业模型）已经被数字创新所摧毁，不再有效；企业如果不下决心"毁了自己"，在创造一个适应于数字时代的、可变的、数字业务模型时，将不知所措。这种业务模型一定是数据和技术强化的业务模型。

（2）数字运行模型。在数字化的条件下，重新定义企业的运行模型，清晰地描绘业务功能、流程与组织架构之间的关系，人、团队、各组成部门之间如何有效互动，从而实现企业的战略和最终目标。

（3）数字人才与技能。企业首先必须帮助其领导层进入数字时代；企业必须知道如何通过公司文化和激励措施来吸引、留住与数字时代相关的人才和开发相关技能；企业必须采用不同的组织架构、工作策略和方法，使机器人与按需分配（on-demand）的工人有效地合作并整合在业务流程之中。

2.3 企业数字化转型战略规划

战略（strategy）最早是军事方面的概念。战略的特征是发现智谋的纲领。在西方，strategy 源于希腊语 strategos，意为军事将领、地方行政长官，后来演变成军事术语，指军事将领指挥军队作战的谋略。

在中国，"战略"一词历史久远，"战"指战争，"略"指"谋略"。春秋时期孙武的《孙子兵法》被认为是中国最早对战略进行全局筹划的著作。

2.3.1 数字化转型战略规划内容

（1）设定明确的数字化长期目标及短期目标。数字化转型并非朝夕之事，组织需要树立明确的长期目标。明确的长期目标可以在组织所有成员之间建立共识，设定共同努力的方向，有助于识别与长期目标相关的重要行动，推进数字化转型有效开展。除了长期目标之外，组织还需要将长期目标划分成阶段性的短期目标，短期目标可以让组织内的成员在决策时更加聚焦，避免决策者为眼前的利益做出与数字化长期目标不符的决策。

（2）确定商业模式。数字化转型依旧是业务的转型，通常伴随着商业模式的变化，因此，数字化转型战略需要明确组织未来采用何种商业模式。通过分析商业模式的九个关键环节可以使新的数字化商业模式清晰地展现出来。九个关键环节包括客户细分、价值主张、渠道通道、客户关系、收入来源、核心资源、关键业务、合作伙伴和成本结构。

（3）构建数字化关键能力。首先识别出支撑组织数字化转型的关键能力，其次分析这些关键能力的现状与期望之间存在的差距，最后制订能力改善方案与日程表。

（4）确定配套数字化转型的人力资源、业务流程、组织架构及组织文化的调整计划。

2.3.2 数字化转型助力制造企业赢得竞争优势

通过对采购、生产、库存、资金、质量、能耗、设备状态等业务数据的及时洞察，帮助企业对运营管理中的各类复杂问题能够不仅知其然，也知其所以然。

通过对员工工作实绩的采集与分析，可以进一步激发员工的潜能。

通过根据客户需求实现个性化定制，可以提升客户满意度。

通过对营销数据的采集与分析，做到知己知彼，更好地服务客户。

产品本身的数字化转型,实现数据采集、状态感知与远程控制,提高产品的附加值,增加服务收入。

只有推进数字化转型,制造企业才能应对日益复杂的合规性要求,尤其是对于医药、食品等民生行业,以及出口导向型企业,必须通过数字化转型实现整个生产过程的可追溯。

2.3.3 制造企业推进数字化转型战略规划

1. 面临的问题

(1) 企业高层没有意识到数字化转型的必要性、紧迫性和复杂性,观念还停留在部署常用的 IT 系统上。数字化转型不是 IT 部门能够实现的,必须由企业的决策层引领,自顶向下推进。

(2) 企业已经应用了诸多信息系统,但是孤岛纵横,基础数据不准确,编码体系不统一。

(3) 不少企业更加重视产线的自动化和少人化,但是设备联网和数据采集的基础差,车间没有真正实现可视化。

(4) 制造业的各个细分行业差异很大,处在各个产业链中不同位置的企业个性化很强,数字化转型的突破口也各不相同,没有可以直接照搬的模板。

(5) 制造企业组织、业务、产品和价值链的复杂性,为制造企业的数字化转型带来诸多挑战。

数字化转型并非单项技术的应用,不仅仅是一个技术命题,更是一个战略和管理命题。因此,制造企业需要深度剖析数字化转型的需求和突破口,建立明确的数字化转型路线图。如果没有清晰的数字化转型战略,把各种时髦的互联网、物联网相关技术"囫囵吞枣"地应用,不仅起不到真正提升企业核心竞争力的效果,还有可能投资巨大收益甚小,甚至搬起石头砸了自己的脚。

2. 制造企业数字化转型规划四部曲

制造企业数字化转型的四部曲如图 2.3 所示。

图 2.3 企业数字化转型规划四部曲(e-works)

（1）现状评估。主要进行企业管理诊断与分析，特别是制造企业的信息化与自动化现状、应用能力评估。

（2）业务改进与需求分析。提出管理改进建议与目标，包含识别智能制造关键系统支撑点与需求和企业数字化转型模式的确定与需求分析，并明确业务需求。

（3）数字化转型整体规划。构建完整的数字化转型规划蓝图，首先要明确数字化转型目标，然后进行信息化和自动化蓝图设计，最后构建数字化转型的技术架构与保障体系。

（4）数字化转型规划实施落地。确定项目并明确详细的实施计划，采取三年一滚动，一年一调整的策略，还需建立完善的数字化转型管理制度与体系，以及关键项目论证与系统监理体制保证系统成功。

2.3.4　制造企业数字化转型模式

以制造业企业为例，其业务范围呈现金字塔结构，如图 2.4 所示。最顶层是智能决策，强调实现决策模式创新；第二层是智能研发、智能管理、智能物流，强调实现运营模式创新；第三层是智能产线、智能车间、智能工厂，强调实现生产模式创新；第四层是智能装备、智能产品、智能服务，强调实现产品服务创新；第五层是数据挖掘与分析服务、投资与融资服务，强调盈利模式创新。

这五大创新分别对应数字化转型的五大方面，如图 2.4 所示。一是领导力转型，数字化转型一定是业务转型，而业务转型则需要"一把手"的参与和决策；二是运营模式转型；三是工作资源转型，需要整合外部资源；四是全方位体验转型，需要满足用户的个性化需求，提升用户体验；五是信息与数据转型，信息与数据在未来将直接产生收入。

图 2.4　数字化转型模式——金字塔结构

e-works 将制造业数字化转型模式分为商业模式、研发模式、制造模式、服务模式、运营模式和决策模式六个方面，如图 2.5 所示。

图 2.5 制造业数字化转型模式(e-works)

2.4 企业数字化转型战略举措

1. 建立成为数字化原生企业的愿景

掌握数字经济的特征并把它们融入业务运营和企业文化的核心。如图 2.6 所示,数字化原生企业(DNE)具有能够高速扩展业务和创新、以客户为中心并充分武装员工、不断创新的同时能够承担风险、技术和数据是其生命线、能够实现更高效的运营、创造新的基于信息的收入来源、不断提升客户忠诚度等特点。数字经济具有三大特征:一是信息和如何使用信息是成功的关键;二是消费者参与和大规模是发展的基础;三是生态系统与核心知识产权同等重要。

图 2.6 建立成为数字化原生企业的愿景

2. 用最新 ICT 探索改变企业传统的商业模式

如图 2.7 所示,2020 年全球 2000 强企业中 50% 的企业大多数业务将取决于其创造数字化增强产品、服务和体验的能力;中国 1000 强企业的 50% 也如此。技术与业务如何结合? 可以从以下六大框架展开。

(1) 通过数字化扩展产品和服务类别,如亚马逊音响。
(2) 用数字化产品替代原有产品和服务,如胶囊胃镜。
(3) 创造新的数字化产品和服务。
(4) 用数字化转移价值主张。

(5) 用数字化创造新的客户体验。

(6) 重组供应/分销链或去中介化。

通过数字化扩展
产品和服务类别

创造新的数字化
产品和服务

用数字化创造新的
客户体验

用数字化产品替代
原有产品和服务

用数字化转移价值
主张

重组供应/分销链
或去中介化

图 2.7　用 ICT 探索改变企业传统的商业模式

3. 评估数字化转型的成熟度和绩效

根据全球数字化转型的情况可以将成熟度分为五个阶段：第一阶段是单点试验，是数字化入门者；第二阶段是局部推广，是数字化探索者；第三阶段是扩展复制，是数字化组织；第四阶段是运行管理，是数字化转型者；第五阶段是优化创新，是数字化颠覆者。

根据数字化转型面临的五大挑战，数字化原生企业该如何设置积分卡，进行量化评估？可以从总体数字化转型、领导力转型、全方位体验转型、信息与数据转型、运营模式转型、工作资源转型等维度展开，如图 2.8 所示。

图 2.8　DNE 积分卡

（1）总体数字化转型可以分为产品服务创新率、客户价值主张、数据的资本化、流程服务有效性、工作和劳动力供给等。

第2章 企业数字化转型战略

（2）领导力转型可以分为数字化智商、产品服务创新率、生态系统建设、数字化风险承受能力、核心业务数字化转型份额等。

（3）全方位体验转型可以分为客户价值主张、客户的净推荐值、体验与个性化能力、单一的360°客户视图等。

（4）信息与数据转型可以分为数据的资本化、数据市场、应用编程接口（API）、隐私与治理等。

（5）运营模式转型可以分为数字化相关的资产、IT即业务的能力、产品生命周期、流程服务有效性等。

（6）工作资源转型可以分为工作和劳动力供给、员工净推荐值、员工的技术商数、创新的激励机制等。

通过这些评估，最后找到差距和未来的方向。

如何建立新的绩效考核指标？CEO、CFO比较关心财务KPI、业务KPI、运营KPI三大指标，这三大指标与数字化转型的创新能力、客户关系、数据变现、业务运营、人力资源五个方面相结合会呈现一些数字指标，这些指标可以作为企业未来转型的参考。

4. 选择所属行业数字化转型的应用场景

数字化转型与企业所有业务密切相关，在转型的过程中不可能做到面面俱到，需要有所侧重。以面向工程的制造业数字化转型框架为例，如图2.9所示，其数字化使命是创建体验优良的生态系统。围绕使命，提出了数字化供应链、智能制造、连接的客户与渠道、产品即平台（PaaP）四大战略，并在这四大战略下设定了长期项目和各自的落地用例。

图2.9 面向工程的制造业数字化转型框架案例

5. 建立支持数字化转型的组织架构

从全球的发展角度来看，支持数字化转型的组织架构主要有四种类型，如图2.10所示。

（1）数字化转型特别项目组，目标是探索与发现，然后定义数字化转型的愿景和使命。

图 2.10 支持数字化转型的组织架构

由董事会或 CEO 领导,与各部门之间是一种配合关系,这类型的组织架构适合刚开始进行数字化转型的企业。

(2) 数字化转型办公室,目标是建立治理结构,同时确定企业数字化转型的优先次序。

(3) 嵌入式数字业务组,目标是加速推进,实施覆盖企业整体范围的数字化转型。

(4) 数字化业务单元,目标是优化创新,创造颠覆性的产品服务及商业模式。

对于 IT 部门,应该做好三大业务板块:

(1) 将所有 IT 系统的运行维护工作做到位;

(2) 跟踪新兴的信息技术,并与企业业务相结合,考虑优化不同的业务流程。

(3) 组建一个支持业务创新的部门。

IT 部门和业务部门看数字化转型的维度不同,IT 部门主要考虑如何实现、可靠安全、系统升级、控制成本、维护治理、自建还是外包;业务部门更多考虑的是如何使业务更加快速敏捷、自动智能、超凡体验、促进销售、提高产力。IT 部门和业务部门如何相互配合和理解至关重要,一方面,IT 人员需要理解业务需求,同时业务部门也需要理解 IT 的部署情况。CXO、CIO 甚至 IT 经理经常需要将工作向董事会或者 CEO 汇报,汇报内容需要围绕一条主线展开,如图 2.11 所示,首先要明确目标是什么;其次是明确谁来领导;然后明确如何实施步骤;最后设置 KPI 指标。

图 2.11 组织架构的实施

6. 选择合适的技术、平台及合作伙伴

选择合适的技术、平台及合作伙伴，需要深入思考是否具有全球视野、技术实力、创新能力、行业经验等，如图 2.12 所示。

图 2.12　选择合适的技术、平台及合作伙伴

习题

一、判断题

1. 数字化转型是技术转型。（　　）
2. 可以从总体数字化转型、领导力转型、全方位体验转型、信息与数据转型、运营模式转型、工作资源转型六个维度展开数字化转型的成熟度和绩效评价。（　　）
3. 数字化（信息数字化、业务数字化）与数字化转型大不相同。（　　）
4. 传统产业数字化转型是制造业高质量发展的重要途径。（　　）
5. 传统产业数字化转型是数字经济发展壮大的重要支撑。（　　）
6. 中国消费者在需求端的各种全场景正在高度数字化，从购物、娱乐、旅游到本地生活等，这为企业探索需求端的数据智能创造了良好的条件。（　　）
7. 企业首先必须帮助其领导层进入数字时代；企业必须知道如何通过公司文化和激励措施来吸引、留住与数字时代相关的人才和开发相关技能。（　　）
8. 只有推进数字化转型，制造企业才能应对日益复杂的合规性要求，尤其是对于医药、食品等民生行业，以及出口导向型企业，必须通过数字化转型，实现整个生产过程的可追溯。（　　）
9. 企业数字化转型需要新的度量标准（KPI）来了解进度和引导投资。如果考核体系不变，企业将很难实现数字化转型。（　　）
10. 数字化转型不是 IT 部门能够实现的，必须由企业的决策层引领，自顶向下推进。（　　）

11. 数据残留是指数据删除后的残留形式。数据残留可能无意中透露敏感信息,所以即便是删除了数据的存储介质也不应该被释放到不受控制的环境。(　　)

12. IT部门和业务部门看数字化转型的维度不同,IT部门主要考虑如何使业务更加快速敏捷、自动智能、超凡体验、促进销售、提高产力。(　　)

13. IT部门和业务部门看数字化转型的维度不同,业务部门更多考虑的是如何实现、可靠安全、系统升级、控制成本、维护治理、自建还是外包。(　　)

14. 数字化转型特别项目组,目标是探索与发现,然后定义数字化转型的愿景和使命。由董事会或CEO领导,与各部门之间是一种领导关系。(　　)

15. 嵌入式数字业务组,目标是加速推进,实施覆盖企业整体范围的数字化转型。(　　)

16. 数字化业务单元,目标是优化创新,创造颠覆性的产品服务及商业模式。(　　)

二、单选题

1. 数字化转型模式,以制造业企业为例,其业务范围呈现金字塔结构,最顶层是(　　),强调实现(　　)模式创新。
   A. 智能决策　决策　　　　　　　　　B. 智能制造　制造
   C. 智能设计　设计　　　　　　　　　D. 智能平台　平台

2. 据美国数字化转型的情况可以将成熟度分为五个阶段,其中第三阶段是(　　)。
   A. 单点试验　　　B. 扩展复制　　　C. 局部推广　　　D. 优化创新

三、多选题

1. 云环境下数据安全面临的挑战有(　　)。
   A. 数据的加密存储　B. 数据隔离　　　C. 数据迁移　　　D. 数据残留

2. 数字化转型通常包括(　　)。
   A. 数字业务模型　　B. 数字运营模型　C. 数字人才与技能　D. 数字客户

3. 企业数字化转型的三大驱动力是(　　)。
   A. 宏观环境　　　　　　　　　　　　B. 市场竞争激烈
   C. 用户需求越来越个性化　　　　　　D. 微观环境

4. 以下属于数字化商业模式关键环节的是(　　)。
   A. 客户细分　　　　B. 价值主张　　　C. 客户关系　　　D. 竞争分析

5. 云环境下数据安全面临的挑战有(　　)。
   A. 数据的加密存储　B. 数据隔离　　　C. 数据迁移　　　D. 数据残留

6. 以面向工程的制造业数字化转型框架为例,其数字化使命是创建体验优良的生态系统。围绕使命,以下选项中属于提出的四大战略的是(　　)。
   A. 数字化供应链　　B. 智能制造　　　C. 产品即平台　　　D. 服务即平台

四、简答题

1. 企业为什么要进行数字化转型?该如何把握数字化转型的时机?
2. 什么是数字化?什么是数字化转型?信息数字化、业务数字化与数字化转型的区别和联系是什么?
3. 企业推进数字化转型组织面临的挑战有哪些?
4. 企业数字化转型的战略举措有哪些?

第 3 章 数字化设计与制造

工业革命与制造变革驱动了数字化设计与智能制造的发展。本章在介绍产品设计流程及成本关系的基础上,提出了产品数字化开发的全流程(数字化设计、数字化制造以及数字化管理),然后介绍产品全生命周期管理(PLM)这一数字化开发软件,最后介绍数字化设计技术的发展历程以及数字化设计与制造相关技术及其应用。

3.1 工业革命与制造变革

人类的文明史也是一部制造业的发展与进步史,如图 3.1 所示,从 18 世纪至今人类经历了四次工业革命,从工业 1.0 的机械化,到 2.0 的规模化,到 3.0 的自动化,再到 4.0 的智慧化,每一次工业革命都带来了制造业的变革。

视频讲解

3.1.1 工业革命的发展历程

1. 第一次工业革命

17 世纪以后,资本主义开始在英、法等国萌芽,商品生产与流通开始成为社会关注的问题。随着煤、金属矿石需求量和开采量的不断增加,仅依靠人力和畜力已不能满足生产需求,动力开始成为生产中的瓶颈环节。为此,英国人开始将纺织、磨粉等工场设在河边,利用水轮来驱动工作机械。但是,水力驱动受到很多因素的制约,限制了它的使用。

18 世纪初,英国工程师托马斯·纽科门(Thomas Newcomen,1663—1729)在前人工作的基础上发明了大气压力活塞式蒸汽机,用来抽取矿井的积水。但是,这种蒸汽机存在消耗燃料多、热量浪费大、工作效率低、体积庞大和只能做简单的往复式线性运动等缺点。

18 世纪 60 年代到 80 年代,英国工程师詹姆斯·瓦特(James Watt,以下简称瓦特,1736—1819)针对当时蒸汽机存在的问题和不足,持续对蒸汽机的原理、结构、材料和工艺等进行改良,先后发明了单动式蒸汽

图 3.1 工业革命的发展历程

机、复式蒸汽机(也称万能蒸汽机)和高压蒸汽机。瓦特发明的蒸汽机耗煤量少,功效得到很大提高。蒸汽机通过煤的燃烧获得大小可控的动力,极大地促进了机器的普及和工厂生产,使工业技术出现飞跃式发展。

蒸汽机的发明解决了工业发展中的动力问题,从而根据需要建立工厂,不再受河流等自然条件的限制。蒸汽机的发明是第一次工业革命的重要标志,人类开始进入蒸汽时代。

由此导致深刻的社会变革,主要表现在:以机器生产逐步取代手工劳动,以大规模工厂化生产取代个体手工生产,由工场手工业向机器大工业转变。高耸入云的烟囱、体形庞大的厂房以及隆隆轰鸣的机器,打破了人类长久以来的田园生活,这些国家开始从传统的农业社会向现代工业社会转变。

第一次工业革命不仅是生产方式和科技的革命,也是一场深刻的社会关系和生产组织变革。在自然经济和手工业生产方式中,人们主要凭经验管理生产。第一次工业革命之后,生产力得到解放,传统的管理方法已难以满足社会需要。

1776 年,英国哲学家和经济学家亚当·斯密(Adam Smith,1723—1790)出版了《国富论》(The Wealth of Nations)一书。该书阐述了欧洲产业增长和商业发展的历史,提出了"劳动专业化分工"的概念,成为推动工业革命的重要力量。此外,该书还首次提出"市场经济是由'看不见的手'自行调节"的理论,奠定了资本主义自由经济的理论基础,成为现代经济学的开山之作,也使经济学成为一门独立的学科。与亚当·斯密同时代的学者大卫·李嘉图(David Ricardo,1772—1823)等对工厂制度、工资制度、利润理论的建立起到积极的推动作用。他们都是第一次工业革命中里程碑式的人物。

2. 第二次工业革命

机器对动力的需求是第一次工业革命的重要驱动力,其间的发明创造多来自经验丰富的工匠和技术人员,科学并未对工业进步产生太大影响。1870 年前后,社会进步体现出两个重要趋势:一是科学开始影响工业;二是大批量生产技术不断得到改善并且在工业生产中得到应用。有关工业问题的研究不再仅仅是发明者的作坊,训练有素的科学家开始在装备着昂贵仪器和装置的实验室里对特定的问题进行系统研究。

第二次工业革命是指 1870 年至 1914 年的工业革命。其中,西欧(包括英国、德国、法国和丹麦)和美国以及1870年后的日本,工业得到飞速发展。第二次工业革命紧跟着18世纪末的第一次工业革命,并且从英国向西欧和北美蔓延。第二次工业革命以电力的大规模应用为代表。

1866年,德国人西门子制成了发电机;到19世纪70年代,实际可用的发电机问世。电器开始用于代替机器,成为补充和取代以蒸汽机为动力的新能源。随后,电灯、电车、电影放映机相继问世,人类进入了"电气时代"。

科学技术应用于工业生产的另一项重大成就是内燃机的创新和使用。19世纪七八十年代,以煤气和汽油为燃料的内燃机相继诞生,19世纪90年代柴油机创制成功。内燃机的发明解决了交通工具的发动机问题。19世纪80年代德国人卡尔·弗里特立奇·本茨等人成功地制造出由内燃机驱动的汽车,内燃汽车、远洋轮船、飞机等也得到了迅速发展。内燃机的发明推动了石油开采业的发展和石油化工工业的生产。1870年,全世界生产大约80万吨石油,而1900年的年生产量猛增到了2000万吨石油。

科学技术的进步也带动了电信事业的发展。19世纪70年代,美国人贝尔发明了电话,19世纪90年代意大利人马可尼试验无线电报取得了成功,都为迅速传递信息提供了方便。世界各国的经济、政治和文化联系进一步加强。

第二次工业革命期间,福特在汽车的生产方式、生产技术、企业运作管理和商业模式等方面取得成功,并在世界范围内掀起了大批量生产的产业革命。他为汽车产业和制造业的发展做出了巨大贡献,主要表现在以下几个方面:

(1) 简单化设计和标准化生产。福特认为,必须使汽车构造简单化。只有简单,汽车才可能轻便,才容易修理。此外,简单的设计易于大批量生产。福特还认为,当产量增大时,生产成本就会降低,汽车价格就可以更加低廉,才会有更多的人购买。福特还将惠特尼的零件标准化和互换性的生产方法用于汽车制造中,将T形轿车的主要零部件设计成统一规格,实现零件的标准化和总成互换。

(2) 流水线生产方式。在福特之前,汽车制造(装配)均是在固定工位上完成的,由一个工人完成从原材料到整车的所有组装工作,作业效率低,生产周期长,生产组织困难。原始的组装技术根本无法满足大规模生产的需求,并导致汽车价格居高不下。为此,福特开始思考提高生产效率的方法。

福特在参观屠宰场时发现,整个屠宰过程可以由多名工人分工合作且每名工人只需进行最简单的操作就可以快速完成。于是,福特将这种具有连贯性和高效的流水作业方式运用到汽车制造中,由机械传送装置运送零件和工具,工人只需在各自工位上完成简单和规定的操作,从而极大地提高了汽车的生产效率。

1913年,世界上第一条刚性汽车装配线在福特公司诞生。在采用流水线生产方式后,每辆汽车底盘的装配时间从12小时减少到1.5小时,T形轿车的售价从850美元下降到360美元。之后,福特公司连创世界汽车工业的生产纪录:1920年2月7日,每分钟生产一辆汽车;1925年10月30日10秒生产一辆汽车。福特T形轿车因便宜、实用和易于操作,迅速占领了市场。

福特T形轿车是世界上第一种以大量通用零部件和大规模流水线装配作业方式生产的汽车。它首次实现了刚性流水生产,奠定了现代大规模生产的技术基础。福特也因此被称为现代"流水装配线之父"。

3. 第三次工业革命

第二次世界大战前后,出于战争的目的和国家之间经济竞争的需要,人类在核能、电子计算机、微电子、航空航天、生物工程等领域相继取得重大突破。它们在更广阔的领域和更深的层次上影响着社会的发展和人们的生活,市场需求呈现出新的变化,制造技术产生了新的飞跃。这是人类文明史上又一次根本性变革,人们将之称为第三次工业革命或信息革命。

20 世纪 70 年代以后,集成电路(integrated circuit,IC)、个人计算机(personal computer,PC)、互联网(internet)、纳米技术(nanotechnology)以及知识经济(knowledge economy)等迅速崛起,人类开始进入信息社会(information society)。

信息化是第三次工业革命取得的标志性成果。集成电路、计算机软硬件、网络技术和各类自动化装备在制造业中得到广泛应用,极大地提高了制造与管理的效率,改变了制造业既有的技术体系与管理架构。2002 年 11 月,中国共产党第十六次全国代表大会报告指出:"实现工业化仍然是我国现代化进程中艰巨的历史性任务。信息化是我国加快实现工业化和现代化的必然选择。坚持以信息化带动工业化,以工业化促进信息化,走出一条科技含量高、经济效益好、资源消耗低、环境污染少、人力资源优势得到充分发挥的新型工业化路子。"

4. 第四次工业革命

工业革命深刻地改变了人类乃至地球的本来面貌。在工业化进程中,物质、能源和信息的关系日趋紧密,产品制造过程中的人财物、产供销、软硬件等要素的联系越来越密切,界限越来越模糊,社会变革过程中也不断提出新的技术与管理需求。

随着计算机、互联网、传感器、物联网等技术的成熟与普遍使用,人们开始通过各类终端设备实现信息的互联互通,实现虚拟与现实的有机融合,最终实现万物互联(internet of everything,IoE),给制造业带来了新的发展机遇与挑战。21 世纪以来,从纳米技术到基因测序,从可再生能源到量子计算,从 3D 打印到工业机器人,从石墨烯到物联网,从无人驾驶到智能制造,人类在众多领域的研究工作中取得突破,横跨制造、材料、能源、信息、物理、生物、自动化等学科,具有多学科多专业交叉、科学与技术深度融合、产学研互动等特征,呈现出与前三次工业革命不同的特质,催生了新一轮的科技突破和产业变革。

3.1.2 工业 4.0 与智能制造

德国学术界和产业界认为,前三次工业革命的发生,分别源于蒸汽提供动力基础上的机械化、电力提供扩散基础上的规模化和信息化提供抽象基础上的自动化。

18 世纪制造业引入的机械制造设备定义为工业 1.0;20 世纪初引入的电气化定义为 2.0;始于 20 世纪 60 年代的生产工艺自动化定义为 3.0;当前物联网的引入和制造业服务化的深化迎来了以智能制造为主导的第四次工业革命,即"工业 4.0"。

工业 4.0(industry 4.0)是德国政府在《高技术战略 2020》中确定的十大未来项目之一,后上升为德国的国家战略,旨在支持工业领域新一代革命性技术的研发与创新。德国"工业 4.0"战略旨在通过充分利用信息通信技术和信息物理系统(cyber-physical systems,

CPS)两者相结合的手段,推动制造业向智能化转型。工业4.0具有以下特征。

1. 万物互联

工业4.0通过传感器、智能面板、通信系统、终端设备等物联网系统,实现产品、设备、员工、厂商和客户等制造要素的互联互通,为人类展示出一幅全新的工业蓝图。通过将不同类型、不同功能的设备互联,形成智能化生产链;在不同生产链互联的基础上组建智能车间;不同智能车间互联,构建起智能化工厂;不同领域的智能化工厂互联,形成智能化生产制造系统。智能化生产链、智能化生产车间和智能化制造企业既是一个完整、独立的制造单元,又可以根据市场需求完美地匹配组合,以满足顾客的个性化需求。在网络化和智能化的世界里,互联网和物联网将渗透到制造业的所有环节,传统的产业链将被分工重组,既有的行业界限将变迁或消失,新的制造模式、技术方法和管理手段将会层出不穷。

2. 智能化

智能制造(intelligent manufacturing)建立在传感器、CPS和人工智能等技术的基础之上,旨在实现人、设备和产品间信息资源的互通与共享,实现产品设计、生产、管理和服务等环节的贯通融合。智能制造具有自我感知、自主判断、优化决策和自主执行等能力,可以实现从用户到产品的智能化。智能制造是一个庞大、复杂的系统工程,涉及与制造相关的所有环节,涵盖智能产品、智能装备、智能生产、智能管理、智能供应链和智能服务等内容,如图3.2所示。

图3.2 智能制造的内涵

智能化制造企业通过智能产品、智能供应链等,利用大数据技术全面分析顾客的习惯、兴趣、爱好、身份、经济条件、生活状态等信息,快速捕捉、挖掘顾客的显性及隐性需求,利用智能装备和智能生产系统快速定制产品和服务,为顾客提供个性化精准服务。

随着工业4.0时代的到来,顾客个性化服务需求急剧增加,大规模生产、大批量销售模式将逐步被柔性化生产、个性化销售所代替,制造企业将向服务型企业转型,生产与服务将加速融合。

3. 集成创新

在"工业4.0"时代,制造企业要在激烈的竞争中脱颖而出,集成创新将是一条必由之路。集成是指企业在不同应用系统之间实现信息共享,并通过传感器、接收终端、控制系统等实现不同网络体系之间的互联与融合。

集成包括企业内部集成(网络化制造纵向集成)、企业外部集成(业务网络横向集成)、端到端集成(价值链端到端数字化集成)三个层面,如图3.3所示。企业内部集成是将企业内部各环节、层次、部门的信息无缝对接。企业内部集成主要体现在数据、硬件设备、应用系统和产品输出等方面,是智能生产和智能管理的前提与基础。数据和数据库集成是企业内部集成需要首先解决的问题。在此基础上,集成机床、工作站、流水线、计算机等硬件设备。企业外部集成是指跨越企业内部,扩展到不同企业之间的集成,实现大企业之间价值链和信息资源的整合共享,在合作伙伴之间建立起动态联盟,提升产品研发、生产和物流效率,最大限度地满足顾客需求。端到端集成是指整个价值链上各环节的集成。通过整合不同企业的资源,实现产品从研发、设计、制造到销售、使用和维护等环节的无缝对接,实现供应商、制造商、销售商的无缝对接,利用智能化供应链实现统一的管理和服务。

图 3.3 工业 4.0 集成创新的三个层面

视频讲解

3.2 产品数字化开发概述

3.2.1 产品开发基本流程

数字化开发广泛应用具有深远意义,它不仅极大地解放了人的体力劳动,还有效地减轻了人的脑力劳动。它使得以直觉、经验、图样、手工计算、手工生产等为特征的产品传统开发模式逐渐淡出历史舞台。要准确理解产品数字化开发技术的功用和价值,就有必要了解产品开发的基本流程。产品开发通常源于对用户和市场需求的分析。总体上,从市场需求到最终产品要经历产品设计和产品制造两个过程,如图 3.4 所示。

图 3.4 产品开发的基本流程

设计过程(design process)始于对客户需求的分析和对未来市场变化的预测。在获取市场需求之后,还需要进一步收集与产品功能、结构、外观、材料、色彩、性能、配置、制造工艺、生产成本、预计售价、预期产量等相关信息,了解相关行业发展和产品演化趋势、竞争对手和技术动态,在开展可行性分析与论证的基础上制订产品开发目标,拟定产品设计方案,设定产品预期功能,确定产品结构、配置及其性能参数,利用数字化设计软件建立零部件和产品的数字化模型,应用数字化仿真等工具完成产品结构、尺寸和性能的分析、评价与优化,提交完整的产品设计文档。

制造过程(manufacturing process)始于产品的设计文档,需要根据零部件结构参数和性能要求,制订合理的制造工艺规划和生产计划,设计、制造或购买相关的加工装备和工装夹具,根据物料需求计划(materials requirement planning,MRP)采购原材料、毛坯或必要的成品零部件。以产品数字化设计模型为基础,根据制造工艺不同,开发模具、定制专用的加工设备、编制相应的数控加工程序,完成零部件的数字化制造和装配。在确保所制造产品的性能指标符合设计要求的基础上,对检验合格的产品进行包装,至此制造阶段的任务基本完成。

3.2.2 产品数字化设计过程

产品设计过程包括分析和综合两个阶段。

1. 分析

分析是早期的产品设计活动,主要任务是确定产品的工作原理、结构组成和基本配置,包括调研市场需求、收集产品的设计信息、完成产品的概念化设计等。分析阶段的重要结果是产品的概念化设计方案。概念化设计是设计人员对产品各种方案进行评估、分析、对比和综合评价的结果,据此勾勒出产品的初步布局和结构草图,定义各功能部件之间内在的联系和约束关系。当设计者完成产品构思后,就可以利用概念化设计软件和相关建模工具将设计思想表达出来。

产品全生命周期成本主要包括设计成本、制造成本、运行成本和维护成本等。其中,制造成本由劳动力成本(占5%~15%)、材料成本(占50%~80%)和制造过程的运行成本(占15%~45%)等构成。研究表明,设计阶段的实际投入通常只占产品全生命周期成本的5%左右,但是它却决定了产品全生命周期成本的70%~80%。图3.5所示为产品全生命周期与成本之间的关系。因此,设计阶段在产品生命周期中扮演着重要角色。

此外,上游设计阶段的失误(设计变更)对产品成本的影响会以逐级放大的形式向下游传播。美国波音公司的统计数据表明,这一逐级放大的比例系数甚至可以达到1:10,如图3.6所示。显然,早期的设计决策是否正确是决定产品开发成功与否的关键因素之一。若因设计方案不合理使得产品的技术性能和经济性存在先天不足,而需要在制造过程中通过更换材料、修改制造工艺、加强成本控制等措施加以挽回,将会付出相当大的代价。因此,设计阶段是控制和降低产品成本的最好阶段。

此时设计者有很大的自由度来修改、完善设计方案,以便实现产品全生命周期成本的最小化。数字化设计可以为此提供有效的技术支撑。此外,设计师的水平对产品性能、成本具有决定性作用。要求设计师不仅要具备过硬的与产品设计、制造相关的专业知识,还应掌握必要的成本分析方法,以便准确评估产品成本,对设计方案做出科学的技术经济性

图 3.5 产品全生命周期与成本之间的关系

图 3.6 设计变更与产品成本关系示意图

评价,以达到优选设计方案、降低产品成本的目的。

2. 综合

综合是在分析的基础上,完成产品的详细设计、性能评价和结构参数优化,并形成完整的设计文档。其中,数字化建模是数字化设计的基础和核心内容。随着设计软件功能的完善,产品数字化建模的效率和模型质量越来越高。设计软件通常会提供颜色、网格、目标捕捉等造型辅助工具,提供各种图形变换和视图观察功能,提供渲染、材质、动画和曲面质量检测功能等。数字化模型为产品性能分析、评价和优化创造了条件。以产品数字化模型为基础,采用优化算法、有限元分析法(finite elements method,FEM)和其他分析工具,可以完成产品形状、结构和性能的分析、预测、评价与优化,并根据分析结果进一步修改和优化产品的数字化设计模型。

仿真分析和优化包括:①应力和强度分析,确定零件强度是否满足要求,产品是否具有足够的安全性和可靠性。②拓扑结构和尺寸优化,确定最佳的截面形状和尺寸,以达到减小体积、减轻重量和降低成本的目的。③装配体设计分析,检查各零件之间是否存在干涉现象,是否能顺利装配和拆卸,是否便于维护等。④动力学和运动学分析,检查产品运动学和动力学性能是否满足规定的要求。⑤制造工艺分析,分析产品及其零部件的制造工艺,确定最佳的制造方法。⑥技术经济性分析,分析产品的性能/价格比是否合理,分析产品的可回收性和再制造性等。

利用计算机仿真技术，可以在计算机中构建数字化的产品虚拟样机（virtual prototype，VP），并利用虚拟样机评价和优化产品的结构、尺寸及其性能，这就是虚拟现实（virtual reality，VR）技术。随着相关理论模型、技术和软件工具的不断完善，虚拟样机与实物样机（physical prototype）的性能和评估效果越来越接近，正在逐步取代传统的实物样机试验，这不仅可以有效地缩短产品开发周期，还有利于提高产品质量，降低开发成本。

此外，以已有产品的实物、影像、数据模型或数控加工程序等信息为基础，采用坐标测量设备、模型重构算法等技术可以获取已有产品的三维坐标数据和结构信息，借助于计算机辅助设计（computer aided design，CAD）软件的相关功能模块，在计算机中快速重建产品数字化模型。在此基础上，完成产品结构、尺寸、形状、制造工艺、材料或性能等方面的改进、完善和创新，在较短的时间里获得与原有产品结构和功能相似、相同甚至更优的产品，这就是逆向工程（reverse engineering，RE）技术。

综上所述，数字化设计就是以新产品设计为目标，以计算机软硬件技术为基础，以产品数字化信息为载体，支持产品建模、分析、性能预测、优化和设计文档生成的相关技术。因此，任何以计算机图形学和优化算法为理论基础、支持产品设计的计算机软硬件系统都可归入数字化设计技术的范畴。数字化设计技术群包括计算机图形学（computer graphics，CG）、计算机辅助设计（CAD）、计算机辅助工程分析（computer aided engineering，CAE）、逆向工程（RE）和虚拟样机（VP）等技术。

3.2.3 产品数字化开发的三个阶段

从产品开发的角度，设计过程与制造过程关系密切，两者之间存在密切的双向联系。例如，设计人员在设计产品时，需要考虑产品的制造问题，如零部件的制造工艺、加工的可行性与难易程度、生产成本等；同样地，在产品制造过程中也可能发现设计中存在的问题和不合理之处，需要返回给设计人员以便改进、优化设计方案。显然，只有将设计与制造有机地结合起来，才能获得最佳的开发效率和经济效益。数字化技术为两者的结合和融合提供了良好条件，也具有迫切的信息集成需求。一方面，只有与数字化制造技术结合，产品数字化设计模型的信息才能被充分利用；另一方面，只有以产品数字化设计模型为基础，才能充分体现数控加工和数字化制造的高效特征。

数字化制造技术是以产品制造中的工艺规划、过程控制为核心，以计算机为直接或间接工具来控制生产装备，实现产品数字化加工和生产的相关技术。其中，数控编程、数控机床及数控加工技术是数字化制造的基础，另外还包括成组技术（group technology，GT）、计算机辅助过程规划（computer aided process planning，CAPP）、增材制造和智能制造等技术。其中，数控加工是数字化制造中技术最成熟、应用最广泛的技术。它利用编程指令来控制数控机床，以全自动或人机交互方式完成车削、铣削、磨削、钻孔、镗孔、电火花加工、冲压、剪切、折弯等加工操作。

除设计和制造外，产品开发过程中还涉及订单管理、供应链管理（supply chain management，SCM）、产品数据管理（product data management，PDM）、库存管理、人力资源管理、财务管理、成本管理、设备管理、客户关系管理（customer relationship management，CRM）等众多管理环节。这些环节与产品开发密切关联，并且直接影响产品开发的效率和质量。在计算机和网络环境下，可以实现上述管理信息和管理方式的数字化，这就是数字化管理技术。数字化管理不仅有利于提高制造企业的管理效率和质量，也有利于降低管理成本和生产成本。典型的数字化管理系统包括产品数据管理（PDM）、产品全生命周期管理（product lifecycle management，PLM）、企业资源计划（enterprise resource planning，ERP）、客户关系管理（CRM）和供应链管理（SCM）等。

数字化设计、数字化制造和数字化管理分别关注产品生命周期的不同阶段或环节。

3.3　产品全生命周期管理

3.3.1　PLM的概念与内涵

视频讲解

数字化设计与制造的单元技术（如CAX、DFX等）已经在产品开发中得到广泛应用，而各种企业和产品管理模块（如SCM、PDM、CRM等）也受到人们的重视，它们从不同层面提升了企业的竞争能力。但是，如果各单元技术及管理模块相互独立，就会形成"自动化孤岛"和"信息孤岛"，使产品信息和企业资源难以发挥应有的作用。单元技术和管理模块的集成、企业内部与合作伙伴之间的集成以及产品全生命周期信息的集成，成为人们关注的问题。

PLM产生于美国汽车公司（American Motors Corporation，AMC）。1985年，AMC希望找到一种可以加快开发过程的方法。时任产品工程和开发副总裁的弗朗索瓦·卡斯泰因（Francois Castaing）后来回顾了当时的情况，他指出，为了降低成本，AMC最终采取了两项措施：一是采用CAD，这有助于加快产品研发；二是建了一个集中的数据库，存储所有的设计图和文档。效果是显而易见的，甚至在克莱斯勒收购AMC之后，这种方法推广到了全公司，促使克莱斯勒大幅降低了整体生产成本；据相关统计数据显示，克莱斯勒在20世纪90年代生产成本仅为同行业平均水平的一半。

1983年，罗克韦尔国际公司实现了PDM的初期理念，后来为B-1B轰炸机设计提供了PLM系统，当时这个系统名为EDS（engineering data system）。

20世纪80年代中期，产品生命周期成为热点，国际标准化组织（ISO）设立了TC 184/SC 4工作组负责"工业数据"（industrial data）标准的制定工作。该工作组负责了多个标准的制定，包括13584、15531、15926、18629、18876、22745和8000等数据相关标准。其中涉及CAD数据交换标准（standard for exchange of product，STEP），这与ISO 13584关联比较大，该标准由美国商务部下属的NIST负责管理。

1984年，ISO启动产品生命周期系统标准研究工作之后，吸引了全球不少企业参与。ISO的工作早期放到设计和制造应用上，后来很明确聚焦CAD数据交换格式IGES（initial graphics exchange specification，初始图形数据交换规范），推动形成了STEP标准，成为ISO 10303标准体系核心部分。

1994年，ISO TC 184/SC 4发布了10303的部分标准。按照ISO 10303的定义，它是关于产品制造信息的计算机可读的表示和交换。

目前，对PLM还没有统一的定义，以下列举相关企业与机构的观点。

CIMdata的观点：PLM是一种企业信息化战略。它提供一整套业务解决方案，将企业内的人、过程和信息有效地集成起来，支持产品从概念设计到报废的全生命周期，支持与产品相关的协作研发、管理、分发和使用。

Aberdeen 的观点：PLM 是覆盖从产品产生到报废全生命周期的、开放式和互操作的整套应用方案和企业信息化环境，它需要有一个记录所有产品信息的、系统化的产品数据知识库。

Collaborative Visions 的观点：PLM 是一种商业 IT 战略。它专门解决与企业新产品开发和交付相关的重要问题，以实现产品创新的最优化，改善产品研发速度和敏捷性，增强产品客户化能力，以最大限度地满足客户的需求。企业 PLM 的组织和实施要围绕以下六种需求来构造。

(1) 调整(alignment)。平衡企业在信息化建设的投入。

(2) 协同(collaboration)。与业务伙伴交换见解、想法和知识。

(3) 技术(technology)。获取新的技术以建立智力资产系统。

(4) 创新(innovation)。开发客户驱动的创新产品。

(5) 机会(opportunity)。致力于跨学科的集成，寻找产品新生命周期的机会。

(6) 智力资产(intellectual property)。将产品知识作为企业的战略财富加以充分利用。

AMR 的观点：PLM 是一种技术管理战略，它将跨越不同业务流程和用户群的单点应用集成起来，并使用流程建模工具、可视化工具或其他协作技术整合已有的系统。AMR 将 PLM 分为四个部分。

(1) 产品数据管理(PDM)。作为中心数据仓库保存着产品的所有信息，并提供企业与研发、生产相关的物料管理。

(2) 协同产品设计(collaborative product design, CPD)。利用 CAD/CAE/CAM 及相关软件，技术人员以协同方式从事产品研发。

(3) 产品资财管理(product portfolio management, PPM)。提供相关工具，为管理产品资财提供决策支持。

(4) 客户需求管理(customer needs management, CNM)。获取销售数据和市场反馈，并将之集成到产品设计和研发过程中。

综上，PLM 应该包括以下五个方面。

(1) PLM 是关于产品数据、信息和知识的。

(2) PLM 关注产品整个生命周期，从最初开始到周期结束。

(3) PLM 不仅是软件或过程，更是一种方法。

(4) PLM 横跨职能的、地理的和组织的边界。

(5) PLM 综合了行为(实践或方法)中的人、过程和技术三个要素。

因此，PLM 是一个集成的、信息驱动的方法，它由人、过程/实践和技术组成，应用于从设计、制造、配置、维护、服务到最终处理的产品生命周期的所有方面，通过利用产品信息来减少整个企业乃至供应链中时间、能量和物质的浪费。

3.3.2　PLM 的管理功能

1. PLM 的主要管理功能

PLM 模型如图 3.7 所示。模型的中心是信息核心，其描述了产品生命周期中的所有产品数据和信息，被分散到不同的职能领域和阶段来使用。产品信息并不属于某一个职能领域，而是可用于所有的职能领域。

图 3.7　PLM 模型

图 3.7 中围绕在信息核心周围的是构成产品生命周期的各个职能领域,这些职能领域就是企业将产品周期分割成规划、设计、制造、支持和处理这几个重要阶段的依据。

1) 规划

该模型开始于需求分析与规划,这也是任何产品开发的初始步骤。产品必须实现的功能是什么?产品必须满足的需求是什么?这些需求被映射为设计规范。例如一个电动窗户的需求映射为设计规范:一块重 x kg 的玻璃必须能够在 z 时间内升降 y cm q 次;在一些情况下,这些需求可以直接从购买产品的客户那里得到;在另一些情况下,需求将间接地从销售或决定客户购买特定功能产品的企业职能部门中得到。

2) 设计

上面提到的需求是从概念设计和原型制作开始实施的。由需求分析与规划得到的功能通常能用不同的方法来实现。此外,功能需求也可以用不同的方法进行组合以便用于实现功能的零件数量可以变化。每一个功能可能有它自己的零件,或者一些功能可以组合到单个零件中。此外,不同的技术可以用于实现相同的功能,例如,电力控制可以代替液压控制。

在这个阶段,开始考虑产品的美观。虽然"形状服从功能"是产品设计的基本原则,但差别很大的外形也可以实现相同的功能。汽车和消费品设计者花费大量的精力在设计上,对于相同的功能,设计出形状变化较大的最终产品。然而,设计师工作时,需要确认它们的概念和原型是否满足所有必要的功能需求和尽可能多地满足那些期望达到的功能。当需要折中的时候,就像他们一直做的那样,概念和原型设计师必须与设计规范开发者共享这些信息。

周期中的下一个步骤是产品工程,就是把这些功能设计和原型转变成准确的设计规范。正是产品工程这个角色在这一阶段完全地确定了产品。概念工程师设计出了产品的总体形状,产品工程师在获得了这个总的形状之后,完全地确定它们的细节。产品工程师必须确保所有不同零件可以装配在一起,形成一个集成的系统,并且这个系统是内在一致的。另外,产品工程师必须对零件和整个产品进行各种测试,如力学的和流体的分析,以确保产品确实能够满足需求。产品工程师还要把这些信息加入产品生命周期模型中。在这一阶段的最后,组成产品的零件在基于数学的模型或 CAD 规范中完全确定下来。

3) 制造

当产品完全确定之后,制造工程就要决定怎样制造出产品。必须对设计进行分析,开发工艺清单以确定要完成哪些工序以及按什么顺序去加工所要求的零件,然后必须将这些零件按照确定的顺序装配成一个完整的产品。

在大多数企业中,这将包括三个完全不同的阶段:试件制造、生产调整、批量生产。在试件制造时,有两种情况:在新的工厂中制造或者在已有的工厂中制造。

如果产品是在新的工厂中制造,那么设计阶段将变得更加复杂,因为不仅要设计产品,还要确定制造这个产品所用的工具。制造工程师或者选择满足这些规范的工具,或者向工具制造商发出询价单,要求他们提供制造满足这些规范的工具的报价单。

如果产品是在一个或几个已有的工厂中制造,任务也不会变得更简单。这类似于一个线性规划问题,制造工程师必须决定怎样利用工厂中已有的工具和设备制造零件。在一些情况下,如果一个设计不能用已有的设备制造出来,而另一个等价的设计却可以,这时就必须改变设计或改变工艺单。此外,如果多个工厂有着不同的设备配置或者系统清单,那么工程师的任务就是要确定哪个系统清单最适合零件和产品的制造。

在这个过程中,也许会有一些影响到设计的问题。其中上面已经提到过的就是等价设计问题,一个设计可以被制造出来而另一个却不能。另一个问题是设计出来的产品不能制造。有时候,这个问题十分严重,由于加工问题不能解决,因此必须返回到设计,另一些问题是出现在制造过程中的。最常见的问题是工件表面上钻有孔,而在设计中并没有这些孔;原因是制造小组需要钻出工艺孔以便安装一个螺栓或紧固件;这听起来好像是合理的,但是钻孔可能会改变这一表面的强度特性。因此不能完全依赖于分析,因为设计工程师并不知道它的存在。

生产与制造阶段是产品批量生产的阶段,经验曲线表明在此过程中需要大量的实验。生产与制造人员拿着产品计划和工艺清单,不断地修改和完善它们,以便能够使用最少的资源制造零部件和产品。

4)支持

销售与分销部门能使用产品信息达到以下目的:①告诉买主和产品使用者有关产品的功能和设计规范。②保证产品的性能达到期望的设计规范。产品使用者需要通过产品信息了解怎样获得需要的功能(如按下按钮来调整座位)。在产品出现故障或者失效时,与产品制造商有关的或者独立的服务部门也需要产品信息来维护产品。

产品生命周期的这一部分也是产品信息一个潜在的丰富资源。产品在使用中实际运行情况如何是确定产品设计是否正确的最有用的信息。返修数据以及监控系统收集到的数据都是关于产品是否按期望执行其功能的重要信息。

5)处理

产品生命周期的最后阶段是处理与回收,它结束了产品的整个生命周期。有关产品是如何设计的以及零部件是如何组装的信息对有效的回收与处理十分必要。有关产品是否能够回收的信息对以后的产品设计也是十分重要的。

在信息核心的基础上,这一循环随着产品的下一个版本再次开始。PLM 模型显示了这一顺序过程,它反映了人们是怎样看待产品生命周期的。现实的情况有一点混乱。设计和制造职能通常需要反复迭代设计方案,使其成为一个既能满足功能需求又能以合理的成本被实际制造出来的解决方案。此领域的应用经验能够指出新产品和已有产品中需要被确定的主要问题。

然而，尽管存在这些情况，PLM 模型还是一个很好的模型。它反映了产品生命周期中各个独立的阶段，这些阶段有相对的顺序，产品信息核心对于产品的有效开发和利用是必需的。产品信息需要在整个产品生命周期中开发和利用，而不被时间或职能领域分割。

2. PLM 与 PDM

如图 3.8 所示，PLM 与 PDM 的区别与联系主要包含以下几个方面。

图 3.8　PLM 与 PDM 的区别与联系

（1）PDM 涉及从产品概念设计到样机试验阶段的产品数据信息的管理；PLM 涵盖从产品规划、设计、制造、使用、报废乃至回收的全部过程，并向前延伸至客户需求管理（CNM）和供应链管理（SCM），向后延伸至客户关系管理（CRM），从而形成包括产品全生命周期所有信息的管理。

（2）PDM 注重产品开发阶段的数据管理，PLM 关注产品全生命周期内数据的管理。

（3）PDM 侧重于企业内部和产品数据的管理，PLM 则强调对支持产品全生命周期的企业内部以及跨越企业的资源信息的管理及利用。

（4）PDM 是以文档为中心的研发流程管理，主要通过建立文档之间刚性的、单纯的连接来实现；PLM 则力图实现多功能、多部门、多学科以及与供应商、销售商之间的协同工作，需要提供上下文关联式的、更具柔性的连接。

3. PLM 与 ERP

关于 PLM，一个自然的和常见的比较就是同企业信息化的另一个重要方法 ERP 的比较。如果有了 ERP 系统，是否还需要 PLM？PLM 和 ERP 是相互竞争的吗？PLM 和 ERP 如何一起工作？

要比较 ERP 和 PLM，首先就要先了解企业的结构。大部分现代企业都被分成几个职能部门，最通常的职能部门是设计和开发、工程、生产、销售和服务，以及处理和回收。除了划分成这些职能部门外，企业还可以划分成知识领域。知识领域是指那些具有共同主题的事物的不同知识范围。企业中最常见的知识领域是关于产品、客户、员工和供应商的知识。其中，产品知识涉及企业拥有的有关产品的所有信息：产品怎样设计、怎样制造以及需要具备什么功能等。客户知识涉及与客户有关的知识：客户的需求、他们的商务程序、决策方式。员工知识涉及员工的专业领域知识：员工的工作过程和其在某领域的专业知识。最后，供应商知识涉及供应商的专业知识：供应商能提供的产品、他们做生意的方式、工作质量、可靠性和其他相关知识。

如果对应知识领域来划分职能领域（见图 3.9），就可以形成一个以职能领域为纵轴、知识领域为横轴的矩阵。定义的产品生命周期管理包含产品知识领域，贯穿所有的职能领域，如图 3.9 中竖条所示。产品生命周期管理由设计与开发阶段、工程阶段、生产阶段、销售与服务阶段和回收阶段中所涉及的所有产品信息组成。显然，PLM 对应于产品知识领域，并且包含企业的所有职能领域。

图 3.9　PLM 与 ERP、CRM、SCM 等的比较

ERP 则相反，如图 3.9 中横条所示，ERP 贯穿所有的知识领域：产品、客户、员工和供应商知识领域，但仅仅集中在生产、销售和服务职能领域上。ERP 主要是基于业务的，它关注的是有关产品、客户、员工和供应商业务信息的获取，并跟踪这些信息以产生一个完整的订单，获得利益。

就这一点来说，ERP 关注的职能领域较窄，但牵涉企业中较多的知识领域。它关注最终的结果，产生一个将产品或服务交付给客户的相关业务。然而，正如人们所看到的，ERP 和 PLM 在生产、销售和服务领域中所涉及的信息有相互重叠的地方。由于 ERP 是横向的，因此它也与供应链管理(SCM)、客户关系管理(CRM)相重叠。但是同样，CRM 和 SCM 应用和系统涉及的知识领域比 ERP 系统深得多。

另一种研究 PLM 与 ERP 之间异同的方法是查看它们所涉及的信息粒度。图 3.10 显示了一个企业信息粒度增长的矩阵。

图 3.10　PLM 与 ERP 在粒度上的比较

信息粒度的最小层是业务，基于业务的系统只处理手上的特定业务。一个业务像一个事件一样开始和结束，然后在系统中处理。沿粒度增大方向，业务成为订单的一部分。对应于一个订单要处理和装载多个不同的业务。

信息粒度上的下一刻度是计划。计划是指对某一特定类型产品的所有产品的装运活

动。这一类型的产品通常被称为型号,该型号有很多种的情况称为型号系列。因此,比如,有关某一汽车型号的计划可能要执行一年或几年。一个计划也可以专注于喷气式战斗机,就像洛克希德公司的联合攻击战斗机(JSF)计划。该计划不仅包括一个喷气式战斗机型号,还包括该机型用于空军和海军的改装型号。随着粒度的增加,向产品族移动。产品族是在定义上相似但在很多方面都不相同的产品。一个卡车族在生产线上可能不仅有若干个不同的型号,而且在一个公共的平台上生产,这个平台有着不同的名称但属于同一产品族。最后是行业,基本上是具有共同技术的产品族向未来的延续。

正如从图3.10所看到的,ERP主要涉及的是业务和订单。一旦一个订单停止,ERP系统将处理与这个订单相关的业务,但绝对不会超出此订单的范围。另外,PLM的粒度涉及的是用于产品的订单,并且扩展到计划,甚至产品族和整个行业。此外,相信PLM未来的定义会延伸到单个业务,作为现成的(as-built)。在PLM中每个产品将被系列化或准系列化,以便对每一个产品的跟踪可以贯穿其整个生命周期,并且反映其变化。从图3.10可以看出PLM和ERP是相互补充的系统。

图 3.11 面向产品服务系统的 PLM 与 ERP 比较

图3.11中,现有ERP借助计划材料表,逐渐涉及计划层/产品(型号)系列层和产品族层,但仍无法有效处理行业层次的战略管理。现有PLM主要涉及用于产品的订单并扩展至计划层/产品(型号)系列层和产品族层,但涉及行业层和业务层信息少。

鉴于诸多与客户交互的服务具有不可存储性和不可分离性,融合服务的产品服务系统(product service system,PSS)管理必将强化业务层的信息处理。鉴于PSS管理中对战略生命周期和可持续发展的更多关注,未来PSS管理必将强化行业层信息处理。

对制造企业可持续发展的管理需求,必将引发对企业产品服务系统的信息化管理需求;相应未来面向企业产品服务系统管理的ERP需扩展至行业层,才能真正解决现有ERP管理缺乏管理可持续发展战略问题的能力。

3.3.3 PLM 软件介绍

当前,总体上来说,比较常用的PLM软件可以分为以下两种类型。

1. 以 PDM 为中心的 PLM

以数字化开发及PDM软件为核心,并集成部分ERP功能的PLM软件有EDS公司的Teamcenter、Dassault公司的CATIA等。PDM系统以零部件表(bill of material,BOM)作为产品管理的中心,对设计信息进行一元化的管理;最近,不仅是与产品设计相关的信息,与设计产品制造方法的工厂设计相关的信息也能够进行一元化管理,从着手设计直到开始量产为止的所有必要信息都可以进行一元化管理,如图 3.12 所示。这类软件具有强大的产品数字化开发和产品数据管理能力,是以设计现场的业务效率化为目的,以产品开发为导向的 PLM 产品。以 PDM 为中心的 PLM 主要在以飞机和汽车、家电产品为代表的装配制造行业应用。

图 3.12　以 PDM 为中心的 PLM

2. 以 ERP 为中心的 PLM

以 ERP 软件为核心,通过增加协同工作功能的 PLM 软件有 SAP、Baan 和 Oracle 等公司的产品。以 ERP 为中心的 PLM 以实现经营信息的"可视化"为目的,旨在实现贯穿产品整个生命周期的信息管理。这类软件以资源管理和组织计划为基础,注重制造业的流程配置,能灵活运用 ERP 的优势,将产品信息和成本信息紧密相连。因此,能够将计划管理及设备管理、销售及保养服务的信息与商品(产品)开发过程关联起来,轻松获取产品开发的投资情况及整个生命周期的收支情况等经营管理层必需的信息,如图 3.13 所示。以 ERP 为中心的 PLM 主要在石油化学产业、制药及食品、日用品产业应用。

图 3.13　以 ERP 为中心的 PLM

视频讲解

3.4 数字化设计与制造技术

3.4.1 数字化设计技术

数字化设计是数字化技术与产品设计相互融合的产物,其中,数字化是将产品设计的相关信息以二进制、数字的方式加以表达和呈现,其输出是产品的数字化模型。产品造型也称产品建模,它已经以数字化方法在计算机中表达产品的形状、属性及其相互关系,在计算机中模拟产品的特定状态,以产品的数字化模型信息为基础,可以完成结构优化设计、运动学和动力学分析、装配和干涉检查、数控加工程序编程等。

1. 计算机辅助设计

AutoCAD(autodesk computer aided design)是计算机辅助设计软件提供商 Autodesk(欧特克)公司的产品,AutoCAD 是一种自动计算机辅助设计软件,该软件作为 CAD 工业的旗舰产品,用于二维绘图、设计文档和基本三维设计,广泛应用于电子、机械、建筑、航空等行业。AutoCAD 的主要功能有以下几个方面。

1) 绘制与编辑图形

AutoCAD 的"绘图"菜单中包含有丰富的绘图命令,使用它们可以绘制直线、构造线、多线段、圆、矩形、多边形、椭圆等基本图形,也可以将绘制的图形进行填充形成面域,再加上"修改"菜单中的修改命令,便可以绘制出多种二维图形。

对于一些二维图,通过拉伸、设置标高和厚度等操作就可以轻松转换为三维图形。使用"绘制""建模"命令中的子命令,用户可以很方便地绘制圆柱体、球体、长方体等基本实体以及三维网格、旋转网格等曲面模型。同样再结合"修改"菜单中的相关命令,还可以绘制出多种复杂的三维图形。

2) 标注图形尺寸

尺寸标注是向图形中添加测量注释的过程,是整个绘图过程中不可缺少的一步。AutoCAD 的"标注"菜单中包含了一套完整的尺寸标准和编辑命令,使用它们可以在图形的各个方向上创建各种类型的标注,也可以快速地创建符合行业或项目标准的标注。

标注显示了对象的测量值,对象之间的距离、角度,或者特征与制定原点的距离。在AutoCAD 中提供了线性、半径和角度三种基本的标注类型,可以进行水平、垂直、对齐、旋转、坐标、基线或连续等标注。此外,还可以进行引线标注、公差标注,以及自定义粗糙度标注。标注的对象可以是二维图形或三维图形。

3) 输出与打印图形

AutoCAD 不仅允许将所绘图形以不同样式通过绘图仪或打印机输出,还能够将不同格式的图形导入 AutoCAD 或将 AutoCAD 图形以其他格式输出。因此,当图形绘制完成之后可以使用多种方法将其输出。例如,可以将图形打印在图纸上,或创建文件以供其他应用程序使用。

4) 其他功能

- 具备缩放、平移等动态观察功能,并具有透视、投影、轴测、着色等多种图形显示方式。
- 提供栅格、正交、极轴、对象捕捉及追踪等多种辅助工具,保证精确绘图。

- 提供图块及属性等功能，便于制作图形数据库，大大提高绘图效率。
- 利用参数化设计功能，约束图形几何特性和尺寸大小。
- 利用测量工具，可以查询图形的长度、面积、体积、力学等特性。
- 提供了样板图技术、CAD 标准、设计中心、外部参照、光栅图像、链接与嵌入、电子传递等功能，以规范和协调设计，并共享 AutoCAD 图形数据。
- 提供多种软件的接口，可方便地将设计数据和图形在多个软件中共享，进一步发挥各个软件的特点和优势。
- 具备强大的用户定制功能。用户可以方便地将图形界面、快捷键、工具选项板、简化命令、菜单、工具栏、填充图案、线型等改造得更易于使用。
- 具有良好的二次开发性。AutoCAD 提供多种方式，以使用户按照自己的思路去解决实际问题；AutoCAD 开放的平台使用户可以用 AutoLISP、ARX、VBA、.NET 等语言开发适合特定行业使用的 CAD 产品。

2. 基于模型的产品定义

20 世纪 90 年代之后，基于模型的产品定义（model-based definition, MBD）成为数字化设计领域的前沿研究课题。MBD 的核心是产品三维几何模型，除此之外，与产品相关的尺寸、公差、材料、工艺、属性、注释等信息都附着在三维模型中。MBD 改变了原来用三维实体模型描述产品几何形状，用二维工程图样定义尺寸、公差和工艺信息的传统产品数字化定义方法，彻底摒弃了以工程图样为主、以三维实体模型为辅的产品制造流程。三维模型成为生产制造过程中的唯一依据，实现了设计、工艺、制造、装配、检测等流程的高度集成，开创了数字化设计与制造的新纪元。

单一数据库是 MBD 技术的基础，它有助于消除传统模式中三维模型与二维图样之间可能存在的信息冲突，提高了信息传递的效率和质量。此外，以 MBD 为基础，可以建立涵盖产品全生命周期、整个企业和供应链体系的集成化、协作化的开发环境，有效缩短产品研发周期，提高设计质量和生产率。

如图 3.14 所示，美国波音公司在波音 787 客机的研制过程中全面采用 MBD 技术，将设计信息和产品制造信息（product manufacturing information, PMI）定义到三维数字化模型中，彻底摒弃二维图样，以三维标注模型为制造依据，开创了大型、复杂机电产品数字化设计与制造的崭新模式。之后，众多企业开始将 PMI 三维标注模型作为单一数据源，贯穿产品研发的各个环节，推动三维模型在产品研制各阶段的应用，优化企业的业务流程。

2009 年 12 月 25 日，我国自行研制、具有自主知识产权的大型喷气式客机 C919 机头工程样机（见图 3.15）在上海交付，标志着国产大型客机的研制工作取得重要的阶段性成果。该机头工程样机在研制过程中采用先进的材料和制造工艺，全面应用 MBD 技术，通过全三维数字化设计和模块化管理，实现了产品全关联设计，仅用半年时间就完成了样机的设计与制造。

全三维、无纸化是基于 MBD 产品数字化开发模式的核心所在，它是对以"三维模型＋二维图样"为特征的传统数字化开发模式的根本性变革。其影响不仅涉及产品设计方面，还涵盖工艺规划、产品制造和检测等业务环节。它给供应商和合作伙伴带来了新的体验，也提出了新的要求。MBD 技术的出现对产品开发模式产生了深远影响，主要体现在以下方面。

图 3.14　基于 MBD 的波音 787 客机

图 3.15　大型喷气式客机 C919

1)产品设计

MBD三维模型涵盖产品研制和生产过程中的相关信息,包括几何模型、公差、尺寸、材料、工艺、属性、注释等。通过对三维模型信息的管理,可以有效地提高作业质量和效率。MBD模型不仅反映产品的几何形状和功能需求,还包含产品的加工工艺和制造信息,可以实现产品设计、工艺规划和生产制造的并行与协同。此外,以MBD模型为基础,由基于二维图样的审核转变为基于三维模型的审核、批阅和进度跟踪,改变了传统的设计方案审核模式。

2)工艺规划

传统的工艺规划是基于二维文档的、卡片式的工艺设计方式。以MBD三维模型为基础,工艺规划转变为三维可视化工序模型,实现了工艺数据来源、工序模型、工装设计、工艺编制、工艺仿真、工艺结果、工艺输出和工序执行的三维可视化。

3)产品制造

以产品三维数字化模型为基础,利用数控编程软件和数控机床,由三维模型直接驱动完成数控作业,传统的二维图样被现场的终端和显示器所取代,图3.16所示为基于三维模型的制造工序创建示例。

图3.16 基于三维模型的制造工序创建示例

4)质量检测

传统的基于图样的检验转变为基于三维模型的检验。此外,数控加工和自动化检测设备的广泛使用,有效地减少了质量检验工作量,提高了检测效率。

5)标准化和协同作业

以MBD相关标准为基础,可以构建全流程三维数字化产品研发环境,实现企业内部以及企业与合作伙伴、供应商、顾客之间的三维可视化沟通和协同。

MBD将设计、制造、检验和管理的三维信息有机融合,是业界普遍认同的先进数字化设计与制造技术。它解决了传统数字化设计、产品开发和企业管理中存在的技术瓶颈,是产品数字化定义方式上的一次革命。需要指出的是,MBD的实施是一项长期、复杂和艰巨的系统工程,涉及企业信息化平台建设、标准规范制定、管理模式变革、人才培养和储备等众多方面,不是一朝一夕就能够实现的。

1997年1月,美国机械工程师协会(ASME)提出开发《数字产品定义数据实践》标准的设想,随后 ASME Y14.41—2003、ISO 16792 和 GB/124734—2009 等标准给出了 MBD 的基本准则和框架,但是并没有规定操作层面的内容。在工程应用中,MBD 的实现离不开具体的产品数据管理系统和软件工具,西门子、PTC、Dassault 等数字化软件公司将该标准应用于各自的商业化软件系统中。如德国西门子工业软件公司的 Teamcenter＋NX 是一个基于 MBD 技术的信息化平台,它主要包括 MBD 三维设计系统、MBD 三维工艺系统、MBD 标准检验系统等部分,在众多行业和企业中得到应用。

3.4.2 数字化制造技术

1. 数字化制造概述

视频讲解

随着科学技术发展和市场竞争的加剧,顾客对制造企业提出了更为苛刻的要求,主要表现在产品的高质量、高可靠性、高柔性、短交货期和低价格等方面。为此,制造企业需要采用先进的加工装备、制造工艺和管理方法,其中加工装备、制造工艺和生产过程数字化成为重要的发展趋势。以数字控制(numerical control,NC)技术和可编程序逻辑控制器(programmable logic controller,PLC)为基础,基于计算机软硬件、信息技术和网络技术,建立全数字化产品生产环境,成为制造企业的必然选择。实际上,数字化已经成为先进制造技术的核心内容和重要载体。

数字化制造是制造技术与信息技术有机融合、相互集成的产物,它是对传统制造技术的拓展、突破和创新。可以从以下三个层面来理解数字化制造。

(1) 数字化制造是以产品数字化设计为基础的制造。以产品数字化模型为基础,通过对产品结构的仿真分析实现设计方案的优化,在此基础上完成产品制造工艺的制定、制造过程的管控、产品装配、质量检测、制造成本测算与控制等生产过程的数字化。

(2) 数字化制造是以控制为中心的制造。数字化信息是数字化制造的主线,它贯穿于制造的全部过程中。数字化制造以数字化信息的获取、存储、组织和控制为抓手,完成对加工过程中物料、设备、人员以及生产组织的控制。在开展加工过程仿真的基础上,实现企业生产组织、计划、调度、控制、决策等制造过程的优化。

(3) 数字化制造是基于数字化管理的制造。要真正体现数字化制造的潜在效益和效率,必须实现市场需求、研究开发、产品设计、工程制造、销售、服务、维护等环节相关信息的高度集成,以数字化方式高效管理产品开发、供应链、客户关系和企业资源计划等业务流程。因此,只有建立功能完善的数字化管理系统,才有可能实现数字化制造的内在价值。

与传统的制造技术相比,数字化制造更加重视制造与管理的结合,追求制造过程组织和管理的合理化、简化和优化,由此形成精益生产(lean production,LP)、并行工程(concurrent engineering,CE)、企业业务流程重组(business process reengineering,BPR)、敏捷制造、智能制造等新的生产组织方式。

数字化制造的核心技术包括计算机辅助工艺规划(CAPP)技术、成组技术(GT)、数控(NC)加工技术和增材制造技术等。

2. 计算机辅助工艺规划技术

计算机和信息技术的发展使得利用计算机辅助编制工艺规划成为可能,由此产生了计算机辅助工艺规划(CAPP)技术。CAPP 是指利用计算机来制订零件加工工艺的方法和过程,通过向计算机输入被加工零件的几何信息(如形状、尺寸、精度等)、工艺信息(如材料、热处理、生产批量等)、加工条件和加工要求等,由计算机自动输出经过优化的工艺路线和工序内容等。计算机在工艺规划中的辅助作用主要体现在交互处理、数值计算、图形处理、逻辑决策、数据存储与管理、流程优化等方面。采用 CAPP 系统代替传统的工艺设计方法具有重要意义,主要表现在:

(1) 它将工艺设计人员从烦琐的、重复性的劳动中解放出来,使其能够将更多的精力放在新工艺的开发和工艺优化上,从根本上改变了工艺设计依赖于个人经验的状况,有利于提高工艺设计的质量。

(2) 有助于缩短工艺设计周期,加快产品开发速度。

(3) 有利于总结和传承工艺设计人员的经验,逐步形成典型零件的标准工艺库,实现工艺设计的优化和标准化。

(4) CAPP 是产品数字化造型和数控加工之间的桥梁,有助于将产品数字化设计的结果快速应用于生产制造,发挥数控编程和数控加工技术的优势,实现数字化设计与数字化制造环节的信息集成。

随着数字化设计与制造技术不断向系统化、集成化方向发展,CAPP 的内涵不断扩展,先后出现了狭义的 CAPP 和广义的 CAPP。狭义的 CAPP 是指利用计算机辅助编制工艺规划的过程;广义的 CAPP 是指在数字化设计与制造集成系统中,利用计算机实现生产计划和作业计划的优化,它是产品制造过程、制造资源计划(manufacturing resources planning,MRP Ⅱ)和企业资源计划的重要组成部分。CAPP 与数字化设计、数字化制造等子系统之间的关系如图 3.17 所示。

图 3.17　CAPP 与数字化设计、数字化制造等子系统之间的关系

随着产品数字化技术的发展,CAPP 在产品数字化开发和企业信息化中的作用越来越显著。在集成化环境下,CAPP 与企业信息系统各模块之间存在如下信息交互:

(1) CAPP 从数字化设计系统中获取零件的几何信息、材料信息和工艺信息等,作为 CAPP 系统的原始输入,同时向数字化设计系统反馈产品结构工艺性的评价信息。

(2) CAPP 向数控加工系统提供零件加工所需的设备、工装、切削参数、装夹参数以及反映零件切削过程的刀具轨迹文件,并接收数控系统反馈的工艺修改意见。

(3) CAPP 向工装设计系统提供工艺规程文件和工装设计任务书。

（4）CAPP向制造自动化系统（manufacturing automation system，MAS）提供各种工艺规程文件和夹具、刀具等信息，并接收由MAS反馈的刀具使用报告和工艺修改意见。

（5）CAPP向计算机辅助工程分析（CAE）系统提供工序、设备、工装、检测等工艺数据，并接收CAE系统的分析和反馈信息，用以修改工艺规程。

（6）CAPP向管理信息系统（management information system，MIS）、MRP Ⅱ和ERP系统提供工艺路线、设备、工装、工时、材料定额等信息，接收MES、MRP Ⅱ和ERP系统发出的技术准备计划、原材料库存、刀夹量具状况、设备变更等信息，还能与PDM系统、PLM系统无缝集成。

3. 基于模型的工艺规划

在MBD环境下，制造工艺信息建立在产品三维模型的基础上，并存储于三维模型中，与产品的三维几何信息密切关联。利用MBD技术，在PLM和协同设计环境下，工艺设计人员可以在设计部门发放的三维模型基础上开展工艺设计，建立三维制造工艺规程。具体步骤如下：设计工程师完成产品设计，并将设计结果保存到PLM系统中；工艺设计师从PLM系统获取设计部门发放的三维模型，完成工艺设计，并将工艺设计文件保存到PLM系统中；制造执行系统（manufacturing execution system，MES）和生产现场从PLM系统获取工艺规程文件，安排生产。

基于MBD环境的三维工艺设计流程包括毛坯模型设计、工序设计、工序模型生成与标注、三维工艺发布四个环节，如图3.18所示。

图3.18　基于MBD环境的三维工艺设计流程

通常，将在MBD环境下的工艺规划设计称为基于模型的工艺规划（model-based process planning，MBP）。MBP是基于模型的定义技术在工艺设计中的应用，它将与工艺设计相关的各类信息定义在三维产品模型中，包括产品制造信息（如尺寸公差、几何公差、表面粗糙度、注释、装夹定位基准等)和工艺设计信息(如工艺基本信息、工序信息、工步信息等)。根据工艺规划对象的不同,MBP包括两方面内容:基于模型的零件加工工艺规划和基于模型的装配工艺规划。

3.4.3 基于模型的企业

基于模型的企业(model-based enterprise,MBE)建立在MBD技术的基础上,它的核心思想是基于产品数字化模型来定义、执行、控制和管理企业的所有业务流程,采用建模与仿真技术彻底改造、无缝集成产品设计、制造、技术支持和售后服务等全部环节,利用科学的仿真和分析工具在产品生命周期的每个阶段做出最佳决策,大幅度减少产品研发、制造和售后服务的时间与成本。MBE是多种先进设计、仿真分析与制造方法的集中体现,代表产品开发和制造企业的未来。

1. MBE的组成与效益

MBE主要由基于模型的工程(model-based engineering,MBe)、基于模型的制造(model-based manufacturing,MBm)和基于模型的维护(model-based sustainment,MBs)三个部分组成,并形成一个有机整体。

1) MBe

MBe将三维数字化模型作为工程项目开发的基础,涵盖需求分析、设计、制造和验证等产品全生命周期。MBe是MBD的核心,MBe数据一经创建将被后续各业务环节重复利用。MBe的核心是将产品三维模型打造成下游生产活动所需信息的最佳载体,使相关团队和部门将三维模型作为产品信息表达、传递的唯一途径。基于MBe的产品研制可以将质量保障部门纳入技术体系中,并与产品设计、制造形成具有信息反馈功能的封闭环。上述特点有助于缩短产品开发周期,降低研制成本,减少开发中反复修改的现象。

2) MBm

MBm模型用于虚拟制造环境下制造工艺规划的设计、优化和管理。MBm交付的成果包括三维零件制造工艺、三维装配工艺、数控加工工艺、三维电子作业指导等。在某些情况下,上述工作可以在产品设计结束之前完成。此外,MBm允许在实物加工之前开展制造和装配过程仿真。在此基础上,制造工程师可以向设计工程师提供反馈和修改意见,以便形成具有更好可制造性的设计方案。

3) MBs

产品设计和制造过程中的数字化模型与仿真结果可以用于产品的维护保障阶段,为用户、维护人员等提供模型和相关数据。此外,产品在工程实际中的使用情况和维护、维修、故障数据也可以用于评估产品设计和工艺方案,并反馈给产品设计和工艺环节,以便改进和优化产品设计。

MBE的效益体现在概念设计、详细设计、设计验证、制造和维护等各个环节,主要表现在:①有利于降低设计方案的返工和变更的概率,缩短产品交付周期;②有利于整合、简化设计和制造流程,降低研发和生产成本;③有利于减少制订生产计划所需要的时间,减少生产和订单延误的风险;④有助于提高设计质量,减少产品缺陷;⑤有利于改善与产品利益相关方的合作、协同,提高备件采购效率,降低运作成本;⑥有利于改进作业指导书和技术出版物的质量;⑦有利于提高维修质量,降低产品的维修和维护成本,缩短维修时间。

总体上，MBE 仍然是发展中的技术和管理方法。理想的 MBE 具有如下特征：①产品研发和企业管理流程完全基于产品三维模型；②不存在二维工程图；③有完全连接的扩展企业；④模型数据、元数据(metadata)等可以为整个扩展企业访问和使用；⑤具有完全自动化的技术数据包(technical data package, TDP)；⑥具有有效的产品全生命周期数字化管理工具。

2. 西门子 MBE 解决方案

德国西门子工业软件公司将自动化技术、控制技术和工业软件无缝集成，提供具有系统性的 MBE 软硬件解决方案，涵盖从产品设计、生产到服务的全价值链各环节，实现了虚拟世界与实物世界的有机衔接，为数字化企业提供了有效的技术支撑。图 3.19 所示为西门子工业软件公司 MBE 解决方案的整体架构。

图 3.19　西门子工业软件公司 MBE 解决方案的整体架构

西门子工业软件公司在产品数字化软硬件系统研发、企业并购等方面投入巨额资金，不断扩充与 MBE 相关的产品线、增强产品功能、完善解决方案。该公司在工业自动化领域具有软硬件集成的强大技术能力，拥有完整的 PLM 解决方案。此外，该公司还积极参与 MBD 技术开发和标准制定，开展验证性项目实践。目前，该公司已形成以 NX 软件为 MBD 定义工具、以 Tecnomatix 软件为基础的数字化制造、以 LMS 等软件为基础的仿真和虚拟试验、以 Teamcenter 为平台的 MBE 解决方案，帮助制造企业构建了完整的 MBE 系统。图 3.20 所示为该公司 MBE 软件模块组成。西门子工业软件公司 MBE 主要软件模块的功能如下。

(1) NX CAD/CAE/CAM 一体化工具，涵盖概念设计、数字化产品定义、数字化仿真分析、评审分析、验证、多学科优化仿真分析等环节。NX 提供完整的 MBD 模型定义(含 PMI)、浏览和交互功能。

(2) Tecnomatix 基于 MBD 的数字化制造解决方案，涵盖工艺 BOM 管理、工艺分工、零件工艺规划装配工艺规划运动仿真、公差仿真、人机仿真、装配仿真、工厂规划仿真优化、

第3章 数字化设计与制造

图 3.20 西门子 MBE 软件模块组成

生产路线仿真优化、MES 集成化管理等功能。

（3）Teamcenter 全生命周期管理平台，涵盖智能决策、投资组合、多项目组合管理、需求管理、系统工程、多学科优化仿真分析、数字样机、可视化协同、异地协同、BOM 全生命周期管理、维护保障管理、企业知识管理等功能。Teamcenter 可用于保证 MBD 模型及其相关数据的有效配置和管理，以及 MBE 企业内部和供应链之间的有效流通。

（4）LMS 仿真和试验解决方案，将三维功能仿真、试验系统、智能仿真系统、工程咨询服务等业务有机结合，专注于系统动力学、声音品质、舒适性、耐久性、安全性、能量管理、燃油经济性和排放、流体系统、机电系统仿真等专项性能的开发和研究。

该公司提供的 MBE 模块包括基于模型的系统工程、基于模型的产品设计、基于模型的分析应用、基于模型的机电一体系统工程、基于模型的全生命周期质量管理、基于模型的工装设计、基于模型的零件工艺、基于模型的装配工艺、基于模型的质量检测、基于模型的作业指导书、基于模型的制造执行、基于模型的实物样机测试、基于模型的 MBE 供应链管理、基于模型的 MBE 数字化服务管理、复杂产品构型管理、基于 MBD 的标准和规范等。

西门子工业软件公司 MBE 解决方案以系统工程思想为指导，贯穿从需求分析、设计、工艺、制造、试验到服务和维护的全生命周期过程，各阶段形成的数字化信息可以定义到以 MBD 模型为核心的技术数据包中，上游的技术数据包可以被下游直接重用，从而形成全面的 MBE 解决方案体系。

习题

一、判断题

1. 工业 4.0 的核心是智能制造。（ ）
2. PLM 是 PDM 系统中的一个子集。（ ）

3. 智能制造通过工况在线感知(看)、智能决策与控制(想)、装备自律执行(做)的闭环过程,以提升装备性能、增强自适应能力,是高品质制造的必然选择。(   )

4. 智能装备的特点包括将专家的知识和经验融入感知、决策、执行等制造活动中,赋予产品制造在线学习和知识进化能力。(   )

5. 当前物联网的引入和制造业服务化的深化迎来了以智能制造为主导的第四次工业革命,即"工业4.0"。(   )

6. 端到端价值链的数字化整合,这是实现智能制造云的愿景,用户只要提供需求,就可以获得所需的产品。(   )

7. 设计阶段的实际投入通常只占产品全生命周期成本的5%左右,但是它却决定了产品全生命周期成本的70%~80%。(   )

8. 设计阶段是控制和降低产品成本的最好阶段。此时设计者有很大的自由度来修改、完善设计方案,以便实现产品全生命周期成本的最小化。(   )

9. 数字化管理有利于提高制造企业的管理效率和质量,但在一定程度上会提高管理成本和生产成本。(   )

10. 如果各单元技术及管理模块相互独立,就会形成"自动化孤岛"和"信息孤岛",使产品信息和企业资源难以发挥应有作用。(   )

11. PDM是以文档为中心的研发流程管理,主要通过建立文档之间刚性的、单纯的连接来实现。(   )

12. 数字化技术体系包括产品表达数字化、制造装备数字化、制造工艺数字化和制造系统数字化。(   )

二、单选题

1. 以下(   )不属于工业4.0的特征。
   A. 互联　　　　　B. 规模化　　　　　C. 数据　　　　　D. 创新

2. 下面(   )不属于增材制造技术。
   A. 3D打印　　　　B. 快速成型RP　　　C. 分层制造　　　D. 并行工程

3. 工业4.0的特质互联的第二阶段是(   )。
   A. M2M　　　　　B. B2B　　　　　　C. C2M　　　　　D. C2B

4. PLM侧重于无形资产的管理,以(   )为核心。
   A. 企业的产品　　　　　　　　　　B. 企业的信息资源
   C. 产品的协同开发　　　　　　　　D. 产品创新

三、多选题

1. 产品数字化开发包含(   )。
   A. 数字化产品　　B. 数字化设计　　　C. 数字化制造　　D. 数字化管理

2. 下面(   )属于增材制造技术。
   A. 3D打印　　　　B. RP　　　　　　　C. DDM　　　　　D. 分层制造

3. 以下属于工业4.0的特质的是(   )。
   A. 互联　　　　　B. 绿色　　　　　　C. 集成　　　　　D. 数据

4. 推动 PLM 发展的主要因素有（　　）。
   A．网络及信息技术的支持　　　　B．全球化的市场竞争
   C．用户个性化需求　　　　　　　D．产品生产成本

四、简答题

1. 工业革命的发展历程及各阶段的特点是什么？
2. 工业 4.0 与智能制造的关系是什么？
3. 产品生命周期与产品成本之间的关系？
4. 什么是 PLM？PLM 的功能有哪些？
5. 数字化设计技术的发展历程是什么？未来的发展方向是什么？
6. 什么是 MBD？MBD 技术的出现对产品开发模式会产生哪些深远的影响？
7. 基于模型的企业（MBE）有哪几个组成部分？MBE 带来的效益体现在哪些方面？

第 4 章 数字孪生与数字化工厂

视频讲解

4.1 数字孪生的产生与发展

4.1.1 数字孪生的产生

数字孪生的概念最初由迈克尔·格里夫斯（Michael Grieves）教授于 2003 年在美国密歇根大学的产品全生命周期管理课程上提出，并被定义为三维模型，包括实体产品、虚拟产品以及二者间的连接，如图 4.1 所示。

图 4.1 数字孪生模型

迈克尔·格里夫斯在 2003—2005 年将这一概念模型称为"镜像空间模型"，在 2006—2010 年将其称为"信息镜像模型"。

2011 年，迈克尔·格里夫斯与美国宇航局约翰·维克斯（John Vickers）合著的《几乎完美：通过 PLM 推动创新和精益产品》一书中正式将其命名为数字孪生。但是，该概念和模型在 2003 年提出时并没有引起国内外学者们的重视，主要是因为：

（1）当时在生产过程中收集产品相关信息的技术手段有限，大多采用人工方式和基于纸质文件，尤其是难以实现生产数据的在线实时采集。

（2）物理产品的数字化描述尚不成熟，相关的软硬件无法支持在虚拟空间中精确定义和描述实体产品的相关属性和行为。

(3) 当时的计算机性能和算法难以实现对大数据的实时处理,移动通信技术也不够成熟,虚实之间的数据实时传输难以实现。

由于通用电气、西门子等公司的推广,数字孪生技术近年来在工业制造领域同样发展迅速。

通用电气基于 Predix 平台构建资产、系统、集群级的数字孪生,生产商和运营商可以分别利用数字孪生来表征资产的全寿命周期,以便更好地了解、预测和优化每个资产的性能。

西门子与宾特利软件公司携手推出 PlantSight 数字孪生模型云服务,PlantSight 是一款数字化解决方案,能够帮助客户提升工厂的运营效率。PlantSight 提供最新的运营时数字孪生模型,能够在物理现实与工程数据之间实现同步,为所有运营工厂内跨不同数据源的一致性数字组件打造了一个全面的数字环境。借此,工厂运营方能够获取高度可信的高质量信息,从而可以随时启动运营并提高可靠性。

著名的 IT 行业咨询研究公司 Gartner 从 2016 到 2018 年连续三年把数字孪生列为未来十大战略技术趋势之一(图 4.2 所示为 2017 年)。2019 年,Gartner 认为数字孪生处于期望膨胀期顶峰,将在未来 5 年将产生破坏性创新,如图 4.3 所示。Gartner 认为数字孪生包括元数据、处境、事件数据和分析方法,是事物或系统的多元软件模型,依靠传感器以及其他数据来理解其处境,回应变化,提高运营,增加价值。

图 4.2 Gartner 2017 年新兴技术发展周期

4.1.2 数字孪生的发展历程

确切地说,数字孪生的发展历经技术积累、概念提出、应用萌芽、快速发展四个阶段,如图 4.4 所示。

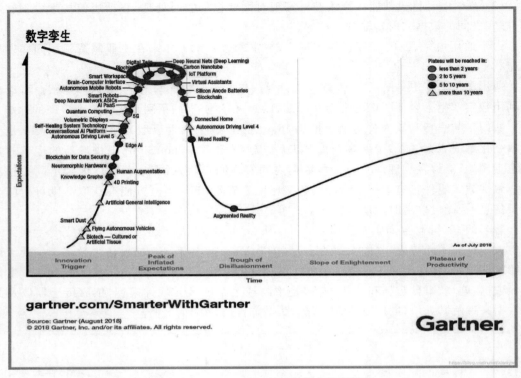

图 4.3　Gartner 2019 年新兴技术发展周期

图 4.4　数字孪生的发展历程

从宏观看,数字孪生不仅仅是一项通用使能技术,也将会是数字社会人类认识和改造世界的方法论;从中观看,数字孪生将成为支撑社会治理和产业数字化转型的发展范式;从微观看,数字孪生落地的关键是"数据+模型",亟须分领域、分行业编制数字孪生模型全景图谱。

4.2 数字孪生的概念与内涵

4.2.1 数字孪生的定义

至今,数字孪生还未形成统一的定义,现将部分国内外相关研究机构和学者对数字孪生的定义举例如下。

1. 国外研究机构

德勤:数字孪生是以数字化的形式对某一物理实体过去和目前的行为或流程进行动态呈现。

埃森哲:数字孪生是指物理产品在虚拟空间中的数字模型,包含了从产品构思到产品退市全生命周期的产品信息。

美国国防采办大学:数字孪生是充分利用物理模型、传感器更新、运行历史等数据,集成多学科、多物理量、多尺度、多概率的仿真过程,在虚拟空间中完成映射,从而反映相对应的实体装备的全生命周期过程。

密歇根大学:数字孪生是基于传感器所建立的某一物理实体的数字化模型,可模拟显示世界中的具体事物。

2. 国内行业专家、学者

宁振波:数字孪生是将物理对象以数字化方式在虚拟空间呈现,模拟其在现实环境中的行为特征。

赵敏:数字孪生是指在数字虚体空间中所构建的虚拟事物,与物理实体空间中的实体事物所对应的、在形态和举止上都相像的虚实精确映射关系。

林诗万:数字孪生是实体或逻辑对象在数字空间的全生命周期的动态复制体,可基于丰富的历史和实时数据、先进的算法模型实现对对象状态和行为高保真度的数字化表征、模拟试验和预测。

陶飞:数字孪生以数字化的方式建立物理实体的多维、多时空尺度、多学科、多物理量的动态虚拟模型来仿真和刻画物理实体在真实环境中的属性、行为、规则等。

综上,如图 4.5 所示,数字孪生是实现物理空间在赛博空间交互映射的通用使能技术。数字孪生是综合运用感知、计算、建模等信息技术,通过软件定义,对物理空间进行描述、诊断、预测、决策,进而实现物理空间与赛博空间的交互映射。

图 4.5 数字孪生的定义(赛迪,数字孪生白皮书 2019)

4.2.2 数字孪生的内涵

当前越来越多的学者和企业关注数字孪生并开展研究与实践,但从不同的角度出发,对数字孪生的理解存在着不同的认识。如表4.1所示,本节从不同维度出发,对数字孪生的当前认识进行总结与分析后,对数字孪生的理想特征进行探讨。

表4.1 数字孪生的不同维度理想特征表

序号	部分认识	理想特征	维度
1	① 数字孪生是三维模型 ② 数字孪生是物理实体的复制 ③ 数字孪生是虚拟样机	多:多维(几何、物理、行为、规则)、多时空、多尺度 动:动态、演化、交互 真:高保真、高可靠、高精度	模型
2	① 数字孪生是数据/大数据 ② 数字孪生是PLM ③ 数字孪生是数字主线 ④ 数字孪生是数据影子	全:全要素/全业务/全流程/全生命周期 融:虚实融、多源融、异构融 时:更新实时、交互实时、响应及时	数据
3	① 数字孪生是物联平台 ② 数字孪生是工业互联网平台	双:双向连接、双向交互、双向驱动 跨:跨协议、跨接口、跨平台	连接
4	① 数字孪生是仿真 ② 数字孪生是虚拟验证 ③ 数字孪生是可视化	双驱动:模型驱动+数据驱动 多功能:仿真验证、可视化、管控、预测、优化控制等	服务/功能
5	① 数字孪生是纯数字化表达或虚体 ② 数字孪生与实体无关	异:模型因对象而异、数据因特征而异、服务/功能因需求而异	物理

1. 模型维度

一类观点认为数字孪生是三维模型,是物理实体的复制,或是虚拟样机。这些认识从模型需求与功能的角度,重点关注了数字孪生的模型维度。综合现有文献分析,理想的数字孪生模型涉及几何模型、物理模型、行为模型、规则模型等多维、多时空、多尺度模型,且期望数字孪生模型具有高保真、高可靠、高精度的特征,进而能真实刻画物理世界。此外,有别于传统模型,数字孪生模型还强调虚实之间的交互,能实时更新与动态演化,从而实现对物理世界的动态真实映射。

2. 数据维度

迈克尔·格里夫斯教授曾在美国密歇根大学产品全生命周期管理(PLM)课程中提出了与数字孪生相关的概念,因而有一种观点认为数字孪生就是PLM。与此类似,还有观点认为数字孪生是数据/大数据,是数字主线(digital thread)或是数字影子(digital shadow)。这些认识侧重了数字孪生在产品全生命周期数据管理、数据分析与挖掘、数据集成与融合等方面的价值。数据是数字孪生的核心驱动力,数字孪生数据不仅包括贯穿产品全生命周期的全要素/全流程/全业务的相关数据,还强调数据的融合,如信息物理虚实融合、多源异构融合等。此外,数字孪生在数据维度还应具备实时动态更新、实时交互、及时响应等特征。

3. 连接维度

一类观点认为数字孪生是物联网平台或工业互联网平台,这些观点侧重从物理世界到虚拟世界的感知接入、可靠传输、智能服务。从满足信息物理全面连接映射与实时交互的角度和需求出发,理想的数字孪生不仅要支持跨接口、跨协议、跨平台的互联互通,还强调数字孪生不同维度(物理实体、虚拟实体、孪生数据、服务/应用)间的双向连接、双向交互、双向驱动,且强调实时性,从而形成信息物理闭环系统。

4. 服务/功能维度

一类观点认为数字孪生是仿真,是虚拟验证,或是可视化,这类认识主要是从功能需求的角度,对数字孪生可支持的部分功能/服务进行了解读。目前,数字孪生已在不同行业不同领域得到应用,基于模型和数据双驱动,数字孪生不仅在仿真、虚拟验证和可视化等方面体现其应用价值,还可针对不同的对象和需求,在产品设计、运行监测、能耗优化、智能管控、故障预测与诊断、设备健康管理、循环与再利用等方面提供相应的功能与服务。由此可见,数字孪生的服务/功能呈现多元化。

5. 物理维度

一类观点认为数字孪生仅是物理实体的数字化表达或虚体,其概念范畴不包括物理实体。实践与应用表明,物理实体对象是数字孪生的重要组成部分,数字孪生的模型、数据、功能/服务与物理实体对象是密不可分的。数字孪生模型因物理实体对象而异,数据因物理实体特征而异,功能/服务因物理实体需求而异。此外,信息物理交互是数字孪生区别于其他概念的重要特征之一,若数字孪生概念范畴不包括物理实体,则交互缺乏对象。

综上所述,当前对数字孪生存在多种不同认识和理解,目前尚未形成统一共识的定义,但物理实体、虚拟模型、数据、连接、服务是数字孪生的核心要素。不同阶段(如产品的不同阶段)的数字孪生呈现出不同的特点,对数字孪生的认识与实践离不开具体对象、具体应用与具体需求。从应用和解决实际需求的角度出发,实际应用过程中不一定要求所建立的数字孪生具备所有理想特征,能满足用户的具体需要即可。

4.3 数字孪生的内容与架构

4.3.1 数字孪生的内容

如图4.6所示,数字孪生涵盖五大内容。
(1) 一项通用技术:支撑经济社会数字化转型的通用使能技术;
(2) 两大孪生空间:物理空间和赛博空间;
(3) 三大技术要素:数据是基础,模型是核心,软件是载体;
(4) 四大功能等级:描述、诊断、预测、决策;
(5) 五大典型特征:数据驱动,模型支撑,软件定义,精准映射,智能决策。

数字孪生的本质是在比特的汪洋中重构原子的运行轨道,以数据的流动实现物理世界的资源优化。数字孪生的核心是面向物理实体和逻辑对象建立机理模型或数据驱动模型,形成物理空间在赛博空间的虚实交互。数字孪生的关键是将模型代码化、标准化,以软件的形式动态模拟或监测物理空间的真实状态、行为和规则;通过感知、建模、软件等技术,实现物理空间在赛博空间的全面呈现、精确表达和动态监测。未来数字孪生将融合人工智能等技术,实现物理空间和赛博空间的虚实互动、辅助决策和持续优化。

视频讲解

图 4.6 数字孪生的内容(赛迪,数字孪生白皮书 2019)

4.3.2 数字孪生的架构

数字孪生的架构包含技术层和应用层,技术层架构分为物理层、数据层、模型层和功能层,如图 4.7 所示。本节主要从应用视角、功能视角和部署视角解析数字孪生构架。

图 4.7 数字孪生的架构

1. 应用视角

数字孪生的应用场景主要包括智能工厂、车联网、智慧城市、智慧建筑和智慧医疗等,如图 4.8 所示。

例如,荷兰第二大城市鹿特丹计划利用该市的数字孪生系统,来改善基础设施维护、能源效率、道路和水上交通,以及帮助消防员在紧急情况下出行任务等。

2. 功能视角

数字孪生的功能视角主要是从描述、诊断、预测、决策四个能力等级展开,如图 4.9 所示。

第4章 数字孪生与数字化工厂

数字孪生应用场景	智能工厂	车联网	智慧城市	智慧建筑	智慧医疗
核心价值	●实现产品迭代式创新 ●实现生产制造全过程数字化管理 ●开展设备预测性维护	●驾驶辅助 ●部分自动驾驶 ●有条件自动驾驶 ●高度自动驾驶 ●完全自动驾驶	●绘制"城市画像" ●实现城市规划"一张图" ●实现城市难题"一眼明" ●实现城市治理"一盘棋"	●打造虚拟建筑 ●施工优化 ●智慧家居	●人体运行机理模型仿真 ●医疗设备远程管理 ●加快科研创新向临床实践的转化

图 4.8　数字孪生的应用场景

图 4.9　数字孪生的功能视角

3. 部署视角

数字孪生的部署视角分为设想、确定方案、试运行、产业化、效果后评价五个阶段,如图 4.10 所示。

图 4.10　数字孪生的部署视角

4.4 数字化工厂

4.4.1 基于数字孪生的数字化工厂

制造企业的数字孪生通常包含如图 4.11 所示的产品数字孪生、生产数字孪生、设备数字孪生三个部分。

图 4.11 基于数字孪生的数字化工厂

1. 数字化设计：数字孪生＋产品创新

产品数字孪生通过模拟物理对象在各种场景下的性能，可避免多个原型的重复开发，最小化开发总时间。因此，制造商可以在虚拟环境中调整参数，在产品上线之前测试和验证产品的功能、安全性和质量，如图 4.12 所示。达索、PTC、波音等公司综合运用数字孪生技术打造产品设计数字孪生体，在赛博空间进行体系化仿真，实现反馈式设计、迭代式创新和持续性优化。目前，在汽车、轮船、航空航天、精密装备制造等领域已普遍开展原型设计、工艺设计、工程设计、数字样机等形式的数字化设计实践。

图 4.12 产品数字孪生

例如,罗尔斯·罗伊斯公司在使用数字孪生风扇叶片制造超级喷气发动机之后,发动机的燃油消耗效率提高了25%。英国铁路网的数字孪生是为了实现设计过程的自动化而建立的,大大节省了现场人工测量的成本和时间。新加坡利用数字孪生技术研究新的智能建筑如何在现有基础设施上进行建设规划和安装等;另外,还利用数字孪生分析哪些建筑是安装太阳能电池板和积累能量的最佳选择。

2. 虚拟工厂:数字孪生+生产制造全过程管理

生产数字孪生也被称为虚拟调试,如图4.13所示,它主要用于车间的数字化和全自动化作业。西门子、ABB等国外公司以及华龙迅达、东方国信、石化盈科等国内公司,在赛博空间打造映射物理空间的虚拟车间、数字工厂,推动物理实体与数字虚体之间数据双向动态交互,根据赛博空间的变化及时调整生产工艺、优化生产参数,提高生产效率。例如,英国石油公司的数字孪生系统APEX是一个模拟监视系统,能将生产系统的优化时间从几个小时缩短到20分钟。

图4.13 生产数字孪生

什么是虚拟调试?随着制造过程的工艺复杂度和自动化水平的提高,人们不可能坚持传统的预调试模式。虚拟调试是指通过虚拟技术创建出物理制造环境的数字复制品,以用于测试和验证产品设计的合理性。

简单地说,虚拟调试是通过工厂、车间、制造机器的模型,模拟运行整个或部分生产流程,并在生产线投产前对重要功能和性能进行测试。它能够检测和消除设计缺陷,例如PLC代码中的缺陷(bug),并提前解决一系列技术上的问题。调查显示,经过虚拟调试后的生产线一开机就有较高的质量,因此实际调试的时间可以减少75%。

虚拟调试的其他优势:
- 加快现场调试和生产线建设;
- 最小化设备故障、碰撞和停机的风险;
- 简化传统的软件测试流程——工厂验收测试和现场验收测试;

- 优化复杂生产线生产周期；
- 减少原型浪费和节省更多昂贵的材料；
- 越早发现缺陷,解决缺陷的成本越低。

目前,市场上已经提供虚拟调试解决方案的厂商有西门子的Tecnomatix和达索系统的DELMIA等。

3. 设备预测性维护：数字孪生+设备管理

设备数字孪生也经常被称为绩效数字孪生,主要通过收集产品、机器和整个生产线的运行数据,以模拟和预测性能故障、能耗峰值及停机风险,如图4.14所示。

图4.14 设备数字孪生

GE、空客等公司开发设备数字孪生体并与物理实体同步交付,实现了设备全生命周期数字化管理,同时依托现场数据采集与数字孪生体分析,提供产品故障分析、寿命预测、远程管理等增值服务,提升用户体验,降低运维成本,强化企业核心竞争力。设备数字孪生架构如图4.15所示。例如,通用电气公司通过利用数字孪生体监控风力涡轮机的性能,监督风电场的运作和生产。压缩机制造商Kaeser通过使用数字孪生来预测什么时候可能发生故障,从而最小化停机时间。

图4.15 设备数字孪生架构(资料来源:赛迪,数字孪生白皮书)

基于数字孪生的数字化工厂在产品设计、制造和运行维修阶段分别表现为产品数字孪生体、生产工艺流程数字孪生体和设备数字孪生体,帮助企业在实际投入生产前既能在虚拟环境中优化、仿真和测试产品性能,又能在生产过程中同步优化整个企业制造工艺流程,最终实现高效的柔性生产和快速创新上市,锻造企业持久竞争力。

4. 数字孪生与智能制造的关系

从各国的先进制造业国家发展战略演变角度来看,无论是美国从"去工业化"到"再工业化",到"以软带硬"的"工业互联网"战略,再到美国国家先进制造战略计划;德国从机械化、电气化、信息化,到"以硬带软"的"工业 4.0"的制造业创新发展战略;还是中国从"信息化带动工业化,工业化促进信息化",到两化融合和两化深度融合,再到"中国制造 2025"的"融合演进"的制造强国发展战略,都期望通过信息物理融合来实现智能制造。综上可知,智能制造是当前世界制造业的共同发展趋势。而如何实现制造信息世界和物理世界的互联互通与集成共融,是迈向智能制造的瓶颈之一。

数字孪生是实现信息物理融合的有效手段。一方面,数字孪生能够支持制造的物理世界与信息世界之间的虚实映射与双向交互,从而形成"数据感知—实时分析—智能决策—精准执行"实时智能闭环;另一方面,数字孪生能够将运行状态、环境变化、突发扰动等物理实况数据与仿真预测、统计分析、领域知识等信息空间数据进行全面交互与深度融合,从而增强制造的物理世界与信息世界的同步性与一致性。

4.4.2 数字化工厂推进与建设路径

制造技术的发展需求和趋势变化导致制造业核心竞争力发生深刻变化,由数字化技术支撑的智能制造已成为制造行业不可或缺的核心竞争力。

数字化工厂的推进与建设路径分为三个阶段,即数字化、互联化和智能化,如图 4.16 所示。

图 4.16 数字化工厂的推进与建设路径

数字化阶段的推进重点:自动化改造(机器人、自动化产线、自动化质检等),信息化系统的覆盖(ERP、MES、APS、SRM 等),产品的数字化(传感、监测、人机交互),以及信息化与业务的深度融合。

互联化阶段的推进重点：自动化与信息化的链接，多个系统的集成（MES 与 ERP、CRM 与 ERP 等），业务链条的打通与集成（OTD、产品全生命周期等）。

智能化阶段的推进重点：基于深度学习的人工智能应用和形成业务闭环与知识重用。

4.4.3 数字化工厂的核心架构

在中国制造从制造大国向智造强国的转型过程中，因为历史遗留原因，不少制造企业信息化建设相对落后，工厂制造过程中还均以纸质流转卡、手工报表的方式来管理工厂车间。但随着制造数字化转型和制造生态链的分工细化，传统的生产模式遇到极大的挑战和痛点，多品种小批量的快速、透明生产诉求倒逼制造企业的工厂数字化转型。

如图 4.17 所示，完整的数字化工厂包含产品全生命周期的数字化、生产全生命周期的数字化以及业务管理全生命周期的数字化，三者重叠的核心部分为制造金字塔结构。如图 4.18 所示，该金字塔结构分为四层，其中最高一层是企业资源计划（ERP），第二层是高级计划排产（APS），第三层是制造执行系统（MES），第四层是过程控制系统（PCS）。

图 4.17　数字化工厂

视频讲解

以西门子为例介绍其数字化工厂的核心架构。如图 4.19 所示，数字化工厂核心即是 ERP（企业资源计划）、PLM（产品生命周期管理）、MOM（制造运营管理）、WMS（仓储管理系统）、DCS（分布式控制系统）五大系统的全面集成，并以 MOM 中的 APS 为中枢核心，形成智能制造创新平台。图 4.20 所示为数字化工厂五大核心系统集成，通过五大系统深度集成，明确定义系统业务边界。

第4章 数字孪生与数字化工厂

图 4.18 制造金字塔

图 4.19 西门子数字化工厂核心架构

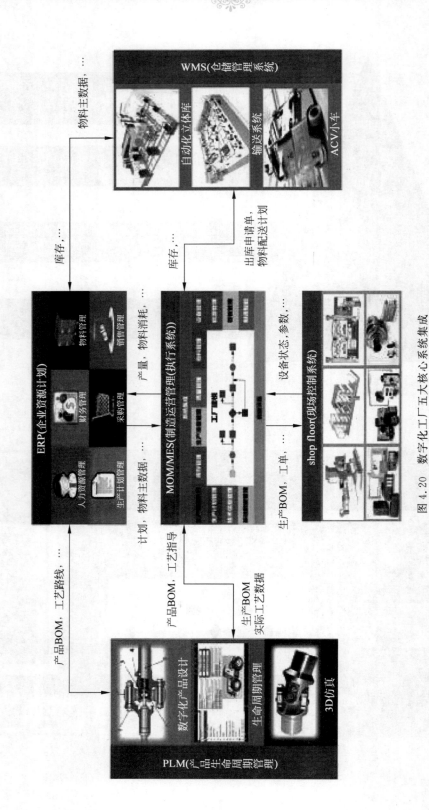

图 4.20 数字化工厂五大核心系统集成

第4章　数字孪生与数字化工厂

1. PLM（产品生命周期管理）

PLM通过对企业知识型资产的管理,实现对产品的数据管理、项目管理、变更管理、协同管理、标准化管理、安全管理等,为制造企业提供了一个可伸缩的研发管理平台。

- 与ERP集成：PLM将PBOM和工艺路线传给ERP,ERP根据零件的标准成本、建议成本、现行成本基础数据,结合加工中心和成本中心,自动生成CBON。
- 与MOM集成：PLM将MBOM、SOP传给MOM,指导MOM生产管理。

当产品发生设计变更,会将变更数据实时同步到ERP、MOM系统。

2. ERP（企业资源计划）

ERP将企业的三大流（物流、资金流和信息流）进行全面一体化管理。特别提一下,ERP不要过多管理制造端,只需以报工方式,保存制造端的生产结果,用于财务成本核算。

- 与PLM集成：PLM将PBOM和工艺路线传给ERP,ERP根据零件的标准成本、建议成本、现行成本基础数据,结合加工中心和成本中心,自动生成CBON。
- 与MOM集成：将生产基础数据（物料、销售订单）传给MOM。APS将分解后的制造工单回传给ERP,MES将生产数量、物料消耗数量按照一定周期回传给ERP。
- 与WMS集成：实时同步物料基础数据、仓库基础数据、库存数量。

3. WMS（仓储管理系统）

WMS通过入库业务、出库业务、仓库调拨、库存调拨和虚仓管理等功能,对批次管理、物料对应、库存盘点、质检管理、虚仓管理和即时库存管理等功能进行综合运用,从而有效控制并跟踪仓库业务的物流和成本管理全过程。

- 与ERP集成：实时同步物料基础数据、仓库基础数据、库存数量。
- 与MOM集成：当车间MES接料时,WMS实时将物料批次信息传给MES,绑定接料工位。当成品入库时,MES实时将物料批次信息传给WMS,绑定仓库和储位。

4. DCS（现场控制系统）

与MOM集成：MES将工单下达到机台设备,对设备、模具、刀具、人员防错,指导设备生产。DCS将设备状态、工艺参数数据（温度、压力、扭矩等）回传给MES,与生产工单关联,用于生产追溯。

5. MOM（制造运营管理）

从以上五大系统集成来看,MOM是一体化集成方案中的核心,是连接其他四大系统的中枢。在西门子数字化工厂解决方案中,MOM产品组合如图4.21所示,包含以下几个系统：

APS：高级计划排产,如PREACTOR。
MES：制造执行系统,如SIMATIC IT、CAMSTAR。
QMS：质量管理系统,如IBS。
SCADA：数据采集与监控系统,如WinCC。

西门子通过APS、MES、QMS无缝深度集成,打造数字化工厂制造运营端一体化解决方案,为制造企业树立智能化制造运营流程,实现企业的高效透明运营管理。

西门MOM产品组合				
WinCC HMI-SW/SCADA	SIMATIC IT MES/R&D/EMI	IBS QMS	PREACTOR APS	CAMSTAR MES/可靠性
• 排名第一的HMI软件，由于其超高的工艺设计效率而闻名，可集成TIA博途 • 开放式高端SCADA，适合各类平台以及大规模应用程序	• 全功能平台，采用基于模型的架构 • 包含EMS、R&D以及EMI • 生命科学、流程行业、离散制造业专用行业库	• 完整的质检解决方案，包含计划、执行、检查、措施循环 • 包含FMEA、APQP、SPC、IPM、FAI、PPAP等	• 先进的APS软件，覆盖所有生产优化流程 • 包括产能计划与详细的生产排产	• 美国半导体和医疗设备EMS领域的市场领导者 • 企业平台提供了可扩展、灵活的MES/MOM解决方案
作为一套完整的制造运营管理软件产品组合的坚实的基础				

图 4.21　MOM 产品组合

习题

一、判断题

1. 数字孪生是在尼葛洛庞蒂的《数字化生存》一书中正式命名的。（　　）
2. 数字孪生是实现物理空间在赛博空间交互映射的通用使能技术。（　　）
3. 数字化工厂包含产品设计、生产规划与生产执行的数字化。（　　）
4. 数字化工厂里的 MES 主要考虑计划与排产问题。（　　）
5. Michael Grieves 在 2003—2005 年将数字孪生概念模型称为"信息镜像模型"。（　　）
6. 数字孪生将成为支撑社会治理和产业数字化转型的发展范式。（　　）
7. 数字孪生的功能视角包括五个能力等级，部署视角包括四个阶段。（　　）
8. 基于信息模型的工厂全生命周期数字化中的深融合是指项目建设与项目数字化同步。（　　）
9. 数字化工厂和物理工厂的业务之间进行的是双向的信息交流。（　　）
10. ERP 不属于数字化工厂核心系统。（　　）

二、单选题

1. 以下（　　）不属于制造企业全数字化生命周期迭代优化数字孪生。
   A. 产品数字孪生　　　　　　　　B. 城市数字孪生
   C. 生产数字孪生　　　　　　　　D. 设备数字孪生
2. 以下（　　）不属于数字化工厂核心系统。
   A. ERP　　　　B. PLM　　　　C. 现场控制系统　　　　D. SCM
3. 下面不属于德国工业 4.0 参考架构中数字世界的是（　　）。
   A. 业务层　　　　B. 功能层　　　　C. 集成层　　　　D. 信息层
4. 首次提出数字孪生概念的是（　　）。
   A. Michael Grieves　　　　　　　　B. 美国军方

C. 洛克希德·马丁　　　　　　D. NASA
5. 不属于数字孪生中三大技术要素的是（　　）。
   A. 数据　　　B. 决策　　　C. 模型　　　D. 软件
6. 数字化工厂的建设阶段不包括（　　）。
   A. 数字化　　　B. 互联化　　　C. 智能化　　　D. 绿色化
7. 数字化工厂建设的目标是打造（　　）的智慧企业。
   A. 智能制造＋互联网＋模型制造　　　B. 智能制造＋互联网＋绿色制造
   C. 智能制造＋互联网＋集成制造　　　D. 智能制造＋互联网＋软件制造

三、多选题

1. 从功能视角，数字孪生包括的能力等级有（　　）。
   A. 描述　　　B. 诊断　　　C. 预测　　　D. 决策
2. 以数字孪生体框架为核心的工业互联网 PaaS 系统包括（　　）。
   A. 应用平台　　　B. 数字孪生空间　　　C. 模型平台　　　D. 数据平台
3. 数字孪生的典型特征有（　　）。
   A. 数据驱动　　　B. 模型支撑　　　C. 软件定义　　　D. 精准映射
   E. 智能决策
4. 数字孪生在数据方面的理想特征中的"全"包括（　　）。
   A. 全要素　　　B. 全业务　　　C. 全流程　　　D. 全生命周期
5. 制造技术的发展趋势是（　　）。
   A. 个性化　　　B. 定制化　　　C. 机械化　　　D. 绿色化
6. 下面属于数字化工厂推进的难点问题的是（　　）。
   A. 管理流程不规范　　　　　　B. 自动化基础薄弱
   C. 集成成为最大的障碍　　　　D. 标准化与数据质量较差

四、简答题

1. 什么是数字孪生？数字孪生有什么作用？
2. 数字孪生的发展经历了哪几个阶段？
3. 数字孪生的内容与特征是什么？
4. 数字化工厂的核心架构是什么？
5. 数字化工厂推进的建设路径是什么？

第 5 章 企业资源计划

视频讲解

5.1 ERP 概述

在大规模生产管理理论诞生前,生产控制技术已萌芽。如 1744 年 Franklin 公司在其广告中描述了产品使用的组件,这被视为最早的材料表(bill of material,BOM)。在大规模生产管理理论诞生后,生产管理(特别是生产控制技术配合订单数量)的研究快速发展起来。将手工管理计算机化是解决大规模生产带来的大量管理问题(尤其管理计算问题)的高效办法,因此产生了物料需求计划(MRP)系统及制造资源计划(MRP Ⅱ)系统,即 ERP 管理信息系统的前身。

随着 MRP Ⅱ 系统在加工装配式生产企业的成功,面向其他类型制造系统的 MRP Ⅱ 系统也不断被开发出来。因为 MRP Ⅱ 系统具有强大且较为通用的价值管理能力,所以它成为制造业公认的标准管理系统。在各类 MRP Ⅱ 系统发展的基础上,ERP 概念于 1990 年由美国 Gartner 公司在《ERP:下一代 MRP Ⅱ 的远景设想》研究报告中被首次提出。

5.1.1 ERP 的概念与作用

1. 什么是 ERP

ERP 有多重含义。一方面,对于企业管理者来说,ERP 的重点是计划:ERP 是一套全面的、用于支持企业制订与当前业务计划和控制一致的经营策略的软件;另一方面,对于信息技术人员来说,ERP 是一套整合了财务、生产、物流、销售、市场、人力和其他方面的应用程序的软件系统。ERP 的整合通过全部功能和数据处理应用共享同一个数据库实现。

ERP 涵盖了企业各部门的计划整合。或许,更重要的是,ERP 涵盖了企业各部门的业务执行的整合。数字经济时代,企业更关注的是公司内部的统一规划和执行,这正是 ERP 解决的问题。

ERP要求公司各部门在各项业务上保持一致的定义,即各部门在处理业务的时候应当使用一套通用的定义,如需求、缺货、原材料库存、成品库存等信息的定义必须保持一致,以方便各个环节的顺利交接和信息的共享。这是ERP的基本条件。

2. ERP系统的作用

ERP通过删除冗余流程、精简流程、提高信息准确率、提高企业对客户需求响应的灵敏度来提升企业绩效。企业利用ERP系统,能够实现数据和流程的整合,从而提高效率。

ERP的事务处理能力是指对业务数据信息的上传和追踪。例如,当企业从供方购买一件物品时,一系列的活动就会发生。这些活动包括询价、接受报价、货物递送、库存、付款。ERP的首要目标便是对货物经过各个流程的事务进行处理。

ERP的次要目标是决策支持。例如,在购买物品时,ERP系统不仅会针对要购买的物品提供相应的库存、再订购点、订单数量、供应商、物流提供商、仓库位置等信息,而且会根据判断逻辑再次优化结果。

5.1.2 ERP系统的功能模块及其集成

1. ERP系统的功能模块

ERP系统一般由多个功能导向的高度整合的模块构建而成。系统所有的模块都采用一个公用的实时更新的数据库。不同提供商提供的ERP系统有些差别,但通常都关注以下四个方面的功能:财务、生产和物流、销售和市场以及人力资源管理。

1)财务

随着企业规模的壮大,各个部门的决策权也各有侧重,随之而来的复杂烦琐的财务数据对于许多企业来说是一个非常棘手的问题。ERP系统为财务数据的获取、通用的定义、流程、账户对账提供了平台。ERP系统的真正价值在于从事务源头自动获取会计经济信息。例如,来自客户的实际订单不但用于生产部门制定产量要求,当货物寄出时,该信息还能更新应收账款信息,如图5.1所示。

2)生产和物流

生产和物流是整个系统中比重最大也是最复杂的环节,其业务流程与数据流程如图5.2和图5.3所示,其主要应用有以下几部分。

销售与运营计划:促进一系列计划工作的协调进行,包括市场计划、财务计划、运营计划以及人力资源计划。

生产计划和控制:本部分既涵盖离散制造又包括流程制造。系统提供重复生产和定制生产等多种模式。大部分ERP系统涵盖生产的全部事务,包括产能、物料需求计划、准时生产制、成本计算、材料加工清单以及数据库维护。

物料管理:这一部分内容主要包括供应链中的原材料购买、供应商评价、发票管理等环节,同时也包括通过库存与仓储管理提高物料的有效管理。

质量管理:本部分针对质量控制和保证工作。

3)销售和市场

这部分支持包括客户报价管理、客户管理、销售合同管理、订制单管理、产品交运管理等方面,如图5.4所示。这些模块在全球范围内运用已十分普遍,便于企业处理全球范围内的销售业务。例如,如果企业在上海收到了一份订单,但在当地产品缺货,那么企业很可能从其他分部的仓储调货,将这些货品集中配送至上海客户手里。

图 5.1 ERP 系统财务模块数据流程

图 5.2 ERP 系统生产模块业务流程

图 5.3 ERP 系统生产模块数据流程

图 5.4 ERP 系统中销售模块数据流程

4）人力资源

如图 5.5 所示，这部分系统支持员工的管理、排班、薪酬、招聘、培训等工作。常用的功能包括工资管理、员工奖惩管理、人事管理和培训管理等。

图 5.5　ERP 系统中人力资源管理模块数据流程

5）个性化模块

除了以上标准模块外，许多企业会增加一些特别的、针对企业特殊需求的、个性化的附加模块。这些模块可能是根据不同的行业定制的，如化工或石化企业、天然气公司、医院或银行等。这些模块可以支持特别的决策支持功能，如关键资源的最优配置。

即使 ERP 系统本身具有非常多的功能和模块，由于各个公司的性质和情况的不同，附加模块也是非常必要的。每个公司提供独特的产品或服务以保持市场竞争力。这种独特性需要有针对性的附加功能加以支持。这些附件可能是从软件提供商处购买，也可能是公司定制开发的。个性化模块也广泛用于协调企业与上游供应商、下游客户的关系。

2. ERP 系统功能模块的集成

如前所述，各个软件模块构成了 ERP 系统的核心，该核心能够高效处理各种商务事务，为企业运营各种必需的活动提供支持。各个模块使用共同的集成数据库，处理企业的各种事务；集成数据库的主要价值在于在流程中数据信息不需要重复录入，这样减少了工作量和差错的出现。图5.6所示为从订单接收到交付的各功能模块无缝集成的全流程数字化运营。注：客户那里过来的是订单，企业编制的是订制单。

图 5.6 从订单到交付各功能模块的集成

营销部根据市场预测结果编制预测订制单，发到生产部要求生产，根据客户订单编制订制单，如果有现货，营销部开交运单通知仓库发货，客户支付货款。如果没有现货，营销部将订制单发到生产部，生产部收到订制单和预测订制单，编制主生产计划。

生产部根据订制单、预测订制单、技术文件、设备动力、物料清单、库存信息等，综合分析，编制出在何时加工何种物料，再根据主生产计划、物料清单编制出物料需求计划，物料计划分外购、外协计划、自制计划、领料计划。生产部将外购、外协计划发到采购部，将自制计划发到车间，将领料计划发到仓库。

采购部收到外购、外协计划，选择供应商，组织采购。供应商将物料送达，采购部开交货单通知品质部质检。

品质部收到交货质检通知后，安排人员进行质检，检验完毕开单通知仓库入库。仓库收到质检通知后，将物料验收入库。

车间根据领料计划开单到仓库领料，仓库按单发料，车间半成品、成品加工完成后，开单通知品质部质检。品质部收到半成品、成品送检通知，安排人员进行质检，检验完毕开单通知仓库入库。仓库根据质检单入库。营销部根据订制单开交运单；仓库根据交运单出库。客户付款，财务开出发票。

5.2 MRP及其运算逻辑

5.2.1 MRP的基础信息

1. MRP的主要输入信息

MRP是将主生产计划(master product schedule,MPS)中完成品的需求转换为零件和原材料的需求,因此,MPS是其最直接的输入信息。其他输入资料主要有独立需求、材料主文件、材料表、库存状态、工厂日历等各种信息。

1) MPS

MPS是完成品的计划表,描述一个特定完成品的生产时间和生产数量。依据MPS,MRP得以计算在完成品需求之下的所有零部件和原材料的需要量。

2) 独立需求

虽然MRP是由处理相关需求发展而来的,但由于某些MRP处理的下阶物料可能除具有相关需求外,还有部分独立需求,此时MRP应该可以合并处理。例如,某汽车集团下属的发动机厂,其发动机除主要用于配套汽车之外,可能还有一小部分作为售后服务性质的零件提供给4S店和特约维修点等。此部分发动机是用于满足独立需求,应纳入毛需求中一并处理。特别注意,此独立需求也是分时段(包含逾期)地输入信息。

3) 材料主文件

产品中的每一项材料的属性都必须记录在材料主文件(item master,IM)中,如件号、批量法则、批量大小、前置时间、安全库存、良品率等都是MRP所需资料。

件号(item number):物料的唯一识别码,即材料主文件的主关键字。

批量法则(lot sizing rule,LSR):为达到某种目标函数(如最低总成本)而设置的订单数量计算标准,即决定订单数量的规则及程序。后续章节将详细介绍批量法则,本节中将以"最小订购量法则"和"定量批量法则"为例。

批量大小(lot size,LS):应用某些批量法则时生产、采购一批物料的基准/平均数量。在最小订购量法则中,LS即为最小订购量。

前置时间或提前期(lead time,LT):进行一个生产或采购作业所需的时间。特别需要指出的是,对生产而言,该前置时间是针对LS的提前期,即LT=排队时间+准备时间+加工时间+等待时间+传送时间。其中,加工时间=LS×单件加工时间。而对采购而言,该前置时间是从确认订购需求到取得材料或产品的时间,包括准备订单、签核、通知、制作、运输、收货、检验等时间。

安全库存(safety stock,SS):为应对需求或供给波动希望保持的最低库存。

良品率(yield):生产某一物料时,其良品数量与投入数量的比值。某材料的良品率表示该材料在制程中生产出良品的成功概率。

4) 材料表

材料表(BOM)也称为物料清单,描述一个父件和其多个直接子件间的关系。一个产品的材料结构则由多个相关BOM构成,称为产品结构(product structure)。BOM及产品结构以阶层的方式描述组成一个产品的材料。合理方式是只建立单阶 BOM，多阶 BOM 通过单阶 BOM 层层关联得出。单阶 BOM 中的几个主要属性，如父件件号、子件件号、单位用量、损耗率等，都是 MRP 所需资料。

(1) 单位用量(quantity-per，QP)：生产一个单位父件所需消耗的子件数量。

(2) 损耗率(scrap rate)：一个子件在制造某个父件的过程中，变成不良品的概率。同一子件用来生产不同父件时可能有不同的损耗率，因此定义在 BOM 中。如相同铁棒加工为圆轴时，因工艺简单而损耗率小；加工为方轴时，因工艺复杂导致损耗率较大。类似地，超市中方形脸盆贵于相同规格的圆形脸盆也是因为前者在吹塑工艺中损耗率更大，进而成本更高。特别注意，损耗率和良品率实质都是指损耗情况，若考查损耗时有明确的父件与子件关系，则应在该父件的 BOM 中设置该子件的损耗率；若未指明物料的损耗是发生在某特定父件的生产过程中，则应在该物料自身的 IM 中设置良品率。

5) 库存状态

库存状态(inventory status)是指材料的在库量、在途量和保留量。在 MRP 计算过程中，通过 BOM 展开算出任意一个材料的需求时，所得到的是总需求，当该材料有库存时，该总需求并非真正的需求；将总需求减掉库存才会得到净需求。因为物料需求计划是分期间的规划方法，因此在库量、在途量和保留量都需要考虑。

(1) 在库量(on-hand inventory，OH)：执行 MRP 时正在仓库中的库存量。

(2) 在途量(scheduled receipts，SR)或(on-order inventory，OO)：在未来某一时间将会取得的量，又称为"已开订单量"或"已订未交量"，是一种未来的库存，在交货当期的期末视为可用量。当上次 MRP 运行后，计划员参照其建议发出实际生产或采购指令，指令中某物料的收料情况将作为输入信息出现在下次 MRP 的相应 SR 栏目中，即对某期将要达到的库存，必须记录其收料日期及数量。

(3) 保留量(allocated inventory，AL)：用来表示已被指定用于某个已发出的制令单、外包单或调拨单，预定从仓库领出但实际尚未领出的数量。虽然 OH 中包括该保留量，但 AL 不能再用于其他用途，故在执行某次 MRP 时应该将其从可用量中去除。

6) 工厂日历

工厂日历(shop calendar)是用于生产与库存管理的日历，它将工作天数编以连续序号，以便排产时只考虑工作日。MRP 采用分期规划方式，它将连续的时间分成不连续的区段单位，称为时段(time bucket)。时段长度依照行业特性而定，通常为周或日，如编号周历(numbered-week calendar)、编号日历(numbered-day calendar)。编号周历以 00 至 99 循环使用；编号日历以 000 至 999 循环使用。在 MRP 系统中，一般以日为系统内部计算的时段长度，报表中则以周为期长(period length)呈现。计划期间(planning horizon)是 MPS 或 MRP 所涵盖的总时间，至少包括所有完成品所需的采购、制造等的累计提前期，其长短与行业相关，依实际确定。

以上是 MRP 处理逻辑中所涉及的主要输入信息，为正确加工这些信息以产生所需要的 MRP 输出，下面引进国际通用的七个关键变量，标准 MRP 报表即为此七栏式报表。

2. MRP 处理逻辑的七个关键变量

1) 毛需求/总需求

MRP 中由一个或多个直接上阶物料(父件)引发的依赖需求(相关需求)以及该物料本身可能另有的独立需求的总和称为该物料的毛需求/总需求(gross requirement,GR)。

2) 在途量

在途量(SR)是定在未来某期期末将会取得的量,即一种未来的库存,在交货期期末视为可用量。

3) 预计在库量

预计在库量(projected on-hand,POH)是指在某期还未考虑是否有计划订单收料补充的情况下,该期的期末预计在库量。MRP 程序利用 POH 这个中间变量决定在某期是否有净需求。

4) 净需求

所拥有的库存数量不足以满足需求时,就会产生净需求(net requirement,NR)。更精确地说,在 MRP 逻辑中,若预计在库量(POH)小于安全库存(SS),考虑良品率后的差额即为 NR。

5) 计划订单收料

如果某物料某期有净需求,就需要通过生产或采购来补充。计划订单收料(planned order receipts,PORC)是指依据一定批量法则对净需求进行调整后在某期期末计划补充到位的物料数量。这个量在生产或采购订单发出前是 PORC,发出后变为 SR,收料后即转为 OH。

6) 预计可用量

预计可用量(projected available balance,PAB)是指在预计某期期末 PORC 正常接收的情况下该期期末预计的在库量,也即某期原有的 POH 加上该期可能的 PORC 之和。如果生产和采购供应都按照计划正常运作,该值才是某物料某期别预计的真正期末库存。

7) 计划订单发出

由于准备完成一个订单需要一定的时间(即某作业的前置时间),为按时补充某物料,需将该物料某期 PORC 向前推移一个提前期,从而得出该物料相应期别的计划订单发出(planned order releases,POR)。父件的 POR 会通过 BOM 展开为其所有子件的总需求(GR)。

此外,还有一个逾期量,既涉及 MRP 输入又涉及 MRP 运算,需重点说明。

3. 逾期量

MRP 定期被执行,每次执行后即会产生新的物料需求文档,同时计划期间所涵盖的时段往后平移一期,例如上次 MRP 的计划期间涵盖 1 至 12 期,下次 MRP 涵盖的计划期间实际为 2 至 13 期,此即为"滚动式排产"(rolling scheduling)。执行 MRP 时,上一期未被冲销的数量会被"滚入"逾期的时段中,称为逾期量。有三个关键变量(GR、SR 和 POR)涉及逾期量问题。

1) GR 的逾期量

GR 的逾期量可以有两种来源。若来源于独立需求部分,则属于操作层的反馈信息,应直接输入。此种情况表示生产效率差,客户需求无法被满足。因为当客户订单出货时,该订单会从客户订单文件中剔除或注明为已出货;若交期已过而仍然有顾客订单需要满足,则该数量就会进入毛需求的逾期时段。如果来源于相关需求部分,则属于逻辑运算的第一步,应由父件 POR 计算得出子件逾期 GR。如某物料某一直接父件在其 MRP 计算结果中 POR(逾期)出现正值,则该 POR(逾期)引发此子件物料的相关需求通过 MRP 逻辑第一步的运算大多也将进入 GR(逾期)。

2) SR 的逾期量

由于 SR 都属于输入信息,其逾期量也不例外。SR 的逾期量表示供应商供货延迟或车间生产延迟,管理者必须加紧督促。MRP 处理时假定该逾期量能在当期(第 1 期)补足,若确定不能在当期补足,则应依实际情况修改订单的未来交期。

3) POR 的逾期量

POR 的计算属于 MRP 逻辑运算最后一步,其逾期量也不例外,只是计算式有所不同。这种情况表示 MRP 建议采购或制造的发单日期已过,可用时间少于预定的前置时间,管理者若不迅速发单、紧急采购或加班赶工,订单交期大多注定要延误。

4. 最低阶码

为确定计算的先后顺序,系统将自动根据 BOM 计算各物料的最低阶码(low-level code,LLC)。一个最终产品的组成结构中,最顶层或最上阶材料的最低阶码定为 0,其下各个零部件依序定为 $1,2,\cdots,N$ 阶。一个材料可能出现在一个最终产品的不同阶次或多个产品的多个阶次中,系统是以该材料在所有产品结构中出现的最低的阶次码定为其最低阶码,并以此决定其在 MRP 系统中运算的先后次序。

例 5.1 产品 A 由 B、C 和 D 制成,B 由 E 与 F 制成,C 由 D 与 H 制成,D 由 E 制成,则 A、B、C、D、E、F、H 最低阶码依次为 0、1、1、2、3、2、2,如图 5.7 所示。

例 5.2 产品 A 由 B、C 和 D 制成,B 由 E 与 F 制成。产品 K 由 E、C 和 D 制成,则物料 A、B、C、D、E、F、K 的最低阶码依次为 0、1、1、1、2、2、0,如图 5.8 所示。

图 5.7 单一产品 LLC 案例

图 5.8 多个产品 LLC 案例

5.2.2 MRP 逻辑

1. MRP 基本工作逻辑流程图

MRP 基本工作逻辑流程如图 5.9 所示。

2. MRP 基本运算逻辑

针对上述 MRP 基本工作逻辑流程图,以下是相应基本运算逻辑,即各步骤的详细计算式。计算过程中超出计划期间(简写为 T)的数值都无须考虑。

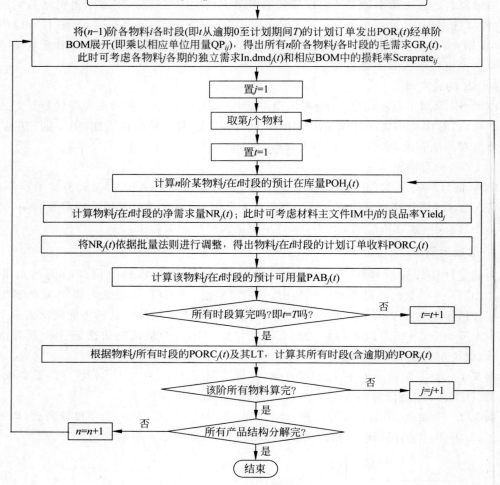

图 5.9 MRP 基本工作逻辑流程

1) GR 的运算逻辑

$$\mathrm{GR}_j(t) = \begin{cases} \sum_{i=1}^{m} \dfrac{\mathrm{POR}_i(0) \times \mathrm{QP}_{ij}}{1 - \mathrm{Scraprate}_{ij}} + \mathrm{In.dmd}_j(0) & t = 0 \\ \sum_{i=1}^{m} \dfrac{\mathrm{POR}_i(1) \times \mathrm{QP}_{ij}}{1 - \mathrm{Scraprate}_{ij}} + \mathrm{In.dmd}_j(1) + \mathrm{GR}_j(0) & t = 1 \\ \sum_{i=1}^{m} \dfrac{\mathrm{POR}_i(t) \times \mathrm{QP}_{ij}}{1 - \mathrm{Scraprate}_{ij}} + \mathrm{In.dmd}_j(t) & 2 \leqslant t \leqslant T \end{cases} \quad (5.1)$$

式中：$\mathrm{GR}_j(t)$——子件 j 在 t 时段的毛需求；

m——子件 j 的所有直接单阶父件 i 的总个数；

$\mathrm{POR}_i(t)$——父件 i 在 t 时段的计划订单发出；

QP_{ij}——子件 j 组成父件 i 时的单位用量；

$\mathrm{Scraprate}_{ij}$——子件 j 组成 i 时的损耗率；

In.dmd$_j(t)$——物料 j 在 t 时段的独立需求。

注：若独立需求的客户订单交货日已过仍未完全满足，则欠交量记录为 In.dmd$_j(0)$。

2）SR 的来源

SR$_j(t)$ 为物料 j 在 t 时段的在途量，其数据由系统记录档案直接给出。对应 $t=0$ 的逾期量 SR$_j(0)$ 是"应到未到量"，即制造工单或订购单不良执行情况的反馈结果；而对应 $t \geqslant 1$ 的 SR$_j(t)$ 则为排定在未来 t 时段将会取得的"已订未交量"。

3）POH 的运算逻辑

$$\text{POH}_j(t) = \begin{cases} \text{OH}_j + \text{SR}_j(1) + \text{SR}_j(0) - \text{AL}_j - \text{GR}_j(1) & t=1 \\ \text{PAB}_j(t-1) + \text{SR}_j(t) - \text{GR}_j(t) & 2 \leqslant t \leqslant T \end{cases} \quad (5.2)$$

式中：POH$_j(t)$——物料 j 在 t 时段的预计在库量；

OH$_j$——物料 j 的当前在库量；

AL$_j$——物料 j 当前的保留量；

PAB$_j(t)$——物料 j 在 t 时段的预计可用量。

4）NR 的运算逻辑

$$\text{NR}_j(t) = \text{IF}\left\{\text{POH}_j(t) \geqslant \text{SS}_j, 0, \frac{\text{SS}_j - \text{POH}_j(t)}{\text{Yield}_j}\right\} \quad 1 \leqslant t \leqslant T \quad (5.3)$$

式中：NR$_j(t)$——物料 j 在 t 时段的净需求；

SS$_j$——物料 j 的安全库存；

Yield$_j$——物料 j 的良品率。

5）PORC 的运算逻辑

$$\text{PORC}_j(t) = F(\text{NR}_j(t), \text{LSR}) \quad 1 \leqslant t \leqslant T \quad (5.4)$$

式中：PORC$_j(t)$——物料 j 在 t 时段的计划订单收料；

LSR——批量法则（lot size rule）的集合；

$F(\text{NR}_j(t), \text{LSR})$——由 NR$_j(t)$ 和 LSR 决定的函数（具体形式主要取决于 LSR）。

对最小订购量法，即一旦有净需求，订购量至少应为某基准量 LS，即

$$\text{PORC}_j(t) = \text{IF}(\text{NR}_j(t) > 0, \text{MAX}\{\text{NR}_j(t), \text{LS}_j\}, 0) \quad 1 \leqslant t \leqslant T \quad (5.5)$$

对定量批量法，即一旦有净需求，订购量始终为某基准量 LS 的整数倍。

$$\text{PORC}_j(t) = \text{IF}(\text{NR}_j(t) > 0, \text{CEILING}(\text{NR}_j(t), \text{LS}_j), 0) \quad 1 \leqslant t \leqslant T \quad (5.6)$$

式中：CEILING(x, y)——向上取整函数，即将 x 向上舍入为最接近的基数 y 的倍数。

6）PAB 的运算逻辑

$$\text{PAB}_j(t) = \text{POH}_j(t) + \text{PORC}_j(t) \quad 1 \leqslant t \leqslant T \quad (5.7)$$

式中：PAB$_j(t)$——物料 j 在 t 时段的预计可用量。

7）POR 的运算逻辑

$$\text{POR}_j(t) = \begin{cases} \sum_{k=1}^{\text{LT}_j} \text{PORC}_j(k) & t=0 \\ \text{PORC}_j(t+\text{LT}_j) & 1 \leqslant t \leqslant T-\text{LT}_j \\ 0 & T-\text{LT}_j < t \leqslant T \end{cases} \quad (5.8)$$

式中：$POR_j(t)$——物料 j 在 t 时段的计划订单发出；

LT_j——物料 j 的提前期。

视频讲解

5.2.3 MRP 基本逻辑模型的 Excel 仿真案例分析

1. 假设条件

本案例中，工厂日历的时段长度与前置时间的单位相同，都设为周。计划期间至少涵盖 MPS 物料 X 和 Y 所需的制造和采购的累计提前期，假设 X 和 Y 自身的提前期都为一周，则由后面材料主文件和材料表资料可得最大累计提前期的计算结果为 6 周，这里取计划期间 T 为 9 周。

2. 已知条件

已知条件参见表 5.1～表 5.6。

表 5.1 MPS 物料 X 和 Y 的 POR 数据（节选自 MPS 报表）

时段	0	1	2	3	4	5	6	7	8	9
X	0	200	0	100	0	200	0	100	0	200
Y	0	200	150	100	100	100	100	100	100	100

表 5.2 MRP 物料自有的独立需求（含逾期）

时段	0	1	2	3	4	5	6	7	8	9
B	20	20	0	10	10	0	10	10	0	10
C	0	10	0	10	0	10	0	10	0	10

表 5.3 材料主文件中各 MRP 物料的基本属性

件号	前置时间	安全库存	批量法则	批量大小	良品率
A	2 周	10	最小订购量法	500	100%
B	1 周	10	最小订购量法	300	95%
C	2 周	20	定量批量法	600	90%
D	1 周	20	定量批量法	500	100%
E	2 周	30	定量批量法	500	100%

表 5.4 BOM 中的基本属性

父件件号	子件件号	序号	单位用量 QP_{ij}	损耗率 $Scraprate_{ij}$
X	A	10	1	3%
X	B	20	2	5%
Y	A	10	2	5%
Y	C	20	2	6%
B	C	10	1	3%
B	D	20	1	0
C	E	10	0.5	10%

表 5.5　SR 信息（含逾期）

时段	0	1	2	3 至 9
A	0	500	0	0
B	100	300	0	0
C	0	600	0	0
D	0	500	0	0
E	0	500	0	0

表 5.6　OH 和 AL 信息

	在库量 OH	保留量 AL
A	300	200
B	250	200
C	300	0
D	400	300
E	300	0

3．计算

（1）LLC 的计算。根据 BOM，系统将自动计算每一件号的最低阶码，通常 MPS 物料的最低阶码定为 0，故 X 和 Y 的 LLC 为 0，而 MRP 物料 A、B、C、D、E 的最低阶码 LLC 分别对应为 1、1、2、2、3。由此可知，对于运用 MRP 进行需求计划的物料，初始的 $n = \mathrm{MIN}(\mathrm{LLC}_i) = 1$。

（2）案例 MRP 基本工作逻辑流程图的解析。对照 MRP 基本工作逻辑流程图，其计算步骤解析如下：①计算第一阶 MRP 物料 A 和 B 全部期别的毛需求。②随机选取 A 或 B，此处假设选 A，按照 $\{\mathrm{POH}(t) \to \mathrm{NR}(t) \to \mathrm{PORC}(t) \to \mathrm{PAB}(t)\}$ 的顺序依次计算第 1 至第 9 期数据。③一次性计算 A 所有期别的 POR 数据。至此 A 计算完毕。④选取 B，同样按照 $\{\mathrm{POH}(t) \to \mathrm{NR}(t) \to \mathrm{PORC}(t) \to \mathrm{PAB}(t)\}$ 顺序依次计算第 1~9 期数据。⑤一次性计算 B 所有期别的 POR 数据。至此第一阶 MRP 物料的计算全部结束。⑥开始下阶（此时为第二阶）MRP 物料的 MRP 计算，并以此类推直至所有 MRP 物料计算完毕。

（3）模拟结果。此案例 MRP 基本逻辑的 Excel 模拟结果如图 5.10 所示。

（4）案例 MRP 基本运算逻辑的 Excel 模拟式解析。此处主要以 MRP 物料 A 的计算为例讲解 MRP 基本运算逻辑的 Excel 模拟式输入，读者可参照这些式自己上机模拟。注意，逻辑相同的公式可通过复制公式功能简化公式的输入量，其中，绝对引用有符号"$"，相对引用没有符号"$"。

特别需要注意的是，本书的大多案例都是先在 Excel 电子表格中进行模拟计算，然后将结果直接复制至书中。由于在固定宽度表格中，Excel 正、负值，小数位显示差异及四舍五入显示等原因，可能导致书中显示结果与手工计算结果稍有差异，这些完全是正常合理的，不要误以为是计算失误。

① B13＝B2×\$B7/(1－\$B8)＋B3×\$D7/(1－\$D8)＋B12。

② C13＝C2×\$B7/(1－\$B8)＋C3×\$D7/(1－\$D8)＋C12＋B13。

图 5.10 MRP 基本逻辑的 Excel 模拟结果

③ D13=D2×$B7/(1−$B8)+D3×$D7/(1−$D8)+D12。

④ E13~K13 式复制 D13 式,即鼠标位于 D13 右下角变成实心十字时往右拖。

⑤ B24=B2×$C7/(1−$C8)+B23;C24=C2×$C7/(1−$C8)+C23+B24。

⑥ D24=D2×$C7/(1−$C8)+D23;E24~K24 可复制 D24 式。

⑦ C15=C10+C14+B14−E10−C13;C17=IF(C15>=$G10,0,($G10−C15)/$I10)。

⑧ C18=IF(C17>0,MAX(C17,$K10),0);C16=C15+C18。

⑨ D15=C16+D14−D13;D17=IF(D15≥$G10,0,($G10−D15)/$I10)。

⑩ D18=IF(D17>0,MAX(D17,$K10),0);D16=D15+D18。

⑪ E15~K18 矩阵分行地轮流复制第二期相应栏目的对应式;或者一次性选中 D15~K15 单元格并当鼠标变成实心的十字形时往右拖,以便复制第二期所有公式。

⑫ B19=C18+D18;C19=E18;D19~I19 复制 C19 式。

⑬ J19=K19=0;若表格 K 列后所有列都没有数据,也可以直接将 C19 式复制到 D19~K19,这样 J19 和 K19 将导入默认无数据的 L18 和 M18,结果同样是零。

在上述物料 A 的 MRP 计算全部完成后,可类似完成物料 B 的 MRP 计算。在第一阶的物料算完后,可从第二阶所有子件的毛需求开始重复上述步骤,需注意批量法则所致 PORC 变化和提前期所致 POR 变化。如物料 C 因采用定量批量法,故单元格 C40 的 PORC 式为 C40=IF(C39>0,CEILING(C39,$K32),0);又如 B 物料 LT 为 1,故 B30=C29。

5.3 MPS 及其运算逻辑

5.3.1 MPS 概述

1. 分期间订购点法

MPS 是在考虑生产规划、预测、待交订单、关键材料、关键产能以及管理目标和政策的基础上,决定完成品(或模块/部件)的生产排产及可答应量的程序,应用的是分期间订购点法。

分期间订购点法(time phased order point,TPOP)是一种处理独立需求性质产品库存补充的方法,它将未来时间分割成等分时段,并依各期具体需求规划补充订单。与同样是处理独立需求的再订购点法(ROP)相比,TPOP 更为优越。这是因为:①TPOP 将时间分割成许多时段,可考虑未来各期别的需求数量,并针对需求计划组织适当的生产补充订单,而 ROP 则只能考虑平均需求量;②类似于 MRP 的 TPOP 可根据未来需求的变化重作计划,可确保计划跟踪变化,而 ROP 无法滚动编制计划以及时应对需求变化;③有些材料同时有独立需求和相关需求,TPOP 可将这两种需求结合在一起处理,而 ROP 只适合处理独立需求。

此外,还需区分 TPOP 与 MRP。事实上,TPOP 逻辑与 MRP 逻辑绝大部分是类似的,但两者也有一个主要区别:TPOP 主要处理独立需求,而 MRP 主要处理相关需求。TPOP 处理的各物料的 GR 来自该物料自身的预测与订单,属独立需求来源;而 MRP 处理的各物料的 GR 来自高阶父件 POR 的 BOM 展开,属相关需求来源。与 MRP 有时能在 GR 中处

视频讲解

理自身独立需求一样,TPOP 有时也能在 GR 中处理相关需求。但不能因为这个就将 TPOP 与 MRP 混为一谈。能处理相关需求的 TPOP 属于多阶 MPS 计划范畴。

既然 MPS 应用的是 TPOP 程序,那么 MPS 是如何从产品自身的预测与订单中得出 GR 值的呢？这牵涉到 MPS 相关时间概念。

2. MPS 相关时间概念

产品从计划、采购、投入到产出需要经历一个时间段,即存在提前期。而对计划的下达和修改会受到这个时间的约束,并且随着时间的推移,各个时间点对计划的影响力各有不同。因此,闭环式 MRP 系统引入时区与时界概念。

(1) 时区。时区是一段时间包含的跨度。一般将整个计划期间分为以下 3 个时区：时区 1 是产品总装加工提前期的时间跨度,即指从产品投入加工开始到产品装配加工完工的时间跨度；②时区 2 是产品的累计提前期内超过时区 1 之外的时间跨度,其中累计提前期为采购提前期与加工提前期之和,所以时区 2 对应采购提前期；③时区 3 是整个计划期间 T 内超过时区 2 之外的时间跨度。

(2) 时栅或时界。时栅或时界对应一个时刻点。一般整个计划期间有需求时栅与计划时栅。需求时栅(demand time fence,DTF)是介于当前日期与计划时栅间的一个时刻点,通常设于时区 1 与时区 2 的交界点或其附近。在 DTF 之前包含确认的客户订单,除非经仔细分析和上级核准,MPS 计划才能更改。计划时栅(planning time fence,PTF)又称计划确认时界(firm PTF,FPTF),是介于 DTF 和计划末时刻间的一个时刻点,常设于时区 2 与时区 3 的交界点或附近。在 DTF 至 PTF 间包含实际及预测的订单,在 PTF 之后只取订单预测。以上几个变量的关系如图 5.11 所示。

图 5.11 时区与时界关系

在现在时刻,MPS 计划员一般不再接受交货日期在 DTF 之前的客户订单,因为时间太紧迫,交货日期减当前日期所得剩余加工时间小于正常生产所需时间。然而,计划员一般可接受交货日期在 DTF 之后的订单,因为此时时间还比较充裕,剩余加工时间大于正常生产所需时间,若原料还有库存或进行采购,可安排计划生产去满足订单。实际业务中,为避免过早预付订单采购资金,大部分客户不会过早提交订单。所以,某次计划时,计划员对 DTF 之后各期别的预测通常比已接收的订单总量更能准确反映 DTF 之后各期别的真实需求。当然,也可能因为需求猛增原因导致在计划时交货日期在 DTF 至 PTF 之间的订单总量已经超过原有预测。所以,对 DTF 至 PTF 之间各期别,GR 取预测与实际订单总量的较大值。而对 PTF 之后各期别,即使需求猛增,一般也不太可能在计划时订单总量就已超过预测。即使超过预测,也可在后续计划中等其期别移入 DTF 至 PTF 之间时再取订单总量这一较大值。所以,对 PTF 之后的各期别 GR 只取预测。以上分析可总结如下:①在 MPS 系统中 DTF 之前各期别的 GR 只取已确定客户订单总量,因为现在已无法按时完成要求 DTF 之前交货的新接订单(除非有可答应量);②DTF 至 PTF 之间各期别 GR 取预测与实际订单总量的较大值,若预测超过订单总量则表示可能尚有订单未到,若订单总量超过预测则表示预测偏低,可以按时完成订单总量;③PTF 之后各期别 GR 只取预测,因为订单总量不太可能超过预测。

除现在时刻角度外,计划员还可考查随着时间推移客户订单对预测的影响。此时,时间推移过程也是实际客户订单逐渐取代或冲销预测数量的过程。

3. 可答应量

可答应量(available to promise, ATP)是公司库存及计划生产量中未被承诺的部分,通常显示在 MPS 报表中,以支持业务员让他们能合理地向顾客承诺订单的数量和交期。它仅出现在第一期以及所有"有 MPS 的期间",而"有 MPS 的期间"是指某期至少出现一个大于 0 的 $SR(t)$,或固定计划订单(firm planned order, FPO)状态之 $PORC(t)$,或 $PORC(t)$ 的期间,即 $MPS(t)$ 计算结果大于 0 的第 t 期。MPS 的计算式如式(5.9)所示。ATP 的初始计算式如式(5.10)所示,相关已承诺量的计算式如式(5.11)所示。注意,实际 MPS 报表中 MPS 的含义依软件设计思路不同可能有不同,计划员需关注所用软件中 MPS 到底由 SR、FPO 之 PORC 和 PORC 如何组合而成。

$$MPS(t) = SR(t) + FPO \text{ 之 } PORC(t) + PORC(t) \quad 1 \leqslant t \leqslant T \quad (5.9)$$

$$ATP(t) = \begin{cases} OH + SR(0) + MPS(1) - \text{逾期、第一期和其后连续无 MPS 各期的总承诺} & t = 1 \\ IF(MPS(t) > 0, MPS(t) - \text{当期和其后连续无 MPS 各期总承诺},\text{空}) & 2 \leqslant t \leqslant T \end{cases} \quad (5.10)$$

$$\text{已承诺量}(t) = \begin{cases} \text{客户订单}(0) + \text{调出}(0) + \text{上阶计划订单展开量}(0) & t = 0 \\ \text{客户订单}(1) + \text{调出}(1) + \text{上阶计划订单展开量}(1) + AL & t = 1 \\ \text{客户订单}(t) + \text{调出}(t) + \text{上阶计划订单展开量}(t) & 2 \leqslant t \leqslant T \end{cases} \quad (5.11)$$

注意,已承诺量中的上阶计划订单展开量或 AL 是针对非最终完成品但仍是 MPS 项目的物料/组件/模块(属于双阶或多阶 MPS 计划范畴)。另外,以上只是 ATP 的初始计算式,其后还有负数调整问题。若第 1 期之后某期 $ATP(t)(t \geqslant 2)$ 计算为负,通常减前面最近期 $ATP(t-n)(n>0)$ 直到该期 $ATP(t)$ 上升为 0,即通常用前面的"已有"去满足后面的"已承诺"。若前面一个 $ATP(t-n)$ 不够减,再往前减 $ATP(t-m)(m>n)$;以此类推。若减到第 1 期 $ATP(1)$ 还不够,则第 1 期的 $ATP(1)$ 保留为负,此时其他涉及"减"调整的 $ATP(t)$ 必定为 0;而这种情况表明业务员已超量承诺订单,但也可能是主计划员计划不当。

5.3.2 MPS/ATP 案例

假设有两个 MPS 物料 X 和 Y,其独立需求的来源是客户的订货及销售预测。DTF 是第 4 期末,PFT 是第 10 期末。首先运用 DTF/PTF 确定 GR,再运用 TPOP 程序计算 POH、NR、PORC、PAB 和 POR 数据(其算法与 MRP 逻辑中的相应算法相同),最后运用式(5.9)~式(5.10)计算 MPS 与 ATP(见表 5.7)。

视频讲解

在上述案例中,已承诺量仅为客户订单。对 X:ATP(1)=55+0+0-0-19-20-15=1;ATP(4)=40-25-12=3;ATP(6)=40-18=22;ATP(7)=40-14-16=10;ATP(9)=40-20=20;ATP(10)=40-20-15=5;ATP(12)=40-15=25。读者可参照公式自行计算 Y 的 ATP。由此可见,ATP 出现在第 1 期和那些排有 MPS 的期间,而 ATP 的数量表示销售人员还可答应客户的从这次到下次排有 MPS 期别之间的订单总量。在计算 PORC 时,必须使 PAB 高于 SS。但在计算 ATP 时并不考虑 SS,任何库存都可答应销售给客户。

若现在突然接到客户订单采购 30 个 X 且在第 7 期交货。因交货处于 DTF 与 PTF 之间,可以接受订单,故将第 7 期毛需求增至 44,新的 MPS 结果如表 5.8 所示。注意,表 5.7 中 X 第 8 期无 MPS 而第 9 期有 MPS;但在表 5.8 中,因第 7 期订单增至 44 个,导致第 8 期生成 MPS 并取消原第 9 期 MPS。初始 ATP 计算过程如下:ATP(1)=55+0+0-19-20-15=1;ATP(4)=40-25-12=3;ATP(6)=40-18=22;ATP(7)=40-44=-4;ATP(8)=40-16-20=4;ATP(10)=40-20-15=5;ATP(12)=40-15=25。因为 ATP(7)出现负数需要往前调整,所以 ATP(7)上升为 0,而 ATP(6)减少 4 个变成 18(22-4),如此形成表 5.8 中调整后的 ATP 最终结果。

表 5.7 MPS 物料 X 和 Y 的 MPS 与 ATP

时段	0	1	2	3	4	5	6	7	8	9	10	11	12
X(LT=1)	OH=	55	SS=	0	LSR=	FOQ	LS=	40	DTF=	4	PTF=	10	
预测	0	18	21	17	17	15	15	29	28	25	25	20	20
客户订单	0	19	20	15	25	12	18	14	16	20	20	15	15
GR	0	19	20	15	25	15	18	29	28	25	25	20	20
SR	0	0											
POH		36	16	1	-24	1	-17	-6	6	-19	-4	16	-4
PAB		36	16	1	16	1	23	34	6	21	36	16	36
NR		0	0	0	24	0	17	6	0	19	4	0	4
PORC		0	0	0	40	0	40	40	0	40	40	0	40
POR	0	0	0	40	0	40	40	0	40	40	0	40	0
MPS		0	0	0	40	0	40	40	0	40	40	0	40
ATP		1			3		22	10		20	5		25
Y(LT=1)	OH=	10	SS=	5	LSR=	FOQ	LS=	20	DTF=	4	PTF=	10	
预测	0	20	20	20	20	15	15	15	15	20	25	15	30
客户订单	0	30	20	20	15	11	8	0	20	5	5	20	0
GR	0	30	20	20	15	15	15	15	20	20	25	20	30
SR	0	0											
POH		-20	15	-15	-10	-5	0	5	-15	-15	-20	-10	-20
PAB		5	5	5	10	15	20	5	5	5	5	10	5
NR		25	20	20	10	5	0	20	20	25	15	25	
PORC		25	20	20	20	20	0	20	20	25	20	25	0
POR	25	20	20	20	20	0	20	20	25	20	25	0	
MPS		25	20	20	20	20	0	20	20	25	20	25	
ATP		5	0	0	5	9	12	0	15	20		25	

表 5.8　MPS 物料 X 的 ATP 经负数调整后的 MPS 报表

时段	0	1	2	3	4	5	6	7	8	9	10	11	12
X(LT=1)	OH=	55	SS=	0	LSR=	FOQ	LS=	40	DTF=	4	PTF=	10	
预测	0	18	21	17	17	15	15	29	28	25	25	20	20
客户订单	0	19	20	15	25	12	18	44	16	20	20	15	15
GR	0	19	20	15	25	15	18	44	28	25	25	20	20
SR	0	0											
POH		36	16	1	−24	1	−17	−21	−9	6	−19	1	−19
PAB		36	16	1	16	1	23	19	31	6	21	1	21
NR		0	0	0	24	0	17	21	9	0	19	0	19
PORC		0	0	0	40	0	40	40	40	0	40	0	40
POR	0	0	0	40	0	40	40	40	0	40	0	40	
MPS		0	0	0	40	0	40	40	40	0	40	0	40
ATP		1		3		18	0		4		5		25

以上 ATP 的负数调整由人工完成,而实际 ERP 软件可以自动实现负数的调整。

5.3.3　MPS/ATP 软件案例解析

图 5.12～图 5.16 是 MPS/ATP 软件案例解析。其中,用 QAD 公司 ERP 软件的该案例与前面所述 MPS 和 ATP 基本原理稍有不同:QAD 的 ERP 软件中"预测"指发货预测,虽然订单会冲销发货预测,但未被冲销的发货预测通过"预测消耗重计算"功能计算出的"净预测"始终纳入 GR,无论什么时区(见图 5.14 和图 5.15)。另外应注意,①这两张图中时段为"周",一周内订单会合并;②"主日程"对应 MPS 数据;③"可供货量"对应 ATP 数据;④"生产预测"指相关需求所致的"上阶计划订单展开量",这对应多阶 MPS 计划。

图 5.12　QAD 公司 ERP 软件中 MPS 物料 02-0010 的预测维护示例

图 5.15 中第一排的 ATP 数据分析如下:ATP(7)=910−100=810;ATP(6)=1500−750=750;ATP(5)=770−700=70;ATP(4)=360−760=−400;ATP(1)=2100−650−780=670;第 4 期 ATP 经负数调整后变为 0,而调整后的 ATP(1)=670−400=270。注意,该软件中即使某期 MPS 为 0,也显示其 ATP 结果为 0(肯定为 0 或计算出负数后调整为 0)。

图 5.13　QAD 公司 ERP 软件中 MPS 物料 02-0010 的订单查询结果

图 5.14　QAD 公司 ERP 软件中"预测消耗重计算"后的预测查询结果

图 5.15　QAD 公司 ERP 软件中 MPS 物料 02-0010 的 MPS 和 ATP 结果

在 QAD 公司 ERP 软件的 IM 中,有一个"时界"属性与 DTF 类似,需阐明其使用方法。首先,在"净预测"始终纳入 GR 的情况下,可以保证在 DTF 与 PTF 之间始终取得订单或预测的最大值,并在通常远期订单少于远期预测(即有"净预测")的情况下保证在 PTF 之后仅取预测。其次,如果全由 ERP 系统自动掌控 MPS 计划,需将 IM 中 MPS 物料的"主生产计划"属性设为 Y,"计划订单"属性设为 Y,"订货原则"设为任何非空属性且不设"时界"值,

图 5.16 物料 02-0010 在"主生产日程明细查询"中的结果

MRP 程序将自动更新其 MPS。再次,如果全由计划员掌控 MPS 计划(即手工维护每张 MPS 加工单),需将 IM 中 MPS 物料的"主生产计划"属性设为 Y,"计划订单"属性设为 N,"订货原则"设为任何非空属性且未设"时界"值,MRP 程序将只自动给出 MPS 物料的行动信息。最后,如果是计算机辅助计划员运作 MPS,需将 IM 中 MPS 物料的"主生产计划"属性设为 Y,"计划订单"属性设为 Y,"订货原则"设为任何非空属性且设置"时界"非零值(至少等于该 MPS 物料的累计提前期),此时 MRP 程序运算后只自动准确更新时界之后的 MPS 结果(见图 5.17),并对时界范围内本应需要的 PORC/POR 给出相关的"行动报告"建议(见图 5.18)。由图 5.18 可知,图 5.17 中 PORC(10/28)=360 本应调整至 PORC(10/15)=360,而 PORC(10/28)=770 本应调整至 PORC(10/23),相应两批 POR 也要提前。因此,在计算机辅助计划员运作 MPS 情况下需要以下步骤:①对 MPS 物料运行"选择式 MRP";②根据"行动报告"手工调整 MPS 计划;③若有必要可以再次对 MPS 物料运行"选择式 MRP";④对相关的 MRP 物料运行"选择式 MRP"。在以上第②步中,可通过手工调整"时界"内的预测数量消减"时界"内实际已无必要的"净预测",并通过"预测消耗重计算"确认"时界"内"净预测"删除,实现 DTF 之前只取订单的 MPS 原理。

图 5.17 设置"时界"后 MPS 物料 02-0010 在 MRP 明细查询中的部分结果

图 5.18 MPS 物料 02-0010 在"时界"内应采取的"行动报告"信息

视频讲解

5.3.4 ATP 算法解析

为自动实现 ATP 初始计算后可能出现的由后向前的调整,其流程如图 5.19 所示。为实现"无 MPS 期别"的顾客订单由前期 MPS 处理,设定 mpsprd(t)标志区分该期有无 MPS;设定 accco(t)累积后期连续"无 MPS 期别"的订单;设定 insuf(t)体现需要往前减的 ATP 负值。设置这些中间变量后,就可通过式(5.12)~式(5.15)实现 ATP 计算及负数的自动调整,其中 ABS(x)是绝对值函数。

$$\text{mpsprd}(t) = \text{IF}(\text{MPS}(t) = 0, 0, 1) \quad 1 \leqslant t \leqslant T \tag{5.12}$$

$$\text{accco}(t) = \begin{cases} \text{CO}(0) + \text{CO}(1) + \text{accco}(2) \cdot \text{ABS}(\text{mpsprd}(2) - 1) + \text{insuf}(2) & t = 1 \\ \text{CO}(t) + \text{accco}(t+1) \times \text{ABS}(\text{mpsprd}(t+1) - 1) + \text{insuf}(t+1) & 2 \leqslant t \leqslant T-1 \\ \text{CO}(T) & t = T \end{cases} \tag{5.13}$$

$$\text{insuf}(t) = \begin{cases} \text{IF}(\text{mpsprd}(1) = 0, 0, \text{MAX}(\text{accco}(1) - \text{MPS}(0) - \text{MPS}(1) - \text{OH}, 0)) & t = 1 \\ \text{IF}(\text{mpsprd}(t) = 0, 0, \text{MAX}(\text{accco}(t) - \text{MPS}(t), 0)) & 2 \leqslant t \leqslant T \end{cases} \tag{5.14}$$

$$\text{ATP}(t) = \begin{cases} \text{OH} + \text{MPS}(0) + \text{MPS}(1) - \text{accco}(1) & t = 1 \\ \text{IF}(\text{mpsprd}(t) = 0, \text{" "}, \text{IF}(\text{insuf}(t) = 0, \text{MPS}(t) - \text{accco}(t), 0)) & 2 \leqslant t \leqslant T \end{cases} \tag{5.15}$$

以下通过表 5.9 所示的简单案例讲解 ATP 计算与负数调整的自动实现。案例中只需

图 5.19 ATP 算法流程图

列出顾客订单(customer order,CO)与 MPS 作为已知条件。读者参照表 5.9 中下标括号内代表计算顺序的数字就可很好理解以上算法流程图与相应式。

表 5.9 ATP 算法解析案例(下标括号内数字代表计算顺序)

时 段	0	1	2	3	4	5	6	7	8	9	10	11	12
CO	0	19	20	15	25	12	18	44	16	20	20	15	15
MPS	0	0	0	0	40	0	40	40	40	0	40	0	40
mpsprd		$0_{(1)}$	$0_{(2)}$	$0_{(3)}$	$1_{(4)}$	$0_{(5)}$	$1_{(6)}$	$1_{(7)}$	$1_{(8)}$	$0_{(9)}$	$1_{(10)}$	$0_{(11)}$	$1_{(12)}$
accco		$54_{(46)}$	$35_{(43)}$	$15_{(40)}$	$37_{(37)}$	$12_{(34)}$	$22_{(31)}$	$44_{(28)}$	$36_{(25)}$	$20_{(22)}$	$35_{(19)}$	$15_{(16)}$	$15_{(13)}$
insuf		$0_{(47)}$	$0_{(44)}$	$0_{(41)}$	$0_{(38)}$	$0_{(35)}$	$0_{(32)}$	$4_{(29)}$	$0_{(26)}$	$0_{(23)}$	$0_{(20)}$	$0_{(17)}$	$0_{(14)}$
ATP		$1_{(48)}$	(45)	(42)	$3_{(39)}$	(36)	$18_{(33)}$	$0_{(30)}$	$4_{(27)}$	(24)	$5_{(21)}$	(18)	$25_{(15)}$

5.4 能力需求管理

5.4.1 能力需求管理概述

能力需求管理主要是将各级生产计划转换为相应的能力需求计划,然后估计可用能力并确定应采取措施以协调能力需求,即负荷(load)和可用能力(capacity)之间的关系。负荷与能力经常被混淆。负荷是一个工作中心在某特定时段所完成或计划要完成的工作量;能力则是一个工作中心在某个特定时段可处理的工作量。能力描述一个资源生产某产品的可用工时;而负荷则指出要完成某个已下达或已计划的订单所需的资源量。一个工作中心在某个特定时段的总负荷为这段时间内需要完成的所有已下达及已计划订单所需的总工时。

图 5.20 是负荷与能力关系示意图。其中,槽内的水量是在制品(work-in-process, WIP)库存量,水的输入速率是负荷,而水的最大输出速率则是能力。水槽的输出速率(即能力),通常可以调整,以使得即使负荷有所浮动,在制品库存仍然能够保持稳定。

图 5.20 负荷与能力关系示意图

1. 工作中心

工作中心(work center,WC)是各种生产能力单元的统称,属于计划与控制范畴,而不属于固定资产或设备管理范畴,如图 5.21 所示。

图 5.21 工作中心维护示例

设置工作中心是一项细致的工作,要充分考虑设置的原则,使其能起到以下 4 个方面的作用:①作为平衡负荷与能力的基本单元,是运行和分析能力计划的计算对象;②作为车间作业分配任务和编制详细作业进度的基本单元;③作为车间作业计划完成情况的数据采集点,也可作为准时制生产(just in time,JIT)反冲的控制点;④作为计算加工成本的基本单元。

2. 工作中心有关能力与负荷相关数据的概念与计算

工作中心的基本数据有工作中心代码、名称及所属车间部门代码。而其能力数据则是能力需求计划的基础。工作中心文件记录了各种定额能力数据,如单台额定标准输出(如200 零件/小时)或其倒数形式的单件额定工时(如 0.05 小时/单件);还有可用机器数、每日班次、每班操作人员数、每班小时数、工作中心利用率、工作中心效率等。另外,车间日历文件中记录了每周工作的天数。

1)利用率

利用率是指机器实际开动时间与计划工作时间之比,是一个统计平均值,通常小于100%,参见式(5.16)。

$$利用率 = (实际工作小时数 / 计划工作小时数) \times 100\% \tag{5.16}$$

2) 效率

效率说明实际消耗台时/工时与标准台时/工时的差异,可大于100%。其计算式有两种形式,分别参见式(5.17)和式(5.18)。

$$效率 = (单件产品的额定加工时间 / 单件产品的实际加工时间) \times 100\% \quad (5.17)$$
$$效率 = (单位时间内的实际生产量 / 单位时间内的额定生产量) \times 100\% \quad (5.18)$$

3) 工作中心的额定能力

工作中心的额定能力含设备额定能力和人员额定能力两类,参见式(5.19)和式(5.20)。对一个工作中心来说,其额定能力取哪一种取决于约束能力的是设备还是人员。

$$WC 的设备(额定)能力 = 设备数量 \times 设备工作时间 \times 设备利用率 \times 效率 \quad (5.19)$$
$$WC 的人员(额定)能力 = 人员数量 \times 人员工作时间 \times 人员利用率 \times 效率 \quad (5.20)$$

4) 工作中心的负荷

负荷是指设备或人员为完成生产计划所需要的工作量,参见式(5.21)和式(5.22)。

$$计划所需人员负荷 = 计划产量 \times 单位产品额定工时 \quad (5.21)$$
$$计划所需设备负荷 = 计划产量 \times 单位产品额定台时 \quad (5.22)$$

5) 负荷率

负荷率是指生产负荷与生产能力的比率,计算结果可大于100%,参见式(5.23)。

$$负荷率 = (负荷 / 能力) \times 100\% \quad (5.23)$$

3. 工艺流程

工艺流程/途程表(routing)是对制造某特定物料的方法的详细描述,包含需要执行的作业顺序、作业名称、使用的工作中心、每个工作中心所需的机器、机器或工作中心准备作业时间(setup time)与加工时间(run time)的标准值、人力配置和每次加工的产出量等,参见图5.22。注意,QAD公司该版本的ERP软件中未设计"每回合输出量属性",图5.22中的"平行加工件数"是考虑到前后工序可能有重叠而应用"平行顺序移动法"所致的平行加工件数。

图 5.22 工艺流程维护示例

4. 资源清单/资源表与资源负荷表

资源清单/资源表(bill of resource,BOR)是制造一单位某产品或产品族所需关键资源的能力列表。继续考虑资源需求之冲销时间因素的可称为产品负荷表。人力表(bill of labor,BOL)也是一种资源表,其资源就是人力。工作中心文件类似于材料主文件;资源表、产品负荷表和人力表类似于材料表。QAD 公司 ERP 软件中后三类表统一维护在"零件资源清单维护"或"产品类资源清单维护"中,参见图 5.23。

图 5.23　QAD 公司 ERP 软件中"零件资源清单维护"示例

资源负荷表记录一个特定时段内某材料的计划生产量对某资源造成的负荷,常用于预测材料计划变动对关键资源负荷以及总体排产的影响。资源表说明制造一单位的某材料所需的资源负荷;资源负荷表说明某材料某些计划生产量在相应期别的资源负荷需求(见图 5.24)。

图 5.24　QAD 公司 ERP 软件中"工作中心负荷量汇总查询"示例

5. 负荷与能力的平衡

优先次序定义了工作在时序上的相对重要性,即工作完成的先后顺序。在 MRP 报表中的 POR、PORC 和 SR 是优先次序计划。MPS 是完成品的 SR 和 PORC 的综合,因此也是优先次序计划。优先次序计划决定何时需要何种资源、数量多少,即决定对资源的负荷。只有当能力大于负荷时,优先次序计划才可行。对应生产规划,有资源需求规划(resource requirement planning,RRP);对应主生产计划(MPS),有粗能力需求计划(rough cut capacity planning,RCCP);对应物料需求计划(MRP),有能力需求计划(capacity requirement planning,CRP)。

5.4.2 RCCP 及其运算逻辑

RCCP 从 MPS 换算出对关键资源的需求,以便检查可用资源是否足以供应 MPS。此关键资源可以是关键工作中心的人力或设备工时、关键原材料或零配件。对关键资源的需求需要与计划能力或验证能力相平衡,使 MPS 合乎实际。RCCP 程序类似于 RRP;但 RRP 考查产品族而 RCCP 考查产品,并且有时 RCCP 会考虑冲销时间因素。编制 RCCP 有三种方法:资源表法、产品负荷表法和总体资源法。

1. 单个产品 RCCP 案例

1) 案例已知条件

已知产品 A 的产品结构如图 5.25 所示,相应 BOM 如表 5.10 所示。其中,H、I、G、D 是外购件,不在能力计算范围内(若外购件因受市场供应能力或供应商生产能力限制而成为关键资源时,需在 RCCP 中考虑)。产品 A 的工艺路线资料如表 5.11 所示,所需各物料的标准批量数据节选自材料主文件,如表 5.12 所示,而产品 A 的 MPS 数据如表 5.13 所示。

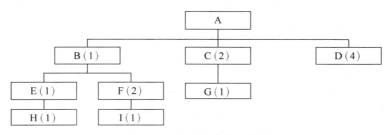

图 5.25 产品 A 的产品结构

表 5.10 产品 A 的相应 BOM

父件	A			B		C	E	F
子件	B	C	D	E	F	G	H	I
QB	1	2	4	1	2	1	1	1

表 5.11 产品 A 的相关工艺路线资料(含 A 的子件)

件号	作业编号	工作中心	准备时间	加工时间	人力	每回合输出量
A	10	WC5	0.2	0.1	1	1
B	20	WC4	0.4	0.1	1	1
C	30(先)	WC2	0.6	0.2	1	1
C	40(后)	WC3	0.6	0.1	1	1
E	50(先)	WC1	0.8	0.1	1	1
E	60(后)	WC2	0.8	0.2	1	1
F	70	WC1	1.0	0.1	1	1

表 5.12 各物料的标准批量数据(节选自材料主文件)

物料	A	B	C	E	F
标准批量	20	40	60	80	100

表 5.13　产品 A 的 MPS 数据

期别	0	1	2	3	4	5
A 的 MPS	0	20	20	30	30	40

在讲解三种求解 RCCP 方法之前，都需要先求解各作业的单位总时间，即在某工作中心的某个作业处理一个单位物料的标准总工时。它其实是物料单件准备时间与单件加工时间之和。由于工艺路线中的准备作业时间是针对整个加工批量，并且加工时间是针对每回合输出量，因此单位总时间的计算式如式(5.24)所示。

$$单位总时间 = 准备作业时间 / 标准批量 + 加工时间 / 每回合输出量 \quad (5.24)$$

根据表 5.11 和表 5.12 的数据，并利用式(5.24)可以计算各作业单位总时间(见表 5.14)。

表 5.14　各作业的单位总时间

件号	A	B	C	C	E	E	F
作业号	10	20	30(先)	40(后)	50(先)	60(后)	70
工作中心	WC5	WC4	WC2	WC3	WC1	WC2	WC1
单位总时间	$T_{A\text{-}WC5}=0.11$	$T_{B\text{-}WC4}=0.11$	$T_{C\text{-}WC2}=0.21$	$T_{C\text{-}WC3}=0.11$	$T_{E\text{-}WC1}=0.11$	$T_{E\text{-}WC2}=0.21$	$T_{F\text{-}WC1}=0.11$

2) 资源表法(能力清单法)的案例求解

资源表 BOR 是描述制造一单位特定产品或产品族所需的关键资源列表，其父件是指产品或与产品紧密关联的工艺流程代码，子件是指作为关键资源的工作中心，而单位用量是指生产一单位产品占用该工作中心的总工时，此处以 TP(time-per)表示。用资源表 BOR 进行粗能力需求计划的方法称为资源表法，有时也称为能力清单法。

BOR 由 BOM 和各作业单位总时间计算得出。表 5.11 中，生产 A 过程中有 E 的头道作业 50 和 F 的作业 70 需要占用工作中心 WC1，则生产单个 A 需占用 WC1 的总工时 $TP_{A\text{-}WC1} = QP_{AB} \cdot QP_{BE} \cdot T_{E\text{-}WC1} + QP_{AB} \cdot QP_{BF} \cdot T_{F\text{-}WC1} = 1 \times 1 \times 0.11 + 1 \times 2 \times 0.11 = 0.33$。读者可对照表 5.15 中 BOR 的汇总结果计算其他数据。将表 5.15 的资源表数据乘以表 5.13 的 MPS 数据，就可得到表 5.16 所示的粗能力需求(即负荷)，如 $0.33 \times 20 = 6.6$。

表 5.15　产品 A 的资源表 BOR

父件(即产品)	A				
子件(此处即工作中心)	WC1	WC2	WC3	WC4	WC5
单位用量 TP(单位：工时)	0.33	0.63	0.22	0.11	0.11

表 5.16　由资源表法计算的粗能力需求(负荷)

工作中心	逾期	第 1 期	第 2 期	第 3 期	第 4 期	第 5 期	总计
WC1	0	6.6	6.6	9.9	9.9	13.2	46.2
WC2	0	12.6	12.6	18.9	18.9	2.2	88.2
WC3	0	4.4	4.4	6.6	6.6	8.8	30.8
WC4	0	2.2	2.2	3.3	3.3	4.4	15.4
WC5	0	2.2	2.2	3.3	3.3	4.4	15.4
总计	0	28	28	42	42	56	196

3) 产品负荷表法(分时间周期的能力清单法)的案例求解

上述资源表法没有反映制造提前期,故不能很好地体现能力需求的时间属性。而产品负荷表法则在考虑物料制造提前期基础上(即进一步考虑资源需求的冲销时间因素)形成能力需求计划,故又称为分时间周期的能力清单法。其中,冲销时间最早出现在 BOM 中,代表一个子件在父件开始生产之前或之后需要准备到位,若子件是提前需要到位的,则冲销时间(offset time,OT)取负值;若子件是可以推迟到位的,则 OT 取正值。冲销时间 OT 本质代表一种错位的时间关系,这种时间错位关系不局限于父体物料与子体物料之间的需求衔接关系。

此处,假设物料 A、B、F 的 LT 值为 1 期,C 和 E 的 LT 值为 2 期,可以绘制冲销时间坐标轴上的工序横道图,如图 5.26 所示。

图 5.26　产品 A 在冲销时间坐标轴上的工序横道图

特别注意,在冲销时间坐标轴上的工序横道图中,A 的生产作业所对应的 OT 等于 0。分析如下:假设在产品 A 的 MPS 中第 3 期有一个计划生产量 50,鉴于"MRP 系统的期别都是指该期的期末",故此计划意味着第 3 期期末需要产出 50 个 A;又由于产品 A 的提前期 LT=1 期,因此从第 3 期的期初开始进行 A 的生产可以恰好在第 3 期末完工交货;这也就意味着恰恰是第 3 期占用生产 A 所需的资源。由此,占用生产 A 所需资源的期别与 MPS 中需安排生产的期别是一致的。故在冲销时间坐标轴上的工序横道图中,A 的生产作业所对应的冲销时间 OT 应为 0。然后,根据 A 的产品结构可以接着在冲销时间坐标轴上倒着往前画出其子件系列的作业,相应冲销时间取负值。

以下考虑冲销时间影响。对 WC1,占用时间分别是提前 3 期的 E 的头道作业 50 和提前 2 期的 F 的作业 70,所以对 WC1 的单位用量 TP 计算需区分不同冲销时间,即 TP(A-WC1,OT=−3)=$QP_{AB} \cdot QP_{BE} \cdot T_{E-WC1}$=1×1×0.11=0.11 和 TP(A-WC1,OT=−2)=$QP_{AB} \cdot QP_{BF} \cdot T_{F-WC1}$=1×2×0.11=0.22。但对 WC2,E 的后道作业 60 和 C 的头道作业 30 占用时间相对 A 出产日期而言都是提前 2 期,所以对 WC2 的单位用量 TP 的计算可合并考虑纳入同一冲销时间段,相应地,TP(A-WC2,OT=−2)=$QP_{AB} \cdot QP_{BE} \cdot T_{E-WC2}$+$QP_{AC} \cdot T_{C-WC2}$=0.63。汇总结果如表 5.17 所示。

表 5.17　产品 A 的产品负荷表

父件(即产品)	A					
子件(此处即工作中心)	WC1	WC1	WC2	WC3	WC4	WC5
单位用量 TP(单位:工时)	0.11	0.22	0.63	0.22	0.11	0.11
冲销时间	−3	−2	−2	−1	−1	0

同样,在求解粗能力需求(即负荷)时需考虑 OT 因素。此处以 WC1 负荷计算为例,计算过程示意如表 5.18 所示。负荷汇总结果如表 5.19 所示。

表 5.18　对 WC1 的粗能力需求（即负荷）计算过程示意

	逾期	第 1 期	第 2 期	第 3 期	第 4 期	第 5 期
A 的 MPS	0	20	20	30	30	40
TP(A-WC1,OT=−3)	20×0.11+20×0.11+30×0.11	30×0.11	40×0.11			
TP(A-WC1,OT=−2)	20×0.22+20×0.22	30×0.22	30×0.22	40×0.22		
总计	16.5	9.9	11.0	8.8		

表 5.19　由产品负荷表法计算的粗能力需求（负荷）

工作中心	逾期	第 1 期	第 2 期	第 3 期	第 4 期	第 5 期	总计
WC1	16.5	9.9	11.0	8.8			46.2
WC2	25.2	18.9	18.9	25.2			88.2
WC3	4.4	4.4	6.6	6.6	8.8		30.8
WC4	2.2	2.2	3.3	3.3	4.4		15.4
WC5		2.2	2.2	3.3	3.3	4.4	15.4
总计	48.3	37.6	42.0	47.2	16.5	4.4	196

4）总体资源法

总体资源法是将所有关键资源视为总体资源。此例将 WC1、WC2 与 WC3 视为总体资源。另外还需补充一个信息作为已知条件：由统计数据可知，WC1、WC2 及 WC3 的负荷占总负荷百分比分别为 30%、60% 与 10%。通过将资源表中的单位用量对应各产品分别求和即得各产品对总体资源的资源表（见表 5.20）。

表 5.20　产品 X 和产品 Y 对总体资源的资源表

父件（即产品）	X	Y
子件（此处即工作中心）	总体资源	总体资源
单位用量 TP（单位：工时）	1.05=0.05+0.8+0.2	1.85=1.3+0.55+0

利用表 5.20、MPS（见表 5.21）以及分配比例可计算总体资源法的粗能力需求，如表 5.22 所示。

表 5.21　产品 X 和 Y 的 MPS

期别	0	1	2	3	4	5	6	7	8
产品 X	0	30	30	30	40	40	40	32	32
产品 Y	0	20	20	20	15	15	15	25	25

表 5.22　利用总体资源法计算的粗能力需求（负荷）

期别	0	1	2	3	4	5	6	7	8
WC1	0	20.55	20.55	20.55	20.925	20.925	20.925	23.955	23.955
WC2	0	41.10	41.10	41.10	41.850	41.850	41.850	47.910	47.910
WC3	0	6.85	6.85	6.85	6.975	6.975	6.975	7.985	7.985

5）三种方法小结

事实上,无论利用资源表法还是利用产品负荷表法展开MPS计算各关键资源的负荷量,其计算过程都与MRP中GR的计算过程非常类似,正如两者文件结构都与BOM相似一样。两者计算粗能力需求的程序实际也只有一个,只是输入文件稍有差异。总体资源法与这两者的细微差别在于它还需补充各关键资源的负荷分配比率数据并依此数据进行负荷分配。总体上来说,依照总体资源法、资源表法以及产品负荷表法的顺序,粗能力需求计划的精确度越来越高。注意,以上对RCCP的讲解是将BOM结构全部展开以考虑所有工作中心的能力需求。而实际作业中RCCP只针对关键资源,如关键工作中心或关键材料,此时系统如何实现只对关键工作中心进行RCCP运作?接下来就讨论该问题。

2．关键材料与关键作业

闭环式MRP系统首先会将材料表和工艺流程/途程表合并为材料途程表(见图5.27)。其中,方形部分是材料表,圆形部分是途程表;方形中的符号是件号,圆形中的符号是作业代号;带斜线的方形代表关键材料,带斜线的圆形代表关键作业(即该作业设备是关键约束)。

图5.27　材料途程表

在图5.27中,P和Q是关键材料,1和10是关键作业,系统对MPS物料A做规划时,必须先找出关键材料表和关键途程表。除用户自行定义的关键材料外,途程表中包含关键作业的材料也自动纳入关键材料途程表中(D和G即是如此,参见图5.28)。系统将进一步分解关键材料途程表,以便得到关键材料表和关键途程表(见图5.29和图5.30)。

图 5.28 关键材料途程表　　图 5.29 关键材料表　　图 5.30 关键途程表

注意,在绘制关键途程表相应的工序横道图时,需要将中间非关键物料相应 LT 值或非关键作业持续的时间进行冲销。例如,由 A 展开至关键作业 10 时,需将中间 B 的 LT 进行冲销;由 A 展开至关键作业 1 时,需将 D 的作业 2 和作业 3 的持续时间冲销。其原因很容易从图 5.31 中的转化得到领悟。

图 5.31　完整材料途程表转化为关键途程表的工序横道图

同理,对关键材料也需要考虑冲销时间因素。例如,对父件为 A、子件直接为 P 的关键材料表,其冲销值应为中间物料 B 与 F 的 LT 之和;对父件为 A、子件为 G 的关键材料表,其冲销值应为中间物料 B 的 LT。此处对关键材料表中父件为 A、子件为 D 的记录无须设置冲销时间值。上例中若父件为 A、子件直接为 Q,则其冲销值应为中间物料 B 与 G 的 LT 之和。

在得出关键材料表与关键途程表后,再运用前文介绍的三种方法运作 RCCP。

3. RCCP 的编制、调整与评估

RCCP 通常是对生产中所需的关键资源进行需求计算和分析,基础是资源表或产品负荷表,编制的主要步骤如下:①定义关键资源;②在 MPS 中为每个产品族指定代表产品;③分析该产品 BOM 中零部件分别占用何种关键资源;④确定单位产品对关键资源的资源表或者产品负荷表;⑤确定每个关键资源的实际能力和最大能力;⑥依据资源表或者产品负荷表将 MPS 计划产量转换为所需总负荷;⑦负荷与能力不匹配时,进行适当调整。相关的调整方法如表 5.23 所示。RCCP 调整后再评估 MPS,若负荷与能力基本平衡则批准 MPS;若仍不平衡,主计划员应进一步调整力求平衡,此时除调整能力外还可改变负荷(见表 5.24)。

表 5.23　RCCP 能力调整方法

物料短缺			劳动力短缺					设备短缺				
增加采购	采用替代物料	减少总生产量	加班	雇用临时工人	外协或者分包	减少总生产量	重新将计划安排到有可用资源期别	购买新的设备	现有设备升级改造	外协或者分包	采用其他工艺	减少总生产量	重新将计划安排到有可用资源期别

表 5.24　RCCP 与 MPS 平衡调整措施

改变预计负荷量					改变能力供给				
订单拆零	拖延订单	终止订单	重新安排订单	改变产品组合	加急	申请加班	雇用临时工	外协或分包	改变生产工艺

5.4.3　CRP 及其运算逻辑

CRP 也称为细能力需求计划,是计算完成计划所需人力及设备的详细负荷的程序,它输入 MRP 中自制品之 PORC 及 SR 资料,利用工艺路线中的标准工时等资料,计算出每一个工作中心在每一期的工时需求。特别注意,SR 是预计的某期期末完工数量,在未完工前可能对某些设备还有一些剩余能力需求,需要在相应期别中去满足。CRP 的编制思路是按倒序排产方式,从订单交货日期开始,倒排工序计划,即考虑移动时间(指加工完毕的等待时间和从该工序到存放点或下一道工序的传送时间之和)、加工时间、准备时间和等待加工的排队时间确定工艺路线上各工序的开工时间。

1. CRP 的编制与调整

CRP 的编制方法具体有两种:按 LT(即依平均批量)分配能力需求计算 CRP 或依实际批量分配能力需求计算 CRP。

CRP 的编制步骤如下:①根据工艺路线和工作中心文件综合每道工序资料;②根据 MRP 计算每道工序在每个工作中心上的负荷;③确定每道工序的交货日期和开工日期;④依实际批量计算每个工作中心的负荷;⑤产生每个工作中心的负荷图或负荷报告。

CRP 与 MRP 间的平衡属于微调,而微调能力与负荷的方法也是从略微增加能力以适应负荷或略微减少负荷以适应能力两方面入手(参见表 5.25)。

表 5.25　CRP 与 MRP 的平衡调整措施

减轻负荷方法			增加能力措施			
集批生产从而减少准备时间	取消、重排订单或者修改订单数据	并行作业,即将顺序移动改为平行移动或者平行顺序移动	安排加班或者分包	提高工作中心的效率和利用率	增加工人或者提高技术水平	采用替代工艺,将超负荷工作中心的任务安排到能力富余的替代工作中心

2. CRP 的软件案例解析

图 5.32～图 5.35 是 QAD 公司 ERP 编制 CRP 的案例结果解析用图。图 5.32 和图 5.33 是工作中心 1020 上 CRP 求解的周汇总和日汇总负荷;图 5.34 是工作中心 1020 上由 02-0010 所致的 CRP 求解的详细负荷结果;图 5.35 是产品 02-0010 工艺路线中第一道标准工序 1012。

图 5.32 工作中心 1020 上 CRP 求解的周汇总负荷结果

图 5.33 工作中心 1020 上 CRP 求解的日汇总负荷部分结果

图 5.34 工作中心 1020 上由 02-0010 所致的 CRP 求解的详细负荷结果

第5章 企业资源计划

图 5.35　产品 02-0010 的工艺路线中第一道标准工序 1012 信息

　　结合图 5.34 中的"短缺量"代表的 PORC 计划量和图 5.35 中的"准备时间"和"运行时间",可应用 CRP(尤其一次批量准备时间对应多种加工数量的 CRP 计算思路)计算相应工作中心上的负荷。如负荷 $2.8=1+360×0.005$;负荷 $4.9≈1+770×0.005=4.85$;负荷 $8.5=1+1500×0.005$;负荷 $5.6≈1+910×0.005=5.55$;负荷 $4.9≈1+780×0.005$;负荷 $4.8≈1+750×0.005=4.75$;负荷 $4.7≈1+730×0.005=4.65$;负荷 $4.5=1+700×0.005$;负荷 $4.4=1+680×0.005$。注意,图 5.32 中的"负荷量"3、5、9、6、5、5、5、4 等是图 5.33 中结果 2.8、4.9、8.5、5.6、4.9、4.8、4.7、4.5、4.4 等的四舍五入结果。

习题

一、判断题

1. 最终产品 A 由 B、C 制成,B 由 E 与 F 制成,另一最终产品 D 由 C 和 E 制成,则各物料 A、B、C、D、E、F 的最低阶码依次为 0、1、1、0、1、2。(　　)

2. 最终 MPS 报表中仅首期的 ATP(1)可能为负值,该负值表明业务员已超量承诺订单或计划不当。(　　)

3. 能力表示一个资源在某个特定时段可以处理的工作量,而负荷则指出要完成某个已发出或已排定的订单所需的资源量。(　　)

4. 工作中心是各种生产能力单元的统称,属于计划与控制范畴,也属于固定资产或设备管理范畴。(　　)

5. 工作中心的利用率可以大于 100%,而效率不能大于 100%。(　　)

6. 应用资源表法计算粗能力需求计划时未清晰考虑制造提前期因素,即零部件等中间子件的制造所占用设备的时间与产品出产的 MPS 计划之间的时间间隔因素。(　　)

7. 在应用产品负荷表法计算粗能力需求计划所绘制的工序横道图中,指示冲销时间的"1 期""0 期""−1 期"等写在每个时段的中间而非区分相邻时段的时刻点上,是因为冲销时间表达的是两考虑因素之间在时间上的错位关系。(　　)

8. CRP 的编制思路是按倒序排产方式,从订单交货日期开始,倒排工序计划,即考虑

排队时间、加工时间、准备时间和移动时间确定工艺路线上各工序的开工时间。(　　)

9. 在应用实际批量法分析能力需求计划时因实际批量大于平均批量,将导致工序提前期大于物料提前期。(　　)

10. 依据实际批量计算得到的工序开始时间到工序结束时间之差称为工序提前期,它与 MRP 的物料提前期 LT 并非完全一致。(　　)

11. 对应生产计划的有 RRP,对应 MPS 的有 RCCP,对应 MRP 的有 CRP。(　　)

12. 库存状态仅有在库量和在途量两种。(　　)

13. 毛需求 GR 的逾期量有独立需求和相关需求两种来源。(　　)

14. MPS 和 RRP 相平衡。(　　)

15. 在 DTF 和 PTF 之间包含了实际以及预测的订货,而在 PTF 之后则只有预测的客户订单。(　　)

二、单选题

1. 以下(　　)属性的实质是"在途量"。
   A. 总需求量　　　B. 计划收货量　　　C. 预计库存量　　　D. 计划订货量

2. 在 MRP 运算逻辑中,第 t 期起 $POH(t)$ 的计算结果是等于(　　)加上第 t 期的在途量 $SR(t)$ 并再减去第 t 期毛需求 $GR(t)$。
   A. $NR(t)$　　　B. $POH(t-1)$　　　C. $PAB(t)$　　　D. $PAB(t-1)$

3. MRP 在倒排计划时,只是规定了(　　)的完工日期和开工日期,而把松弛时间放在每道工序开始(　　)。
   A. 最早　之前　　B. 最早　之后　　C. 最晚　之前　　D. 最晚　之后

4. 下列(　　)属性实质对应"保留量"。
   A. 库存量　　　B. 需求量　　　C. 订单数量　　　D. 备料量

5. ATP 自动计算算法中,$mpsprd(t)$ 的作用是(　　)。
   A. 累积后期连续"无 MPS 期别"的订单　　B. 标志区分该期有无 MPS
   C. 体现需要往前减的 ATP 负值　　　　　D. 体现需要往前减的 ATP 负值

三、多选题

1. TPOP 可以处理的 GR 的来源包括(　　)。
   A. 产品的预测　　　　　　　　　　　B. 产品的订单
   C. 属 MPS 对象的部件/模块的订单　　D. 属 MPS 对象的部件/模块的预测

2. 可答应量 ATP 自动计算的算法中在计算 MPS 物料的标志位 $mpsprd(t)$ 之后,需要判断时间 t 是否等于最后一期 T 以便展开后续运作,这是因为(　　)。
   A. ATP 负数调整是从后往前做调整
   B. ATP 负数调整是从前往后做调整
   C. 需要递增地计算至最后一期的 $mpsprd(t)$
   D. 后续需先计算最后一期而非第一期的 accco、insuf 和 ATP

3. 设置工作中心是一项细致的工作,要充分考虑到设置的原则使其能起到以下作用(　　)。
   A. 作为平衡负荷与能力的基本单元,是运行和分析能力计划的计算对象

B. 作为车间作业分配任务和编制详细作业进度的基本单元

C. 作为车间作业计划完成情况的数据采集点,也可作为 JIT 反冲的控制点

D. 作为计算加工成本的基本单元

4. 下面( )是属于展开 MRP 逻辑计算的主要输入信息。

   A. MPS　　　　B. 材料主文件　　　C. BOM　　　　D. 库存状态

5. 涉及逾期量的三个关键变量是( )。

   A. PAB　　　　B. GR　　　　　　　C. SR　　　　　D. POR

四、简答题

1. 企业管理者与信息技术人员分别是怎么理解 ERP 的?ERP 的作用是什么?
2. MRP 处理逻辑的关键变量有哪些?
3. 什么是 MPS?MPS 中可答应量 ATP 的计算原理是什么?
4. 什么是能力需求管理?能力需求管理的作用是什么?

五、计算题

1. 运用最小订购量法填写表 5.26,最小订购量 MIN 为 600。

表 5.26　静态批量法计算

C(提前期为2期)	在库量	500	安全库存	100	保留量	360	良品率	100%	批量法则	最小订购量法	最小订购量600
期别	0	1	2	3	4	5	6	7	8	9	10
独立需求	0	10	20	20	10	30	10	10	20	10	10
毛需求	300	1190	480	1180	370	1190	370	1170	380	370	370
在途量	0	1200	0								
预计在库量	—										
预计可用量	—										
净需求	—										
计划订单收料	—										
计划订单发出	—										

2. 主生产计划案例:产品 A 独立需求资料如表 5.27 所示,DTF 和 PTF 分别为第 4、10 期末。计算完成表 5.28 和表 5.29(要求 ATP 过程)。

表 5.27　最终产品 A 的独立需求资料来源

期别	0	1	2	3	4	5	6	7	8	9	10	11	12
预测 FC	0	50	55	60	65	62	55	50	46	43	46	48	50
订单 CO	0	52	53	58	66	65	57	48	37	30	22	18	9

表 5.28　产品 A 的 TPOP

期别	0	1	2	3	4	5	6	7	8	9	10	11	12
A(提前期为1期)	在库量	30	安全库存	2	批量法则	定量批量	批量大小	50	需求时栅	4	计划时栅	10	
毛需求													

续表

在途量	0	50	0	0	0	0	0	0	0	0	0	0	0
预计在库量	—												
预计可用量	—												
净需求	—												
计划订单收料	—												
计划订单发出													

表 5.29 产品 A 的 MPS 与 ATP

期别	0	1	2	3	4	5	6	7	8	9	10	11	12
预测 FC	0	50	55	60	65	62	55	50	46	43	46	48	50
订单 CO	0	52	53	58	66	65	57	48	37	30	22	18	9
MPS													
ATP													

3. 最终产品 X 和 Y 的 BOM 如表 5.30 所示，各物料 LT 值（单位：周）分别为 X＝1、Y＝1、A＝2、B＝2、C＝1、D＝1。简要工艺路线资料如表 5.31 所示，A 的 MPS 如表 5.32 所示。计算资源表或产品负荷表并填入表 5.33，要有过程。再根据 MPS 并依据资源表法或产品负荷表法编制粗能力需求计划并填入表 5.34，只要结果。

表 5.30 最终产品 X 和 Y 的 BOM

父件	X	X	Y	Y	C
子件	A	B	B	C	D
单位用量	2	1	1	2	2

表 5.31 工艺路线资料

件号	X	Y	A	A	B	B	C	D
作业编号	10	20	30(先)	40(后)	50(先)	60(后)	80	90
工作中心	WC1	WC1	WC3	WC2	WC2	WC3	WC3	WC2
单件总时间	0.1	0.2	0.2	0.1	0.2	0.1	0.2	0.1

表 5.32 A 的 MPS

期别	逾期	1	2	3	4	5
X	0	0	0	20	20	20
Y	0	0	0	30	30	30

表 5.33 资源表或产品负荷表

父件									
子件(工作中心)									
单位用量(工时)									
冲销时间									

表 5.34 资源表法或产品负荷表法编制的粗能力需求计划

工作中心	逾期	1	2	3	4	5
WC1						
WC2						
WC3						

第 6 章 高级计划排产

CEO 在面对糟糕的履约情况时,经常质问供应链总监和 CIO:"别谈那些时髦的名词了,你就告诉我,面对每月上千个不同品种、每周每天几百个不同交期的订单与客户的紧急插单,几十道工序,几千种物料供应,不断积压的物料库存……我们生产计划指挥部怎么处理?"

为什么生产计划排产如此之难呢?原因太多,举例如下:

- 多品种少批量的生产,混合排产难度大。
- 无法如期交货,太多"救火式"加班。
- 订单需要太多的跟催。
- 生产优先顺序频繁改变,原定计划无法执行。
- 库存不断增加,却常常缺关键物料。
- 生产周期太长,提前期无限膨胀。
- 生产部门往往成为市场表现不佳的替罪羊。

……

以上原因可简单概括为以下三个方面:

(1) 相互冲突的生产计划与排产的目标。

- 满足客户交货期与生产成本之间的矛盾。
- 产能最大化与浪费最小化之间的矛盾。
- 库存成本最小化与客户需求之间的矛盾。
- 批量采购与库存最小化之间的矛盾。

(2) 复杂多约束的生产现场。

- 复杂的工艺路径对各种设备的特殊需求各不相同。
- 有限的生产设备、物料、库存、人员的约束。
- 小批量多品种的生产模式。
- 精益生产的多品种混排模式。

(3) 动态多变的生产环境。

- 临时订单改变,紧急插单的需求。
- 产品流程变化,新产品研制流程的不确定性。

- 机器设备故障检修,员工生病请假等。

因此,大多数工厂并没有达到实际状况的最佳运行状态。事实上,制造业对优化的需求很大,但是目前仍有不少管理者尚未意识到优化的需求与真正价值。

复杂业务问题的优化一般有以下几个特征。

(1) 具有可能性的方案数量巨大,无法全部评估。

(2) 会随时间或场景动态改变。

(3) 会受到极大的约束,以至于无法找到方案。

(4) 大部分目标是互相矛盾的。

因此,需要相应的系统和算法支撑制造业这个超级复杂系统的生产计划与排产。

6.1 APS 概述

6.1.1 APS 的概念与内涵

1. APS 的基本概念与功能

APS 曾经只是一个单一概念,其中的 S 指的是 system,但是在业界早已有有识之士发现并阐明了 planning 与 scheduling 的不同,其差异导致了在系统层面难以用一套数据、一种算法、一个解决方案同时解决这两个问题。于是,在 2013 年的 PPM(preactor partner meeting,一年一度的全球合作伙伴大会)会议上,来自全球的业界专家齐聚英国小镇 Chippenham,见证了凝聚大家数年心血和期待的高级计划(advanced planning)产品出炉,缩写保持不变,内涵却已全面升级。自此,APS 的概念正式更改为高级计划排产(advanced planning and scheduling),由 AP(advanced planning)和 AS(advanced scheduling)组成。

APS 是均衡供应链与生产过程中各种资源,在不同的供应链与生产瓶颈阶段给出最优的生产计划与排产,实现快速计划排产并对需求变化做出快速反应的使用各种先进算法技术的软件。

APS 系统最初运用在一个工厂范围内进行计划的运算和优化,后被扩展到供应链的计划上,包括供应商、分销商和出货点的需求。APS 的功能演变经历了如图 6.1 所示的四个阶段。

视频讲解

图 6.1 APS 的功能演变阶段

APICS(美国生产和库存管理协会)对制造企业 APS 功能做出详细定义如下。
(1) 基于业务规则的资源和物料优化。
(2) 模拟仿真使用内存驻留技术提供快速计算和多个"假设"场景。
(3) 制造过程运作的同步。
(4) 有限排产(能力的限制)。
(5) 约束管理。
(6) 动态提前期计算:基于业务规则和复杂系统。
(7) 同时考虑物料和能力的约束,以确保两者可用。
(8) 惩罚成本管理:使用最小化成本优化工艺路径或设备使用。

2. AP 与 AS 区别与联系

AP 与 AS 的不同如图 6.2 所示。

图 6.2　AP 与 AS 在时间粒度上的比较

一图以概之,其核心差别在时间粒度上。简言之,planning 面向天、周、月乃至年颗粒度的计划问题,而 scheduling 则面向更小的天、时级别的细颗粒度优化问题。典型来讲,planning 要解决的是 M 天$+N$ 周(N 通常取值为 10~50)的问题,而 scheduling 解决连续 X 天每天各时间段内的问题。颗粒度的变化带来了算法、模型、理念的巨大差异。

AP 的目标是解决做什么(what to make)和做多少(how much to make)两个核心问题;故 AP 解决的核心问题是 MPS 的制订,其基本的输入输出模型如图 6.3 所示。

通过 AP 的有限能力优化算法,对客户的制造系统做了两个重大的改变:①由 AP 计算 MPS 解决 MRP 的生产计划由于无限能力问题而导致的不可执行问题;②以有限能力 MPS 作为 MRP 的输入,让 MRP 的物料采购变得更加精益,减少不必要的原料库存的堆积。

在 AP 解决了生产什么、生产多少两个大难题后,就轮到 AS(AP 并非 AS 的必然前提,部分以面向订单的生产(make to order,MTO)为主的企业可以跳过 AP)优化生产。很多企业把对生产的优化放到了生产部门本身,或者精益部门的眼睛大多数只盯着生产车间:等

第6章 高级计划排产

图 6.3　AP 的输入输出模型

待的浪费、搬运的浪费、不良的浪费、库存的浪费……七大浪费滚滚而来，精益改善也如火如荼。诚然，精益生产确实可以极大地帮助企业，APS 本身也是旨在提高企业的精益化水平，但是角度和理念却有些许不同，APS 的目标是在做生产计划时，就考虑精益的问题，首先要消除不合理的生产安排，其次才是合理的生产。即把精益活动从生产部门提前到了计划部门。AS 的使命就在于此。AS 是一个精密的约束模型的灵活实现，通过对工厂制造过程中各种制约因素的巧妙建模，使得人们有机会在排产方案真正下发给车间执行之前，就可以发现潜在的问题并做出优化。

从 AS 的角度看，工厂里面充满了各种制约：设备、产线、工装夹具、物料、工序衔接、工作日历、关键绩效指标的要求……这些无不成为制约条件，而 AS 系统则像一名高明的向导，带领工厂在种种约束下多快好省地交付产品。通过 AS 的详细排产，不但要解决如何做到机台级别的详细排产（绝大多数企业现在依赖班组长的人工调配），还要帮助企业在 JIT 的路上走得更稳、更远。

此外，AS 内嵌的物料关联引擎可以实现物料需求计算与排产的即时互动，即排产变化引起物料需求的重新计算，物料的变化也可以即刻制约排产的制定。这种在排产和物料之间的双向约束成为制定一个可靠的、可执行的生产排产的必备条件。更重要的是，整个过程只需数分钟便可完成。时间的极大缩短（相较于 ERP 系统数小时级别）赋予了无限次模拟并优化作业模式的可行性。

6.1.2　APS 与 ERP 的对比与关联

1. APS 与 ERP 的对比

在成功地使用 ERP 时会发现还有很多事要做，这并不是说 APS 比 ERP 更重要，而是因为 ERP 是基于无限物料、无限能力的理论，是通过缺料分析、能力分析由人进行调整而决定采取行动。

APS 是基于约束理论的，通过事先定义的约束规则，由计算机自动采取行动。

ERP 依赖于 MRPII/DRP，主要基于无限能力原理。APS 依赖于约束优化理论，除此之外，它们在计划上也有许多关键的不同，如表 6.1 所示。

视频讲解

表 6.1 APS 与 ERP 的关键不同点

规则	ERP	APS
计划物料和能力	顺序	同时
计划的时间段	分段	连续
组织一体的计划	按功能计划	集成计划
计划的传向	单向	双向
分配供应给客户	不能	可以
可承诺量 ATP	静态	动态
约束的类型	只有软约束	硬约束和软约束
制造提前期	固定	灵活
模拟能力	低	高
计划的可视性	本地点	本地点、多地点和全局
实现计划的速度	慢	快
评估机会成本	不能	可以

(1) 计划的时段性。APS 在无缝环境下支持供应链活动的任何时段,如小时、天、周、月,而传统 ERP 系统一般做不到。

(2) 组织一体的计划。强调一个事实,MRP Ⅱ/DRP 计划是以功能为中心的计划过程,因为它对供应链产生计划采用的是功能顺序的方法,如先运行 DRP 的批处理,然后运行 MPS 计划处理,最后运行 MRP 等;还有跨组织的计划顺序问题。而 APS 是一个可以处理合并供应链计划过程为一个全局的计划过程的集成计划方法。

(3) 分配供应给客户。APS 提供互相匹配的能力,将一部分供应计划规定给客户或销售渠道,避免了从其他需求产生拆分现象。这是主供应计划的关键功能。而 MRP Ⅱ/DRP 做不到这样。

(4) 可承诺量(ATP)。实时提供交货日期能力。大部分 ERP 系统都可以处理实时承诺,但是它是只依赖于以前存在的供应计划,而 APS 可以针对整个供应链分析动态的交货日期。

(5) 制造提前期。传统的 MRP Ⅱ/DRP 的计划逻辑是预定固定的或固定函数的提前期。对整个供应链在效果上产生很大的负面结果。相反,APS 的计划制造提前期逻辑是考虑存在硬约束下的供应链活动,进行连续动态的计算。

(6) 模拟能力。因为 MRP Ⅱ/DRP 长时间的计算环境提供非常有限的评估不同结果的能力。而 APS 由于是基于内存的计算,其计算速度非常快,可以在任何时间执行模拟。

值得特别注意的是,APS 提供的高级计划逻辑是嵌入 ERP 系统的,而不是取代 ERP 系统。APS 只是局限在计划决策领域,它需要一个闭环的集成系统,如 ERP 系统。APS 需要从 ERP 系统拿出所需的计划数据来执行计划优化活动;一旦在 APS 产生计划,就输入到 ERP 系统去执行,如采购订单、生产订单、分销补货单,如图 6.4 所示。

图 6.4 APS 嵌入 ERP 系统

2. APS 与 ERP 的关联

1) APS 与 ERP 的集成

APS 与 ERP 的集成有如下两种系统数据的集成方式。

(1) 分离数据模式。此种模式是典型的集成方式。从 ERP 数据库中实时提取数据,导入 APS 的数据库,进行快速的优化计算,形成多个优化方案,有交互的人机界面给计划员进行决策,再导回 ERP 系统中进行业务处理,如图 6.5 所示。存在的问题是数据在多个数据库之间交换,给实施者带来一定的困难。但是,它的好处是可以灵活配置,可以选择不同 APS 软件和不同的数据库进行集成。

图 6.5 APS 与 ERP 的分离数据模式

(2) 共用数据模式。如图 6.6 所示,此种模式是较先进的方式,需要 ERP 厂商把 APS 技术嵌入 ERP 系统中,这已经是大势所趋。它改变基于无限约束理论的 MRP 技术,用基于约束理论的 APS 技术有效规划企业的资源。

2) 主需求计划

主需求计划包括汇总预测、供应链计划、销售订单的承诺。APS 通过市场约束、供应链物料瓶颈约束及工厂能力约束及历史数据的算法,使预测与供应链计划更精确、更实际。

图 6.6 APS 与 ERP 的共用数据模式

在销售订单的承诺上,利用 ERP 的计划可承诺量(ATP)集成 APS 的能力可承诺量(capable to promise,CTP)及可交货能力(capable to deliver,CTD)、可盈利承诺(profitable to promise,PTP),使销售订单更精确、更真实,更能满足客户需要。

3) MPS

ERP 的 MPS 是一个工厂的核心计划,是需反复模拟平衡的计划。这里的平衡包括对需求计划的平衡、对工厂粗略能力的平衡和对存货的平衡。而这些平衡在 ERP 中均是经分析后手工介入的。APS 通过优化过的需求计划、自定义的资源组或瓶颈资源的约束、采购可供应的约束、现有库存的配套约束自动产生满足目标的计划。而此复杂的平衡模拟由 APS 的基于约束的高级算法、基于内存的快速计算所代替。

4) 资源组与资源

在 ERP 中定义资源组,同样,在 APS 利用资源组。它包括一个或多个资源,一般来说它包括同样类型的资源。此外,一个资源可能存在多个资源组。但是在 APS 中可以对资源进一步细分为单一资源、无限资源、并发资源、共享资源和可调整共享资源。

在 APS 的排产过程中,对于通过计划板处理哪个资源,怎么处理,需要考虑资源的可用性和有效性的结合等;APS 可以对不同的生产环境设置不同的资源类型。

但是,需要强调的是,APS 不对业务进行管理,如货物的接收、原料的消耗、发货、开发票、文档管理、财务、生产订单下达、采购订单下达、客户订单的接收等操作业务。ERP 处理数据的维护,如物料主文件维护、BOM 维护、工艺路径维护、货源和设备的维护、能力表及供应商、客户、资源的优先级的维护。

总之,APS 的优势在于能对复杂的制造环境提供比 MPS/MRP/CRP 更好的计划,利用最先进的计算机技术,一般计划时间在几分钟甚至几秒内。利用甘特图计划板进行可视排产,要求很高的数据精度。APS 依赖 ERP 系统,需要大量的 ERP 系统的数据,需要 ERP 的采购计划、库存控制和成本控制。

6.1.3 APS 与 SCM 关联分析

供应链计划的含义是对所有的组织进行计划,用 DRP 计划分销渠道,支持集中式和分布式计划,其计划扩展到客户与供应商。DRP 是计划分销中心或客户,可以定义执行单一的、多个的组织计划,可以反查供应链。分销清单(bill of distribution,BOD)支持多种设置,包括企业的内部和外部,定义各货源的优先和有效日期。必须定义供应链网络、货源规划,把物料分配给 BOD,对供应链进行顺序的计划(未优化)。传统的供应链计划有三种计算模式:垂直、水平和综合。传统的供应链的计划运用 ERP 的 DRP、MPS、MRP 的算法。它的特点是基于无限约束理论和批处理的顺序计算方式。随着供应链越来越复杂,传输数据的优化和同步化是供应链网络建立和执行的关键。如果这些条件得不到满足,现有系统将永远无法获得企业自己所希望的竞争优势。

1. APS 与数字经济时代的供应链计划

当前,全球企业都面临着这样的挑战:全球化的市场竞争,专业化的分工,大规模定制的市场趋向,较短的产品生命周期与提前期;这些都要求企业需要准确掌握现状,能够快速做出反应,并与顾客或上下游共同创造价值等方面的能力。

供应链的核心高级计划 APS 就是能帮助企业达到供应链管理同步化、优化的高级算法。其主要体现在以下几个方面。

(1) 最大化满足客户和消费者需求。

APS 能够帮助减少供应链中不确定的供应与需求,以便更好地满足客户需求和客户服务。通过供应链 APS,几十个工厂,几十个分销中心和几百个销售渠道实时平衡优化需求、供应和各种约束。这意味着一旦有未意料的变化,改变了需求、供应及约束,APS 就能立刻看到它的影响。

APS 可以实时、智能地再同步所有需求、供应及供应链约束,可以帮助决策者重新计划,自动解决问题。当然,它考虑了所有约束规则。这两者关键的能力——实时报警和实时基于约束的重计划——可以使公司达到"零等待"状态。这就是供应链优化管理所面临的挑战。所以,需要提高与客户的沟通,减少供需缓冲,减少供应链内部的操作,最大化满足客户和消费者需求。

(2) 通过整个供应链进行成本和服务的优化。

用 APS 建立有效的模式,它是有效的客户响应(efficient consumer response,ECR),使制造商和零售商之间的协作为消费者提供更好的价值服务。

(3) 在供应链中,减少非增值的活动。

在实施 APS 之前,进行 BPR,用准时制生产方式(JIT)的管理思想消除浪费,减少准备时间,进行文档资料和行政管理,实现供应链精益化。

(4) 需求信息和服务需求应该是以最小的变形,传递给上游并共享。

利用 APS 通过计划时区持久地平衡需求、供应和约束,同时看到发生的供应链问题。由于实时和双方向的重计划能力,计划员有能力执行各种模拟以满足优化计划的要求,这些模拟提供实时响应。如我的安全库存水平应是多少?这是最低成本计划吗?我使用的资源已经优化了吗?这个计划满足我的客户服务水平了吗?我已经最大化利润了吗?我可以承诺什么?

在供应链中的每一个阶段,把最终用户的需求(实际)传递回去。因此,一旦实际需求发生变化,所有地点都知道,并实时产生适当的行动。

(5) 同步化供需是服务和成本的一个重要目标。

(6) 可靠的、灵活的经营是同步化的关键。

(7) 与供应商形成战略联盟,从战术采购向战略采购转移。

(8) 供应链的能力必须进行战略的管理。

必须直接控制关键能力来达到减弱从需求到供应的震动的目标。要考虑库存存放地点、运输的路径。一旦产品需求发生变化,用 APS 可以一起考虑所有供应链约束。当每一次改变出现时,APS 就会同时检查能力约束、原料约束、需求约束。这就保证了供应链计划在任何时候都能有效、实时优化供应地点或分销地、运输路线,避免库存超储、工厂供应的震动过大。

(9) 新产品的开发和新产品的推出也取决于供应链的性能。

新产品的引进必须与需求、能力计划、供应能力集成,使供应链有效的传递,使产品周期缩短。整个高级供应链的部署必须研究开发与 PDM 或 PLM 集成,形成产品商务协同。

2. APS 依赖的一组核心能力

(1) 计算速度。

基于内存的计算结构比 MRP Ⅱ/DRP 的计算速度快 300 倍。这种计算处理可以持续地进行。这就彻底地改变了 MRP Ⅱ/DRP 的批处理的计算模式。

(2) 可以同步考虑所有供应链的约束。

当每一次改变出现时,APS 就会同时检查能力约束、原料约束、需求约束、运输约束、资金约束,而不像 MRP Ⅱ/DRP 每一次计划只考虑一种类型的软约束。这就保证了供应链计划在任何时候都有效。

(3) 基于约束的计划——硬约束和软约束。

硬约束:不太灵活,如每天三班运行的机器,或只从一个供应商分配的物料。

软约束:较灵活,如一台加班的机器可以增加能力或一非关键客户的交货能力。

APS 使用的独特的核心计划逻辑:当软约束不行时,实行硬约束来执行优化。

(4) APS 可以同时传播信息影响到供应链的上游和下游。

(5) 在交互的计划环境中实行解决问题和供应链优化算法。

因此,它有能力产生反映所有约束的有效计划,而且有能力产生最大利润的计划。

现代供应链必须优化建立互动式的工程设计、生产规划、日程安排和分销、运输计划,而同步和优化必须使用 APS 为核心的技术。

6.2　APS 体系架构及系统功能模块

6.2.1　APS 体系架构

图 6.7 所示为供应链 APS 控制塔体系,它主要集中于大的计划体系,考虑组织和流程优化、技能的提升、系统的支撑,以及数据的支撑。针对销售与运营计划、销售实时感知数据和销售大数据驱动滚动预测,进行从上而下的有限产能的高级计划。基于多重约束的高级排产是从下到上的保证齐套以满足总装的要求,实现交期承诺。因此,供应链 APS 计划体系实现了前推后拉的运营模式。

图 6.8 所示为 APS 体系,在进行生产任务的计划与排产时,除了要考虑四大约束(物料库存、设备产能、员工技能和工装模具)之外,还需考虑加权多目标优化,优化的目标涉及生产成本、任务优先级、生产时间、设备利用率、按时交单率等多个方面因素。然后进行模拟仿真与分析评估,若方案可行,则进入操作任务派工单管理;若方案不可行,则需反馈回到制订计划策略步骤,调整优化目标,再次进行生产任务的计划于排产,形成一个闭环系统,直到满意为止。

图 6.9 所示是进一步具体化的 APS 体系,包含基础数据,排产规则,排产的模拟、优化调整及排程器和分析器的运行四个核心模块。

图 6.7　供应链 APS 控制塔体系（蔡颖，e-works 培训资料）

图 6.8　APS 体系（蔡颖，e-works 培训资料）

- 基础数据包含部门、排产班次、非正常换班、日历、假日、资源、资源组、物料清单以及工艺路线。
- 排产规则主要包含作业下达规则、顺序规则、选择规则和资源组选择规则。
- 排产的模拟、优化调整包含作业单优先级、作业单状态变更、作业单时间、排产量的变更、作业批次的分割、作业批次的合并、设备人力的调整以及负荷的灵活分割。
- 排产器和分析器的运行主要涉及需求明细与需求汇总、资源负荷图与资源组负荷图、资源甘特图以及资源利用率等。

图 6.9　APS(蔡颖,e-works 培训资料)

通过上述 APS 体系的计划与排产,能够给企业带来以下效益:
(1) 提高订单准时交货率。
(2) 缩短订单生产过程时间。
(3) 快速解决插单难题减少机台产线停机、等待时间。
(4) 减少物料采购提前期。
(5) 减少生产缺料现象。
(6) 减少物料、半成品、成品的库存。
(7) 减少生管、生产的人力需求。
(8) 让工作更轻松、更高效,让工厂更赚钱。

因此,有了 APS 这个智能计划与排产指挥中心,有了 AP 和 AS,企业才有可能构建起现代化的数字化供应链体系,也只有通过 APS 弥补了 ERP 和 MES 之间的鸿沟,企业才有可能是"数字化工厂"。

在数字化工厂体系下,APS 起到了承上启下数据互联的关键作用(沟通 ERP 和 MES,以及 PLM 和 WMS)。也就是说,通过 APS 系统给企业打造了一个智能制造的指挥中心:来自 ERP 的订单,通过 APS 优化后发给 MES,MES 的执行结果反馈给 APS 以修正计划偏差;PLM 的主数据支撑 APS 计划模型的精准度,WMS 提供 APS 物料信息以确保计划的可行性。而 APS 系统,成了名副其实的指挥中心和大脑:收集各系统的数据,然后给出优化的计算结果,指挥工厂、仓库、物流、供应商,协同起来更好地服务企业的客户。

6.2.2　APS 系统功能模块

APS 系统主要解决"在有限产能条件下,交期产能精确预测、工序生产与物料供应最优详细计划"的问题。APS 系统制订合理优化的详细生产计划,并且还可以将实绩与计划结合,接收 MES 制造执行系统或者其他工序完工反馈信息,从而彻底解决工序生产计划与物料需求计划难做的问题。APS 系统是企业实施 JIT 精益制造系统的最有效工具。主流的 APS 系统的主要功能模块如图 6.10 所示,包括产品工艺、设备管理、订单管理、派工反馈、计划策略、计划可视化、核心算法和集成引擎八大功能模块。

序号	分类	功能	描述
1	产品工艺	产品/物料管理	产品、中间品、半成品、原材料等管理
		工艺路线管理	产品、订单相关的参数化工艺路线管理
		工艺管理	生产工艺管理
		制造 BOM 管理	精细化的制造 BOM 管理,融合了 ERP 中的产品 BOM 及工艺路线
2	设备管理	设备/工作中心管理	设备/工作中心管理
		刀具、模具、人员等副资源管理	刀具、模具、人员等副资源管理
		生产日历	设备、人员、刀具等生产资源的日历管理维护
		班次管理	班次管理
		换线切换矩阵管理	以矩阵形式维护换线时间,包括规格切换、数字规格切换、品目切换、副资源切换等
3	订单管理	制造订单管理	制造订单管理
		客户管理	客户属性管理
4	派工反馈	作业计划	设备级别的详细作业计划,精确到时、分、秒
		投料计划	与设备作业计划同步的投料计划
		入库计划	与设备作业计划同步的入库计划
		计划结果评估	计划结果评估分析
		派工反馈	计划派工、锁定、反馈等
5	计划策略	计划策略管理	计划策略管理
		排产规则管理	排产规则管理
		资源权重管理	资源权重管理
6	计划可视化	资源甘特图	从资源、时间维度展示计划结果,可视化每台设备的任务安排
		订单甘特图	从订单、时间维度展示计划结果,可视化订单及订单内每个工序的开工、完工时间
		资源负荷图	从资源、时间维度展示计划结果,可视化每台设备的任务负荷情况
		物料库存图	从品目、时间维度展示计划结果,可视化产品、物料的库存变化
7	核心算法	有限产能计划	考虑工艺、设备、物料、人员班组等各项约束的有限产能计划
		无限产能计划	类似 MRP 的无限产能计划
		分步排程/一键排程	分步排程/一键排程
		启发式排程算法	基于规则的启发式排程算法
8	集成引擎	系统集成引擎	系统集成引擎,与 ERP/MES 等系统无缝集成

图 6.10 APS 系统的功能模块

6.2.3 APS 系统功能实施案例

如下是一家典型泵阀生产企业的实施 APS 系统的案例。

(1) 导入设备、工作中心、工装等生产资源,APS 系统支持主资源、副资源、工装夹具、刀具、人力资源、外协资源等，不同的资源可以灵活地设定班次及工作时间，如图6.11所示。

出勤模式代码	模式	资源量	备注
白班	1:00-7:30;8:00-11:30;12:30-17:30;20:00-24:00;	1	
全日	00:00-24:00;	1	
晚班	00:00-07:00;20:00-24:00;	1	
休整		1	

图6.11　班次及工作时间的设定

（2）导入生产工艺，APS系统可以支持流程行业以及离散行业的工艺，同时对一个产品设定多种工艺路线、多个BOM等，如图6.12所示。

图6.12　产品生产工艺的设置

（3）APS系统导入制造订单，订单中至少包含品目、数量、开始时间、结束时间，如图6.13所示。

（4）设定排产策略进行计划排产，APS系统可以设定准时生产（JIT）、约束理论（theory of constraint，TOC）等多种排产策略，同时内置启发式算法、遗传算法、神经网络等先进排产算法，如图6.14所示。

（5）导出排产结果，进行派工。因为APS系统使用的是有限能力排产，排产结果可以直接指导生产派工。同时还生成外协计划、投料计划、入库计划等，如图6.15所示。

（6）系统提供多种的甘特图可以直观地得到排产结果。APS系统甘特图是最直观、最灵活的，X、Y轴都可以任意缩放，非常方便查看；同时也是支持企业级数据应用的甘特图，当数据量大时，这种方式甘特图的优势非常明显。

资源甘特图：直观地反映一段时间内设备资源、工装夹具等副资源、人力资源和外协资源的任务分派情况。资源甘特图上外协资源是采用无限能力排产，因此可以看到任务有重

第6章 高级计划排产

图 6.13 制造订单的导入

图 6.14 排产的策略

叠的部分,如图 6.16 所示。

订单甘特图:直观地反映订单内部以及订单网络之间各个工作的先后关系、加工时间长短关系,如图 6.17 所示。

图 6.15 工作使用指令

图 6.16 资源甘特图

资源负载甘特图：反映一段时间内各个设备的负载情况。通过负载甘特图计划员可以一目了然地知道生产负荷情况，如图 6.18 所示。

第6章 高级计划排产

图 6.17 订单甘特图

图 6.18 资源负载甘特图

库存甘特图:直观地反映车间在制品生成及消耗、原料消耗、成品入库情况,如图 6.19 所示。

关联甘特图:除了以上四种甘特图外,APS 系统还提供关联甘特图,同时反映所有生

图 6.19 库存甘特图

产相关的订单、资源、负载、库存等信息。关联甘特图是进行问题分析、计划调整的重要依据,如图 6.20 所示。

图 6.20 关联甘特图

第6章 高级计划排产

6.3 APS 的逻辑

6.3.1 APS 计划排产的三种模式

1. 基于模拟仿真模式

有限能力计划(finite capacity planning, FCS)已发展多年,在动态复杂的车间管理中建立一个计算机模拟原型,设定工作中心的能力是有限的,计划的安排按照优先级的规则进行排产。当工作中心负荷已满,就根据定义的规则,如基于订单任务(job-based)和基于事件(event-based),自动、优化地安排可行的生产计划。

1) 基于订单任务

基于订单任务是基于订单的优先级决定下一个订单的加工,可以自动识别订单的优先级和手工定义优先级,在计算机自动地根据规则的优先级排出生产计划后,还可以手工介入,修改优先级进行重排,以满足复杂的现实需要。

如图 6.21 所示,工作中心 WC_A 有两个资源,工作中心 WC_B 有一个资源。订单 MO-1 是最高优先级,订单 MO-2 是次优先级,因此宁愿 WC_B 资源有空闲,也要首先保证订单 MO-1 加工完成后才能加工订单 MO-2。

图 6.21 基本订单任务的排产

2) 基于事件

基于事件的排产考虑较短的生产订单,根据优化规则排产以提高利用率,如图 6.22 所示,因为订单 MO-2 生产较短,所以在 WC_A 资源上加工完成后首先占用 WC_B 资源进行加工。

图 6.22 基于事件的排产

2. 基于约束理论的模式

基于 TOC 的计划均可以考虑资源、物料、订单和管理策略的约束,可以通过有限能力建模,同步化物流。任何资源均可以定义为瓶颈资源或关键资源及次瓶颈资源,对瓶颈资源采取双向计划,对非关键资源采用倒排计划,缓冲时间可以设置在任何复杂资源之间。

DBR(鼓-缓冲-绳子,drum-buffer-rope)逻辑是对关键工序同步化所有资源和物料。基于资源的约束以优化计划排产,如图6.23所示,瓶颈工序前端的工序采取后排计划(拉动),而瓶颈工序后端的工序则采取前排计划(推动)。

图6.23　基于资源约束的双向排产

结合算法,可以对定义的约束资源建模进行大量的模拟来实现实际的详细计划。对所有资源可以模拟不同的批量(策略约束)来分析库存或对完成日期的影响。

3. 基于数学建模的模式

数学建模包括神经网络、基因运算、线性规划、进化运作、渐进迭代和人工智能等多种算法,构建高级计划和高级排产模式。

6.3.2　APS计划排产建模

1. 确定计划排产层次:定义产品

APS的制造BOM为制造工艺BOM,反映工序、设备、资源的使用、物料的量和地点位置,如图6.24和图6.25所示。

图6.24　制造BOM

图6.25　某工序的制造清单

2. 确定计划排产粒度：定义资源

资源的分类，又称小能力模型，如图 6.26 所示，包含占用型资源(设备、工具和人员)和消耗性资源(物料)。资源可以根据设备集群或者生产单元而形成资源组(大能力模型)，如图 6.27 所示。计划和排产分为两级，一般计划用大能力模型，排产用小能力模型。建立资源组和资源模型时需注意的是，要为任何要计划的对象(班组、设备、夹具、工具甚至货位)创建一项资源；仅将限制资源作为关键资源建立模型；超级资源可以同时执行无限数量的制造工序，但是仅适用于在班时间。缓冲时间的设定：进入缓冲和离开缓冲时间是仅在需要进行操作时，在合理的情况下在资源组中创建缓冲。

图 6.26 资源的分类(小能力模型)

图 6.27 资源组(大能力模型)

3. 确定约束规则：定义工艺模型

图 6.28 所示为生产过程各工序之间的逻辑关系，包含 ES、SS、SSEE、EES、ESE、ESSEE 和 SSEEE 六种模式，表 6.2 是对各前后工序接续方法的进一步说明。

4. 确定计划排产的数据核心：基于工序定义产能

高级计划的建模主要是建立特定资源的模型、替代资源模型、工作时间模型、计划订单规则模型、提前期和快速提前期、物料清单模型(包含工序物料和替代物料)以及外协工序模型。

(1) 高级计划建模的生产时间模型定义为：

$$\text{生产时间} = ((((\text{每件加工持续时间} \times \text{负荷数量}) + \text{准备}) \times (100 \div \text{效率})) + \text{移动} + \text{排队} + \text{完成}) \tag{6.1}$$

图 6.28 生产过程各工序之间的逻辑关系

表 6.2 前后工序接续方法的种类说明

接续方法	解释
ES	表达前工序的结束时间和本工序的开始时间之间的关系
SS	表达前工序的开始时间和本工序的开始时间之间的关系
SSEE	表达前工序的开始时间和本工序的开始时间以及前工序的结束时间和本工序的结束时间的关系
EES	表达前工序的任何时间和本工序的制造开始时间的关系（本工序的工作被分割）
ESE	表达前工序的制造结束时间和本工序的任何时间之间的关系（前工序的工作被分割）
ESSEE	本工序各自工作的制造开始时刻和制造结束时刻与前工序的工作时刻关联（本工序工作分割）
SSEEE	前工序的各自工作的制造开始时刻和制造结束时刻与自工序的工作时刻关联（前工序工作被分割）

(2) 高级排产建模主要涉及投入、过程和产出，如图 6.29 所示，其生产时间模型定义为：

$$\text{生产时间} = ((((\text{每件加工持续时间} \times \text{负荷数量}) + \text{准备}) \times (100 \div \text{效率})) + \text{移动} + \text{完成}) \div \text{效率因子} \tag{6.2}$$

图 6.29 高级排产的建模

除了上述四个方面之外,APS 的建模还需确定时间约束(定义日历)、确定计划排产任务(即订单管理与分解)以及确定计划排产目标(定义指标与参数)。

6.3.3 APS 计划排产规则

APS 计划排产规则包含生产订单下达规则、顺序规则、选择规则和资源分配规则几个方面,具体如图 6.30 所示。

图 6.30 APS 计划排产规则示意图

1. 订单下达规则

当多个作业具有相同的开始日期和时间时,订单下达规则使用户能够控制下达这些同步作业的顺序,以解决哪个订单先下达,如按交货期、优先级等。

(1) 瓶颈:基于瓶颈选择规则的排列。用向前和向后方法来计划所有未分配的任务订单,其重点是瓶颈资源工序的双向模式,先计划瓶颈资源的任务,再用任何可得到的规则计划剩余任务。

(2) 完成日期:基于最早完成日期确定优先顺序。

(3) 先到先服务:先到订单先安排生产。

(4) 升序订单属性值:按规定的订单升序的值排列。订单的属性可以是数值、字母。

(5) 优先级:按照最小数值优先。如果用此规则,优先级字段必须在订单上定义。

(6) 加工时间:按照最小的订单加工时间优先。

(7) 下达日期:按照最早开始日期优先。

(8) 相反优先级:按照最大数值优先。如果用此规则,优先级字段必须在订单上定义。

(9) 闲散时间:按照最小闲散时间优先。

2. 顺序规则

当资源不够用时,生产订单和负荷在排队,则需解决排队的顺序,如最小加工时间、最小工序数等来决定顺序。

3. 选择规则

当资源需要动态选择以完成加工时,也就是对顺序规则重新选择时(如最小准备时间规则等),可以采取基于模拟的顺序计划选择规则(operation at a time)。

实现模拟顺序计划的关键是导向规则的使用。有如下两个基本的规则。

(1) 工序选择规则(operation selection rule,OSR)。

(2) 资源选择规则(resources selection rule,RSR)。

以下是详细的模拟顺序器的工序选择规则或资源选择规则的决策逻辑分析与介绍。针对不同产品和资源，必须选择不同的规则，在决定是使用工序选择规则还是资源选择规则时，主要考虑的是什么是一个好的计划标准。一旦确定目标，就可以选择工序或资源选择规则来完成目标。

一般来说，先选择工序选择规则，然后选择合适的资源选择规则。在一些情况下，有关资源选择规则被工序选择规则所决定。

在 APS 至少有一个资源是空闲的和两个或多个工序能用于这个资源时，采用 OSR。此规则决定哪一个工序被加载。这就是决定计划结果质量好坏的关键因素。独立的工序选择规则详细介绍如下。

(1) 最早完成日期。选择最早完成的工序(也许是订单完成日期)。

(2) 最高优先级第一。选择最高优先级(即最低值)的工序。

(3) 最低优先级第一。选择最低优先级(即最高值)的工序。

(4) 最高订单属性字段。选择最高(最大)订单属性字段的工序。

(5) 最低订单属性字段。选择最低(最小)订单属性字段的工序。

(6) 动态最高订单属性字段。选择动态最高(最大)订单属性字段的工序。

4. 资源选择规则/资源分配规则

当需要选择多个资源的替代资源时，资源选择规则是选择工序加载到资源组内的哪一个资源，具体如下：

(1) 最早结束时间。选择将要最先完成工序的资源。

(2) 最早开始时间。选择将要最先开始工序的资源。

(3) 最迟结束时间。选择将要最迟完成工序的资源。

(4) 与前工序一样。选择被用于前一工序的资源。

(5) 非瓶颈最早开始时间。选择将要最早开始工序的非瓶颈资源。

5. 相关选择规则

如果选择一个工序选择规则，就自动地选择相应的资源选择规则。

(1) 系列顺序循环。选择同样或下一个最高(最低)系列值的工序。当没有最高值的工序时，顺序将相反，选择最低的工序。

(2) 系列降顺序。选择同样或下一个最低系列值的工序。

(3) 系列升顺序。选择同样或下一个最高系列值的工序。

(4) 最小准备系列。选择最小准备时间及最近的系列值的工序。

(5) 最小准备时间。选择最小准备或换装时间的工序。

(6) 定时区的系列顺序循环。选择同样或下一个最高(最低)系列值工序，且只考虑在特定时区中的订单完成日期中的工序。当没有最高值的工序时，顺序将相反，选择最低的工序。

(7) 定时区的系列降顺序。选择同样或下一个最低系列值工序，且只考虑在特定时区中的订单完成日期中的工序。

（8）定时区的系列升顺序。选择同样或下一个最高系列值工序，且只考虑在特定时区中的订单完成日期中的工序。

（9）定时区的最小准备系列。选择最小准备时间及最近的系列值的工序，且只考虑在特定时区中的订单完成日期中的工序。

（10）定时区的最小准备时间。选择最小准备或换装时间的工序，且只考虑在特定时区中的订单完成日期中的工序。

6. 工序选择规则的分析

标准的工序选择规则是已在 APS 定义好的。使用者可以简单选择其中某一个规则。在 APS 中有 20 多个标准规则，不同的规则对应不同的目标。这些规则可以进一步分成静态与动态的规则。

排产规则的使用一般遵循以下规律：

（1）预先确定任务的批量类规则。适用于面向库存生产环境。

（2）最小化任务延迟类规则。适用于面向订单生产环境。

（3）最小化任务加工时间类规则。适用于最小时间的控制，提高工时利用率。

（4）最大设备能力类规则。适用于提高设备效率，最大化整个设备生产能力的环境。生产作业计划是以设备能力的效率来安排的。

对于不同的行业，其排产策略也有很大的差别，如注塑行业侧重的是成型机设备的利用效率，最大化设备生产能力；而对于一些组装行业，其产能比较大，有时反而备受原材料缺料的困扰，排产时更关心有否足够的原材料。

6.4　APS 系统的算法

6.4.1　APS 算法分类

至今为止，APS 算法经历了四代，第一代是基于约束理论的有限产能算法，第二代是基于规则的算法，第三代是智能算法，第四代是智能算法加人工智能动态调整算法，如图 6.31 所示。

图 6.31　APS 算法分类

（1）基于约束理论的有限产能算法（第一代）：高德拉特的 TOC 理论。

（2）基于规则的算法（第二代）。

- 基于优先级等规则的算法。
- 线性规划。
- 基于启发式规则的算法。
- 专家系统。

(3) 智能算法(第三代)：APS 计划与调度需要快速收敛寻优。
- 遗传算法。
- 模拟退火算法。
- 蚁群/粒子群算法。
- 神经网络。

(4) 智能算法+人工智能动态调整算法(第四代)：以智能算法进行静态排产，以 MAS 多智能体协商进行动态调整。

AI 的 GA(遗传算法)与 ML(机器学习算法)的区别：GA 是模仿生物进化原理进行网络权值的学习，而 ML 是模仿生物脑神经采用反向传播(BP)算法进行权值学习。ML 需要大数据，善于识别与预测，故 AI 的 ML 适应高层的决策分析；AI 的 GA 等运筹优化与规则启发优化不需要大量数据，擅长启发优化与权衡决策，较适应运作层与现场调度优化。

AI 算法在 APS 计划排产优化上有突破，如 8 条生产线涉及 4300 个订单、92 个机型和 3 万多台机器，交期为 1~30 天，只用 1.5min 完成排产优化。

6.4.2 APS 算法本质

APS 的高级算法是基于规则和约束自动地调配资源、优化计划达到需要的计划目标。APS 有两种计划排产方法。

(1) 基于订单任务，订单优先级计划——算法任务顺序计划：一次一个订单或任务。
(2) 基于事件，资源利用率最大化计划——模拟顺序计划：一次一个工序或操作。

1. 算法任务顺序计划：一次一个订单或任务

算法顺序器选择一个订单，然后把每一个订单的每一个工序放在计划板。它重复这个过程，直到所有的订单、所有的工序都已经加载。满足约束的条件下第一次加载到可用时间间隔的每一个工序及特别的资源。在一个一次一个订单或任务(job at a time)的顺序器，这些计划被计划板上选择的订单控制。因此，计划的质量关键是用于加载订单的规则。

算法任务顺序计划包括：

(1) 向前顺序计划。

如图 6.32 所示，用于订单的规则是可以按优先值排序的任务，且是已分配的每一个任务。其他可能的排序条件是提前完成就提前下达和最小化闲散时间。从数学的角度说并不是所有的规则都是优化的。每一个规则代表不同的策略和计划的重点。如，完成日期相关的规则集中于减少延迟订单的数量，而基于优先级的规则努力完成最重要的订单。

在一些应用中，一个特定的工序能用于两个或多个资源。如，一个钻孔工序也许用到两个钻床中的任一个钻床。在此案例中，算法顺序器的计划是首先决定任务的顺序，然后由规则决定在加载过程中分配给特定工序用哪一种资源。

图 6.32　向前顺序计划

（2）向后顺序计划。

虽然一个算法顺序器是由第一个工序开始和通过最后工序加载每一个订单任务向前计划，它也能用同样的顺序设计相反的流程。如图 6.33 所示，在此案例中，顺序器参照"要求完工时刻"安排特定 job 的最后工序，之后再向后倒推来绘制其相关前导工序（即前导工序的完成时刻衔接着后续工序的开始时刻）。这种向后顺序计划的过程是连续的后排计划，直到该 job 的第一道工序被加载完成。此外，向后顺序计划还需要考虑系列 job 对相同设备的占用顺序问题。在这一点上，算法顺序器会选择新的订单任务加载并重复整个过程；直到系列 job 被加载完成，整个算法才会结束。

向后顺序计划的算法顺序器优势是总是产生一个不会延迟的计划，然而计划的开始时间也许因突破现在时刻而变得不可行。基本上，一个向前 job at a time 顺序器固定了系列 job 的开始时间并根据其各自工作时长来决定的相应的结束时间，这也许会违反系列 job 需达成的完成日期。然而，一个向后 job at a time 顺序器固定了系列 job 的结束时间并根据其各自工作时长来倒推系列 job 的开始时间。虽然理想的向后顺序计划是没有订单延迟，这确实吸引人；但是向后顺序计划需要一些特别限制，甚至在许多情况下会产生不可行的方案。向后顺序计划将把所有 job 任务都放到计划板上，在它们满足要求完成日期的前提

图 6.33 向后顺序计划

下,尽可能地延迟其开始时间(即等到最后必要时刻才开始每一个任务)。这就意味着系统没有预留出时间缓冲,此时任何中断出现(机器故障,物料延迟,等等)将会导致订单延迟。再考虑到之前已尽量延迟使用工作中心能力的因素,这意味着可能放弃了一些满足新增计划任务的机会。

(3) 双向计划/瓶颈计划。

选择任务顺序和计划工序中的一个瓶颈工序用前排来计划此工序的后一个工序,用后排来计划此工序的前一个工序,如图 6.34 所示。这对瓶颈工序或利用率高的资源是非常有用的。需要把一个工序分配给瓶颈资源,然后加载此资源的上游和下游工序。瓶颈算法顺序器的优势是可以最小化所有任务的周期,使得所有计划的能力、节拍受到瓶颈计划的约束。

图 6.34 双向计划

总之,算法顺序器是一个简单和快速地把一套任务加载在计划板上的方法,计划完全是由规定任务的订单和资源之间的规则所决定的。

2. 模拟顺序计划:一次一个工序或操作

如图 6.35 所示是一个用模拟顺序器排出的模拟计划,它能产生算法顺序器所不能产生的许多计划。模拟顺序器一次选择一个独立的工序而不是整个 job 任务进行加载,它是一个出色的控制工序加载到计划板上的方法。

从以上案例可以看出,用模拟顺序方法生产周期明显缩短。它们的区别是算法顺序器是按订单任务加载,模拟顺序器是按独立工序加载而不是整个订单任务。模拟顺序器是一个出色的控制工序加载到计划板上的方法,用模拟顺序器产生计划主要是为了增加"一次一个工序或操作"的灵活性。

总之,模拟顺序器是在单一时间模拟产生计划,通过向前移动从一个事件时间到下一第一次加载第10工序：产品A，B。

第二次加载第10工序：产品C。

第三次加载第20工序：产品A。

第四次加载第20工序：产品B。

第五次加载第20工序：产品C。

图6.35 模拟顺序计划

个事件。模拟顺序器是在当前时间开始及加载所有现在所有能开始的工序。注意，这些工序不是单一的任务。一旦所有工序被加载，就能在此时间开始。例如，在计划板一旦资源改变为空闲，就加载第一个需完成的任何工序。因此，模拟顺序器企图在此新的事件时间上加载另外的工序，模拟顺序器持续应用这一方法。模拟顺序器只能采用向前排计划，它仅仅向前移动所有工序。

算法顺序器是连续地向后或向前移动，它为每一个订单任务加载所有工序。它在当前时间开始，为第一个订单任务向前加载所有工序。然后，回到当前时间为第二个订单任务再次向前移动加载所有工序。它用此方法持续地向前和向后移动，直到所有任务全部加载到计划板上。因此，算法顺序器是通过时间固定一个订单或任务。一旦订单上的所有工序被加载,就可以加载下一个订单任务。

6.4.3 APS算法优劣分析

1. AP

AP(高级计划)的主要算法有线性规划、遗传算法等,但也可以是规则算法,其时间跨度为天、周、月等。主要针对问题是批量大小(lot sizing)和资源调配(resource assignment)。这里的资源可以是资源组,也可以具体资源。AP的优点与缺点如下。

优点:

(1) 可以适应企业多目标优化。

(2) 目标可以有优先级。

(3) 成熟技术。

(4) 适合大规模问题。

(5) 可以找到最优值或者较好的次优值。

缺点:

(1) 对于次序问题比较困难。

(2) 动态重排的频率不能太多。

(3) 大规模商用成熟,优化器一般比较昂贵。

2. AS

AS(高级排产)的主要算法有约束规划、经验规则、启发式算法等。其时间跨度为连续时间,或者分、小时等,主要针对问题是派工与顺序(sequencing)。其优缺点比较如下:

优点:

(1) 可以处理次序问题。

(2) 可以处理复杂工序问题。

(3) 以找到可行解为主要目标。

缺点:

(1) 无法实现多目标同时优化。

(2) 算法个性化程度较高,开发难度大。

(3) 可处理的变量数量和复杂程度限制较高。

对于经验规则算法与启发式算法,前者运算速度快、开发简单且容易理解,但是不能找到最优解,能找到一个可行解,对规则的质量要求高,且无法实现多目标同时优化;后者可以找到较好的解决方案且运算速度较快,但是算法个性化程度较高,开发难度大,可处理的变量和复杂程度限制较高,而且方案的稳定性随着问题的不同而有较大差异。

当快速收敛启发式规则适应于环境结构(如时间、知识、计算能力)时,从生态学(复杂动态系统)的角度看它是合乎理性的。也就是说它在追求满意(而不是最优)的目标或线索间进行有限搜索(有限理性),并利用环境结构约束做出适应性决策。

用"满意"取代"最优",最优化的概念只在纯数学和抽象的概念中存在,在现实生活中是不存在的。在满足各种约束条件下,"满意"的概念显然比"最优"的概念更为合理。它可以极大地减少算法搜寻技术成本、计算成本,简化决策程序。因此,约束"满意"是绝大多数的决策者所遵循的标准。

3. 算法总结

关于算法，ASP 协会的蔡颖先生总结如下。

（1）贪婪启发算法寻找局部最优解，企图以这种方式获得全局最优解。

（2）对于 NP(Non-deterministic Polynomial，多项式复杂程度的非确定性问题)，还没有找到快速解决方案。

（3）面临 NP，最佳的做法是使用近似算法。

（4）规则算法易于实现，运行速度快，是不错的近似算法。

（5）动态规划与线性规划：在多个约束条件下，寻找最优解。

（6）随机仿真算法可能有更好的解决方案。

（7）并行算法、分布式算法（边缘计算、智能代理）有待进一步深化。

（9）智能算法（遗传算法、机器学习、深度学习）有待进一步深化。

因此，不同的 APS 软件供应商选用不同的优化算法搭建自己的高级计划系统软件，需要根据解决不同的问题来决定采用哪种算法引擎。

习题

一、判断题

1. APS 能够弥补 ERP 和 MES 之间的鸿沟，让企业真正成为"数字化工厂"。（   ）

2. APS 依赖于 MRPII/DRP，主要基于无限能力原理，而 ERP 依赖于约束优化理论。（   ）

3. APS 系统可以设定 JIT、TOC 等多种排产策略，同时内置启发式算法、遗传算法、神经网络等先进排产算法。（   ）

4. 在 APS 至少有一个资源是空闲的和两个或多个工序能用于这个资源，采用工序选择规则。（   ）

5. planning 与 scheduling 的核心差别在时间颗粒度上。（   ）

6. AP 为 AS 的必然前提。（   ）

7. APS 的目标是在做生产计划时，就考虑精益的问题，把精益活动从生产部门提前到计划部门。（   ）

8. APS 是基于约束理论的，通过事先定义的约束规则，由计算机自动采取行动。（   ）

9. ERP 可以评估机会成本，APS 不能。（   ）

10. APS 提供的高级计划逻辑是嵌入 ERP 系统的，而不是取代 ERP 系统。（   ）

11. APS 系统能缩短订单生产过程时间。（   ）

12. APS 系统制订合理优化的详细生产计划，并且还可以将实绩与计划结合，接收 MES 或者其他工序完工反馈信息，从而彻底解决工序生产计划与物料需求计划难做的问题。（   ）

13. 资源负载甘特图能直观地反映车间在制品生成及消耗、原料消耗、成品入库情况。（   ）

二、单选题

1. 以下（　　）不属于 APS 系统的功能模块。
   A. 产品工艺　　　B. 订单管理　　　C. 财务管理　　　D. 计划策略

2. AP 解决的核心问题是 MPS 的制定，下面（　　）不属于其输入输出模型中的输入内容。
   A. 预测　　　B. 库存　　　C. 销售订单　　　D. MRP

3. AP 解决的核心问题是（　　）。
   A. MPS　　　B. ATP　　　C. PAB　　　D. POR

4. 下列（　　）不是高级计划的特点。
   A. 考虑较长的计划订单　　　　　B. 考虑订单优先级和到期日
   C. 基于订单任务　　　　　　　　D. 基于事件

5. 当资源不够用时，生产订单和负荷在排队，解决排队的顺序，如最小加工时间、最小工序数等运用的是四大类 APS 排产规则的（　　）。
   A. 顺序规则　　　　　　　　　　B. 选择规则
   C. 生产订单下达规则　　　　　　D. 资源分配规则

三、多选题

1. APS 算法任务顺序计划包括（　　）。
   A. 无顺序计划　　B. 向前顺序计划　　C. 向后顺序计划　　D. 双向计划

2. APS 的内涵包括（　　）。
   A. 满足资源约束　　　　　　　　B. 具有模拟能力
   C. 基于内存计算模式　　　　　　D. 计划供应链

3. 下列属于 APS 在制造业主要解决的问题中精益执行方面的有（　　）。
   A. 如何实现承诺的运营目标　　　B. 当日需要完成哪些生产订单
   C. 使用哪些资源　　　　　　　　D. 单元生产线上动态看板的执行情况

4. 下列属于用可视化的 APS 实现精益制造的技术有（　　）。
   A. 接单可视化　　　　　　　　　B. BOM 工艺可视化
   C. 计划与排产可视化　　　　　　D. 运作绩效可视化

5. 为了达到高级计划能力，APS 所依赖的核心能力有（　　）。
   A. 计算速度快　　　　　　　　　B. 同步考虑所有供应链的约束
   C. 硬约束和软约束　　　　　　　D. 同时传播信息影响供应链上下游

6. APS 与 ERP 集成的两种系统数据的集成方式是（　　）。
   A. 分离数据　　B. 编码数据　　C. 共用数据　　D. 存储数据

7. 主需求计划包括（　　）。
   A. 汇总预测　　　　　　　　　　B. 计算生产调拨数量
   C. 供应链计划　　　　　　　　　D. 销售订单的承诺

8. ERP 的 MPS 是工厂的核心计划，需反复模拟平衡的计划包括（　　）。
   A. 对订单承诺的平衡　　　　　　B. 对需求计划的平衡
   C. 对工厂粗略能力的平衡　　　　D. 对存货的平衡

9. APS 算法有（　　）模式。
   A. 基于模拟仿真　　　　　　　　B. 基于 TOC 的模式和扩展
   C. 基于选择规则　　　　　　　　D. 基于数学建模

四、简答题

1. 什么是 APS？AP 和 AS 有什么不同？
2. APS 与 ERP 与 SCM 的关联是什么？
3. APS 系统功能模块有哪些？
4. 在计划逻辑上是先考虑产能后平衡物料还是先安排物料后优化产能？在产能平衡上，是分析瓶颈再优化限制还是只允许有限产能加载优化？
5. APS 与工业 4.0 智能制造、IoT、AI、大数据、云计算有何关系？
6. APS 排产的规则有哪几类？

第 7 章 从制造执行系统到制造运营管理①

视频讲解

7.1 MES 的基本概念

7.1.1 MES 的产生与发展

20 世纪年代起,计算机技术在制造过程中的应用演进的两条主线如下。

- 对企业运营的支持:财务-库存-MRP-MRP Ⅱ-ERP。
- 对现场设备运行的支持:PLC/DCS/CNC/SCADA/HMI。

PLC(programmable logic controller):可编程逻辑控制器。

DCS(distributed control system):分布式控制系统。

CNC(computer numerical control):计算机数控。

SCADA(supervisory control and data acquisition):监控与数据采集。

HMI(human machine interface):人机交换。

从信息系统的完整性来看,两大类系统之间存在一个空白、一个断层,存在双向断流的现象,如图 7.1 所示;从制造管理内容的完整性来看,需要在两大系统之间增加一个现场制造过程管理,如图 7.2 所示;从支持或服务的对象的完整性来看,需将生产现场人员嵌入其中,如图 7.3 所示;到了 20 世纪 90 年代,出现了 MES 系统的嵌入,如图 7.4 所示。

图 7.1 两大系统之间的空白

---

① 资料来源:MES 系统需求分析与应用培训资料,e-works。

第7章 从制造执行系统到制造运营管理

图 7.2 现场制造过程管理的嵌入

图 7.3 生产现场人员的嵌入

图 7.4 MES 系统的嵌入

MES 是美国 AMR 公司在 1990 年提出的。AMR 公司提出三层结构的信息化体系结构,将位于计划层和控制层之间的执行层叫作 MES,确立了 MES 的地位。此后,国际自动化学会(international society of automation,ISA)描述了 MES 模型,包括工厂管理(资源管理、调度管理、维护管理)、工厂工艺设计(文档管理、标准管理、过程优化)、过程管理(回路监督控制、数据采集)和质量管理(统计质量管理、实验室信息管理系统)四个主要功能,并由实时数据库支持。在 20 世纪 90 年代初期,MES 的重点是生产现场的信息整合。

MESA(manufacturing enterprise solutions association,制造企业解决方案协会,原名为制造执行系统协会)于 1997 年提出了 MES 功能组件和集成模型,该模型包括 11 个功能模块。这一时期,大量的研究机构、政府组织参与了 MES 的标准化工作,进行相关标准、模型的研究和开发,其中涉及分布对象技术、集成技术、平台技术、互操作技术和即插即用技术等。

进入 2000 年后,MES 作为信息化应用的重要组成部分得到了市场的广泛关注。MES 领域的并购十分活跃,越来越多的北美和欧洲 MES 软件厂商进入中国,中国本土不少自动化厂商,以及 PLM 和 ERP 软件厂商也开始进入 MES 市场。随着企业加强精细化管理,以及面临的越来越严格的质量追溯和管控需求,越来越多的大中型制造企业开始重视 MES

的应用,对 MES 进行选型与实施,并在 MES 应用和集成方面取得显著成效。

2013 年以后,随着德国工业 4.0、美国工业互联网、中国制造 2025 等规划和政策的出台,智能制造成为全球制造业的发展目标,MES 作为实现智能制造的重要推手,得到了广泛关注,引发了新一轮的应用热潮。

7.1.2 MES 的定义

不同的组织和研究机构研究 MES 后形成了很多理论和体系,包括 MES 的定义、定位模型、功能模型、数据流模型,甚至实施方法模型等,但是并没有统一。比较著名的有以下几个。

1. AMR 对 MES 的定义

AMR 将 MES 定义为"位于上层计划管理系统与底层工业控制之间的、面向车间层的管理信息系统",旨在加强 MRP 计划的执行功能,把 MRP 计划通过执行系统同车间作业现场控制系统联系起来,为操作人员、管理人员提供计划的执行、跟踪以及所有资源(人、设备、物料、客户需求等方面)的当前状态。这里的现场控制包括 PLC、数据采集器、条形码、各种计量及检测仪器、机械手等。

AMR 提出了决策层、执行层和控制层的企业信息集成三层业务模型:第一层为决策层(ERP),主要为企业提供全面管理决策;第二层为执行层(MES),主要负责车间级的协调、跟踪、发现并监控相关趋势;第三层为控制层(SFC),直接负责工厂生产控制的环节。

AMR 对 MES 的定义是外延式的。外延式的定义易于理解,解决了什么东西是什么的问题,但解决不了怎么做的问题。也就是说,AMR 的定义在进行 MES 普及应用时,远远不能满足实际需求。还需回答,为什么需要 MES、MES 的作用、MES 会取得哪些效益、具有什么功能等。

2. MESA 对 MES 的定义

在 AMR 提出 MES 的概念之后,一大批相关的厂商、解决方案供应商、咨询分析人士聚集在 AMR 提出的 MES 的大旗之下,开始了 MES 方面的研究推广和应用工作。MES 需要更大的发展,首先需要明确的内涵。MESA 在这方面做出了巨大贡献。

1992 年,AMR 作为奠基者之一,与相关的 MES 厂商、解决方案供应商、咨询分析师、制造商厂商等成立了一个非营利性、非政府组织行业协会——国际制造执行系统协会(manufacturing execution systems association international,MESA),后进一步更名为国际制造企业解决方案协会(manufacturing enterprise solutions association international),简写保持不变。

MESA 对 MES 的理解为:MES 能通过信息传递,对从订单下达到产品完成的整个生产过程进行优化管理。当工厂中有实时事件发生时,MES 能对此及时做出反应、报告,并利用当前的准确数据进行指导和处理。这种对状态变化的迅速响应使得 MES 能够减少内部没有附加值的活动,有效地指导工厂的生产运作过程,从而使其既能提高工厂及时交货能力、改善物料的流通性能,又能提高生产回报率。MES 还通过双向的直接通信在企业内部和整个产品供应链中提供有关产品行为的关键任务信息。

MESA 对 MES 的定义强调了以下四点。

- MES 是对整个车间制造过程的优化,而不是单一解决某个生产瓶颈。
- MES 必须提供实时收集生产过程数据的功能,并做出相应的分析和处理。

- MES 需要与计划层和控制层进行信息交互，通过企业的连续信息流来实现企业信息集成。
- MES 系统实现生产过程的透明化和实时监控。

MESA 制造执行系统（MES）要点小结。

- 基础——采集、处理、传递信息。
- 范围——在订单发起到制成品之间活动。
- 手段——生产活动的优化。
- 手段——快速响应（处理）工厂中发生的各种生产活动。
- 目的——消除不增值的活动，工厂的生产过程更为高效。
- 终极目的——获取收益，全面质量控制系统。

3. ISA 对 MES 的定义

ISA 从 1997 年启动编制 ISA-95（企业控制系统集成标准），其目的是建立企业信息系统的集成规范性，ISA-95 标准文件内容目前包含以下四个部分。

第一部分：模型和术语。

第二部分：数据结构和属性。

第三部分：制造业运作模型。

第四部分：事务处理技术报告。

ISA-95 标准定义了企业级计划管理系统与工厂车间级控制系统进行集成时使用的术语和标准，其内容主要包括信息化和标准化两个方面。ISA-95 所涉及的信息内容有产品定义信息、生产能力信息、生产进度信息、生产绩效信息。ISA-95 除了上述信息化内容之外，其重要组成部分就是生产对象的模型标准化。ISA-95 的生产对象模型根据功能分成了四类、九个模型。四类为资源、能力、产品定义和生产计划。九个模型分别是资源包括人员、设备、材料和过程段对象；能力包括生产能力、过程段能力；产品定义包括产品定义信息；生产计划包括生产计划和生产性能。这九个模型内容构成了 ISA-95 的基本模型框架。

4. NIST 对 MES 的定义

美国国家标准与技术研究院（national institute of standards and technology，NIST）有关 MES 的定义：为使从接受订货到制成最终产品全过程的管理活动得以优化，采集硬件、软件的各种数据和状态信息。

5. 我国发布工业自动化系统与集成制造执行系统功能体系结构

2010 年 12 月 1 日，我国发布工业自动化系统与集成制造执行系统功能体系结构（GB/T 5485—2010），标准明确了制造执行系统在整个制造类企业集成系统中的定义、主要功能、系统的层次划分、MES 通用的功能体系结构，并提供了实际企业 MES 的参考示例。

6. e-works 智能制造研究院对 MES 的定义

MES 是一套对生产现场综合管理的集成系统。MES 用集成的思想替代原来的设备管理、质量管理、生产排产、DNC、数据采集软件等车间需要使用的孤立软件系统。MES 在信息化系统中具有承上启下的作用，是一个信息枢纽，强调信息的实时性。MES 从生产计划的执行、生产过程的追溯、设备的正常高效使用、保证产品质量、进行工人排班及合理激励等多个维度对生产现场进行集成管理。不同行业、不同生产模式的企业，应用的是MES中的某些模块或者在MES的基础上进行拓展应用。

7. MES的定义总结

业务视角：MES提供实现从订单下达到完成产品的生产活动优化所需的信息；运用及时准确的数据，指导、启动、响应并记录车间生产活动，能够对生产条件的变化做出迅速的响应，从而减少非增值活动，提高效率。MES不但可以改善资本运作收益率，而且有助于及时交货、加快存货周转、增加企业利润和提高资金利用率。MES通过双向的信息交互形式，在企业与供应链之间提供生产活动的关键基础信息。

架构视角：MES是处于制造企业计划层与控制层之间的执行层，是企业资源计划系统和设备控制系统之间的桥梁和纽带，是制造企业实现敏捷化和全局优化的关键系统。

指标视角：制造(生产)过程管理的作用是把企业有关产品的质量、产量、成本等相关的综合生产指标目标值转化为制造过程的作业计划、作业标准和工艺标准，从而产生合适的控制指令和生产指令，驱动设备控制系统使生产线在正确的时间完成正确的动作，生产出合格的产品，从而使实际的生产指标处于综合生产指标的目标值范围内。

7.1.3 MES系统的发展趋势

作为承上启下的车间级综合信息系统，MES涉及与底层自动化系统和各类设备的信息采集，需要承接ERP下达的生产计划，实现设备与工装管理、质量管理、人员派工、在制品管理、生产追溯、车间排产等功能的集成应用，并与仓储物流系统集成。MES系统的应用与制造企业所处的行业、产品特点、工艺路线、生产模式、设备布局、车间物流规划、生产和物流自动化程度、数据采集终端、车间联网，以及精益生产推进等诸多因素息息相关，非常具有行业特质。

MES的应用又与车间无纸化、多工厂协同、混流生产、物联网应用、工业大数据、数字孪生、CPS等诸多新兴技术交叉，正在不断进化。其中，CPS的内涵实际上是自动控制技术（数据采集、伺服驱动）、嵌入式软件技术、机器人技术、无线通信技术、物联网技术融合的系统，其愿景是实现智能制造和智能工厂。数字孪生是对实体产品、生产流程或产品使用的一种智能化和虚拟化的表示（或模型）。通过这项新兴技术，可以将MES系统采集到的数据在虚拟的三维车间模型中实时地展现出来，不仅可以提供车间的VR环境，还可以显示设备的实际状态，实现虚实融合。

除此之外，MES系统正向精细化、智能化等方向发展，其主要目标是通过MES帮助企业构建智能工厂、实现全球范围内的生产协同。

(1) MES系统的集成范围会逐渐扩大，不仅包括生产制造车间，还将覆盖整个企业的业务流程。通过建立物流、质量、设备状态的统一的工厂数据模型，使数据更能适应企业的业务流程的变更和重组的需求，真正实现MIS软件系统的开放、可配置、易维护。在制成方式上，通过MES系统的设计和开发，使不同软件供应商的MES和其他的信息化构件实现标准的互联和互操作性，同时实现"即插即用"的功能。

(2) 实现协同制造。互联网技术的发展对制造业的影响越来越大，未来MES系统将会帮助企业实现网络化的协同制造，对分布在不同地点甚至全球范围内的工厂进行实时管理。以协同企业所有的生产活动，建立过程信息化互联，并以MES为引擎进行实时过程管理。以协同企业所有的生产活动，建立过程化、敏捷化和级别化的管理模式。此外，MES在协同制造方面将超越目前个人和组织范畴,扩展至与供应商和客户的连接;在制造智能方面将不限于收集、分析与展现,而将进一步实现现场实时分析、协同智能决策,及时调整制造执行过程,最终帮助企业实现智能生产,打造智慧工厂。

(3) 更加智能。目前 MES 的应用还存在通过大量的人工干预来控制生产过程的现象。MES 中所涉及的信息以及决策过程非常复杂,以现有的方式难以保证生产过程的高效和优化。伴随着人工智能的发展,MES 将具有人工智能决策功能,能够根据实时数据进行及时的智能辅助决策。

未来,伴随着新兴技术的发展和应用,MES 的深度和广度也会得到更大的发展。更加模块化、更具柔性的 MES 系统将使企业的实施和维护成本大降低。智能化的 MES 系统将为企业实现智能制造、建设智能工厂打下坚实基础。

7.2 MES 系统的功能模型及与其他系统的集成

7.2.1 MES 系统的核心功能

MESA 定义 MES 的各功能模型及其与企业其他信息化系统的关系如图 7.5 所示。MESA 通过其各成员的实践归纳了十一个主要的 MES 功能模块。

图 7.5 MES 的功能模型及其与企业其他信息化系统的关系

1. 资源分配和状态

资源分配和状态管理机床、工具、人员、物料、其他设备以及其他生产实体(例如进行加工必须准备的工艺文件、数控加工程序等文档资料),用以保证生产的正常进行。它还要提供资源使用情况的历史记录,确保设备能够正确安装和运转,以提供实时的状态信息。对这些资源的管理,还包括为满足作业排产计划目标对其所做的预定和调度。

2. 作业/详细排产

在具体生产单元的操作中,根据相关的优先级、属性、特征以及配方提供作业排产功能。这个调度功能的能力有限,主要是通过识别替代性、重叠性或并行性操作来准确计算出时间、设备上下料,以做出相应调整来适应变化。

3. 派工生产单元

以作业、订单、批量、成批和工单等形式管理生产单元间工作的流动。分配信息用于作业顺序的定制以及车间有事件发生时的实时变更。派工生产单元具有变更车间已制订的生产计划的能力,对返修品和废品进行处理,用缓冲区管理的方法控制任意位置的在制品数量。

4. 文档控制

文档控制管理生产单元有关的记录和表格,包括工作指令、配方、工程图纸、标准工艺规程、零件的数控加工程序、批量加工记录、工程更改通知以及班次间的通信记录,并提供按计划编辑信息的功能。它将各种指令下达给操作层,包括向操作者提供操作数据或向设备控制层提供生产配方。此外它还包括对环境、健康和安全制度信息,以及 ISO 信息的管理与完整性维护,例如纠正措施控制程序。当然,还有存储历史信息功能。

5. 数据采集获取

数据采集获取能通过数据采集接口来获取生产单元的记录和表格上填写的各种作业生产数据和参数。这些数据是可从车间以手工方式录入或自动从设备上获取的分钟级实时更新的数据。

6. 劳务管理

劳务管理提供按分钟级更新的内部人员状态,作为作业成本核算的基础。它包括出勤报告、人员的认证跟踪以及跟踪人员的辅助业务能力,如物料准备或工具间工作情况。劳务管理与资源分配功能相互作用,共同确定最佳分配。

7. 质量管理

质量管理对生产制造过程中获得的测量值进行实时分析,以保证产品质量得到良好控制,质量问题得到确切关注。该功能还可针对质量问题推荐相关纠正措施,包括对症状、行为和结果进行关联以确定问题原因。质量管理还包括对统计过程控制和统计质量控制的跟踪,实验室信息管理系统的线下检修操作和分析管理。

8. 过程管理

过程管理监控生产过程、自动纠错或向用户提供决策支持以纠正和改进制造过程活动。这些活动具有内操作性,主要集中在被监控的机器和设备上,同时具有互操作性,跟踪从一项到另外一项作业流程。过程管理还包括报警功能,使车间人员能够及时察觉到出现了超出允许误差的过程更改。通过数据采集接口,过程管理可以实现智能设备与制造执行系统之间的数据交换。

9. 维护管理

维护管理跟踪和指导作业活动,维护设备和工具以确保它们能正常运转并安排进行定期检修,以及对突发问题能够即刻响应或报警。它还能保留以往的维护管理历史记录和问题,帮助进行问题诊断。

10. 产品跟踪和谱系

产品跟踪和谱系提供工件在任一时刻的位置和状态信息。其状态信息可包括:进行该工作的人员信息;按供应商划分的组成物料、产品批号、序列号、当前生产情况、警告、返工或与产品相关的其他异常信息。其在线跟踪功能也可创建一个历史记录,使得零件和每个末端产品的使用具有追溯性。

11. 性能分析

性能分析提供按分钟级别更新的实际生产运行结果的报告信息,对过去记录和预想结果进行比较。运行性能结果包括资源利用率、资源可获取性、产品单位周期、与排产表的一致性、与标准的一致性等指标的测量值。性能分析包含统计过程控制(SPC)和统计质量控制(SQC),该功能从度量操作参数的不同功能提取信息,当前性能的评估结果以报告或在线公布的形式呈现。

7.2.2 MES 系统与其他系统的集成与比较分析

MES 系统必须与 ERP、APS、CAPP、质量管理、人力资源管理、设备管理系统、管理信息系统以及底层自动化设备等做集成接口,使企业在相关系统中基础数据和动态数据保持一致,避免数据的重复录入和不一致,使数据充分共享。图 7.6 所示为企业数据流中的 MES。

图 7.6 企业数据流中的 MES

1. MES 与 ERP 的集成与比较

1) MES 与 ERP 的集成

从生产计划的角度看,ERP 在生产计划的前端,MES 在生产计划的后端,MES 需要得到 ERP 生成的"粗"计划作为其计划的源头和基础;车间任务开工前,MES 需要根据现场任务的进度安排到 ERP 系统中领料;车间任务完成后,MES 需要将完工信息反馈给 ERP 进行入库登记,ERP 自动关联到相应订单并进行完工处理,从而实现计划的闭环控制管理。

因此，车间工作订单信息、配套加工领料单信息、物料编码基本信息、物资库存质量信息、配套单据及配套结果信息等基础信息都存储在 ERP 中；车间领料信息、在制品信息、车间完工反馈信息等在生产车间的信息都存储在 MES 中。

ERP 系统与 MES 系统集成主要包括如下几部分功能：
- ERP 系统向 MES 系统提供车间生产任务数据，作为 MES 计划排产的来源。
- MES 系统向 ERP 系统提供限额领料需求，以实现系统自动领料。
- ERP 系统向 MES 系统提供零部件限额领料的详细信息，使车间及时了解生产准备情况。
- 通过 MES 系统向 ERP 系统提交完工入库信息，以实现系统自动入库。
- ERP 系统接收 MES 系统提供的零部件完工信息后自动反馈到生产计划，使生产管理人员及时掌握车间任务进度。

2) MES 与 ERP 的比较

(1) MES 覆盖面大得多，如果 ERP 用户数为 1，MES 用户数为 7～10。

(2) MES 实现技术更复杂，涉及 IT（信息技术）与 OT（运作技术），以及两者间的融合。

(3) MES 业务模式更复杂。

① ERP 有标准 MRP、近乎标准财务、近乎标准仓储。

② MES 几乎没有标准作业模式，一厂、一车间、一设备、一人一样。

(4) MES 管理粒度更为精细。

(5) ERP 是解决做什么和做多少的问题，具体可到车间层面；MES 是解决如何做和做得好坏的问题，具体可到设备、工位、人层面。

(6) ERP 与瓶颈工序相关，MES 与全部工序相关。

2. MES 与 APS 的集成

APS 通常被用来制订车间作业计划，是一套基于优化生产原理的生产排产软件。对于 APS 功能，最重要的就是基础数据的准确以及有明确的业务管理需求。

APS 需要输入的信息包括：

(1) 生产任务。MES 向 APS 提供车间的生产任务信息。

(2) 加工工艺。由 MES 或者其他系统向 APS 提供工艺规程上要求的内容，至少包括加工工序、各工序所需要的工装工具及其他物料，各工艺加工工时和所需工种，所需加工设备组（工作中心），还有一些辅助性的内容，包括图纸、加工说明等。

(3) 库存数据。由 MES 或者其他系统向 APS 提供包括制订计划时的物资库存、可用工装工具及刀具库存、近期计划可用入库等信息。

(4) 设备信息。由 MES 或者设备管理系统向 APS 提供可用设备能力、时间模型、设备所属设备组（工作中心）等内容。

(5) 工人信息。由 MES 或者人力资源管理系统向 APS 提供各个工人加工技能、时间模型及所属班组等信息。

APS 向 MES 输出的信息包括：

(1) 排产仿真及结果对比分析。由于 APS 引擎内置大量的排产策略，采用不同的排产策略将得到不同的排产结果。因此，要将得到的不同排产的结果进行对比分析，最终得到需要的结果。

（2）排产结果。准备下达给班组的指导工人加工的排产方案。可细化到某时某工人在某个设备上加工某工序，同时需要配备何种工装工具及刀具，准备哪些物资辅料，比较好的排产的结果还会包括该工序的详细制造指令，信息更为详备。

3. MES 与 CAPP、PDM 的集成

CAPP 中保存结构化工艺文件数据，PDM 用于工艺文件的管理和归档。MES、CAPP 和 PDM 三者之间的集成包括：CAPP 与 MES 之间的集成，实现工艺数据从 CAPP 向 MES 中的导入，同时在 CAPP 中实现工艺文件的自动查错；CAPP 与 PDM 之间的集成，实现工艺文件在 PDM 中的流程审批和归档管理，包括 CAPP 与 PDM 中产品结构树的统一、MES 与 PDM 中产品结构树的统一、CAPP 与 PDM 的审批流程统一。

4. MES 与 DNC 的集成

MES 负责生产作业计划，当车间生产调度将某道工序派往某台机床时，需要向 DNC 系统传送一个信息：该工序的零件号、工艺规程编号、工序号、设备号。DNC 接收了该信息后，需要根据零件号、工艺规程编号、工序号三个条件，在产品结构树下检索该零件节点，并在该节点下根据工艺规程编号、工序号、设备号检索加工代码（按代码属性检索），检索到后将这些代码传送到 DNC 通信服务器相应的设备节点下。

DNC 与 MES 的集成实现了车间计划指令与机床的物理关联，同时机床的生产状态能及时反馈给 MES，为 MES 的工序加工计划提供可靠的依据。

7.3 MES 系统规划与需求分析

MES 系统需求分析方法包含基础数据分析、流程梳理与分析、生产工艺建模与分析、数据采集分析、现状评估与 MES 集成、系统需求与架构设计以及制定实施方案七个方面，如图 7.7 所示。

图 7.7 MES 系统需求分析方法

7.3.1 基础数据梳理

基础数据标准化是 MES 系统应用的重要工作之一。建立规范统一的基础数据是保证企业MES系统正常运行的前提条件。图7.8所示为MES基础数据收集范围,包含人、机、料、法等多个方面。

图7.8 MES基础数据收集范围

1. 人

(1) 生产组织(人)——人员类数据。

MES系统中主要对人员的资质、考勤、绩效进行管理,与之相关的人员基础属性,如工号、姓名、资质等,都属于本梳理范围内。根据ISA-95标准体系结构,人员类主要包括人员类属性、人员、人员属性、人员类等几个方面,如图7.9所示。人员类数据收集整理包括人员编号、人员岗位、岗位要求、人员编制等信息。

图7.9 ISA-95标准体系结构人员类

(2) 生产组织(人)——生产时间。

生产时间是指企业劳动资源以及劳动对象在生产工作过程中的劳动序列与时间长度。人员信息是生产主体,生产人员的工作安排同生产班制以及生产时间计划紧密相关。生产时间类主要包括生产班制、生产班次,如图7.10所示。

(3) 人员类数据的逻辑关系如图7.11所示。它可以实现正反追溯。

2. 机

(1) 设备类数据(机)。

设备模型参照国际标准进行梳理,自上而下包括企业、生产工厂、生产区域、生产线、生产单元、过程单元、工作单元、设备单元相关的所有数据,如图7.12所示。

第7章 从制造执行系统到制造运营管理

班制名称	描述
单班	单班
双班	早中班
三班	早中夜班
多班	四班三运转或其他

类型	班次名称	所属班制	班次序列	起始时间	结束时间	跨天	所属车间
工作日	早班	三班制	1	7:00	16:00		
双休日	中班	三班制	2	16:00	0:30	是	
节假日	晚班	三班制	3	0:30	7:00		

图 7.10 生产班制和生产班次

图 7.11 人员类数据的逻辑关系

图 7.12 设备模型

（2）设备资源。

设备是生产线上的最小单元，是 MES 系统运行的关键，所以设备资源数据的梳理也相对比较关键。对与设备相关的多个数据进行梳理,这些数据包括设备清单、设备能力、维修、备品备件等,如图7.13与图7.14所示。

图 7.13 设备资源关系图

设备代码	设备名称	设备组代码	设备组	核心资源	设备型号	供应商
地址编码与名称	是否改装		隶属车间		所需证书或技能	

标准工序	设备型号名称	人工工时(小时/台班)	准备时间(小时/台班)	加工工时(小时/台班)	定额产量(万/台班)	每班台时	正常生产辅助时间	班制产量	台班定员
							B	C	

料物代码	物料名称	规格	图号	物料组	基本计量单位	辅助计量单位

图 7.14 设备资源表

(3)设备类数据的逻辑关系如图7.15所示。

3. 料

(1)物料类数据(料)。

物料是生产加工和业务处理的直接对象,是MES系统最重要和关键的数据。MES系统中主要对物料的加工进行管理,所以生产中涉及的所有物料都是MES系统管理的对象。物料类数据关系如图7.16所示。

(2)物料的主数据。

物料是对企业实物客观的描述和反映,在生产领域流转的一切材料(不论其来自生产

第7章 从制造执行系统到制造运营管理

图 7.15　设备类数据的逻辑关系

图 7.16　物料类数据关系

资料还是生活资料),如原材料、零部件、半成品、成品以及生产过程中必然产生的废料以及各种低值易耗辅料和生产过程中的工装模具都包含在其中。

同时在实际生产组织活动中也全部围绕物料展开,如图7.17所示,物料的各类属性(采购、自制、批次管理)和参数(安全库存、采购批量、最小库存、采购提前期、计量单位、辅助计量单位、保质期管理)直接关系到未来生产和业务处理方式。

4. 法

(1) 过程类数据(法)。

过程类数据核心包括工步、工序、工艺路线、加工方法、质量类数据。

MES 系统主要依据过程类数据对生产过程进行管理,所以与人员、设备、物料等数据都有关联关系,如图 7.18 所示。工艺类数据逻辑关系如图 7.19 所示,重点为建立工序 BOM。

图 7.17 物料的主数据

图 7.18 过程类数据关系模型

(2) 过程类数据(法)质量数据。

质量管理是 MES 的重要组成部分,同时质量管理是企业管理和生产管理的核心。在 MES 中质量管理需要实时分析从生产现场收集到的数据,及时控制关键工序的加工质量,进行质量预测、监控和在线调试,消除质量缺陷和隐患,如图 7.20 所示。

质量管理基础数据按照 ISA-95 体系标准进行梳理,主要包括质量测试需求、质量测试

第7章 从制造执行系统到制造运营管理

图 7.19 工艺类数据逻辑关系

图 7.20 MES 质量管理

分派、质量测试执行、质量检测设备管理、质量记录跟踪、质量检测数据收集等,如图 7.21 所示。质量类数据逻辑关系如图 7.22 所示。

最后输出《基础数据调研与分析报告》框架,包括基础数据收集的意义与价值、基础数据的模型与范围、基础数据管理存在问题,以及改进建议与计划。

7.3.2 业务流程梳理与优化

业务流程梳理的目标为:

物料编码	物料名称	检验规则代码	检验方式	是否周期检验	备注

检验规则代码	检验规则名称	手工或机检(含仪器名称)	检验规则方案

检验项目代码	检验项目名称	抽样标准	是否机检	检验规则	备注

结果代码	结果名称	备注

图 7.21　质量管理基础数据

图 7.22　质量类数据逻辑关系

(1) 实现业务流程的可视化、规范化和监控化；
(2) 发现业务运行中存在的问题，对流程进行优化；
(3) 全面、真实地梳理 MES 系统业务需求；
(4) 确认未来 MES 系统的业务运行流程；
(5) 培养业务流程管理的理念与方法。

大部分企业流程管理中存在如下问题：
(1) 缺乏完整的流程管理体系；

(2) 错误的问题重复发生;
(3) 完成工作的周期很长;
(4) 组织决定流程,而非流程决定组织;
(5) 每一个人对流程的理解不同;
(6) 各种各样的制度,如同"百衲衣";
(7) 缺乏标准的岗位说明书;
(8) 责权利不匹配。

因为一个企业的业务流程数量众多,同时业务流程的梳理与优化是一个持续、长期、永无止境的工作,所以流程梳理与优化的重点是未来 MES 系统将要覆盖的流程,包含安全管理流程、财务管理流程、仓储管理流程、工艺管理流程、人力资源管理流程、设备管理流程、设计管理流程、生产管理流程以及质量管理流程,如图 7.23 所示。

图 7.23 MES 系统流程视图

MES 系统的实施可以带来以下主要流程的变化:
(1) 减少生产计划的层级;
(2) 物料配送更加精确;
(3) 产品追溯流程更精细;
(4) 质检与设备维护更加完善与规范;
(5) 车间人员大量岗位调整与缩减。

最终输出《生产流程梳理与优化分析报告》框架,包括流程梳理的价值与意义、MES 流程梳理与建模、流程优化分析及建议以及流程变革的推进与实施。

7.3.3 工艺建模与分析

工艺建模的重要性主要表现在以下几个方面：
（1）工艺是生产过程的基础，生产过程中的所有活动都围绕工艺要求展开。
（2）工艺是未来 MES 系统运行的基础，MES 系统将围绕工艺管理要求而建立。
（3）工艺要求决定了生产过程，也决定了产品的加工过程和加工环节。
（4）工艺要求决定了生产现场数据采集的结构与分布。
（5）工艺流程贯穿了生产制造的生产计划、车间调度、过程控制与质量控制环节。
（6）工艺是生产现场标准化作业的基础。

工艺建模的目标为：
（1）建立完整的生产工艺分级模型，提供可视化的展现工具。
（2）清晰描述各制造部详细生产工序、工步直至具体操作的流程特点。
（3）准确说明对生产工艺条件、质量控制要求以及各工序的输入输出，为制造过程数据采集提供来源依据。
（4）了解生产过程中所需的基础数据（人、设备、物料等资源）。
（5）了解未来工艺趋势，为 MES 实施后的工艺变化做好相应准备。

图 7.24　工艺建模方法 IDEF0

工艺建模方法 IDEF0 用方框代表活动式功能，进入或从活动出来的箭头依次代表输入、控制、输出和支持。如图 7.24 所示，表达系统的活动（用方框来表示）和数据流（用箭头表示）以及它们之间的联系。用模型可以表示将来的系统功能或需求，也能够表示目前的系统功能和需求。用图形语言表示 IDEF0 模型，模型由图形、文字说明、词汇表及相互的交叉引用表组成。它把方框作为活动，用箭头表示数据及接口。

工艺建模与分析如图 7.25 所示，工艺建模的重点是：
（1）推进工艺标准化（每道工序的名称、时间、替代、作业指导书、资质等）；
（2）为每个产品建立工艺模型（尤其是特殊工艺的建立）；
（3）分析每道工艺所对应的控制要求与设备；
（4）分析每道工艺产生的数据，为数据采集做好准备。

最终生成《生产工艺特点分析报告》，包括生产工艺总体介绍、详细工序与工步分析、各产品详细工艺分析以及未来生产工艺分析。

7.3.4 数据采集基础梳理

根据生产工艺的特点进行分析，能对实现和影响产品工艺的信息进行实时数据采集和分析，如图 7.26 所示。

采集的数据类型包括带有时标的生产过程数据，带有时标的报警、消息、生产事件信息，重要检测数据（如各种检测指标和重量数据）、计量数据（如数量、重量）、批次信息（如批次号码、批次执行状态等）。数据采集分析确定采什么、怎么才采、在哪里采，以及采集的设备，如图 7.27 所示。数据采集分析的步骤如图 7.28 所示。

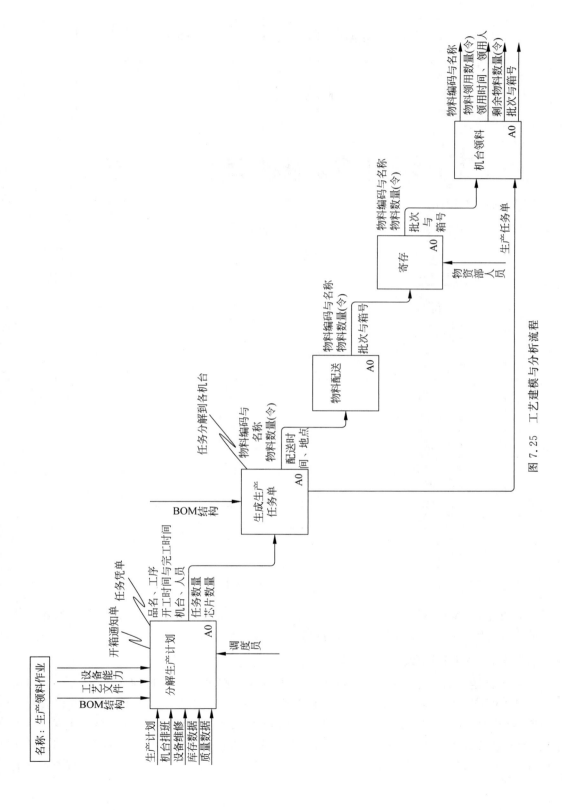

图 7.25 工艺建模与分析流程

	设备	工艺	人员	质量
采集数据	设备名称及状态、工装及模具数据、DNC类数据等	生产任务单 加工产品 使用物料 工位 开始时间 结束时间 …	生产人员 换班信息 …	首检信息 合格品数量 次品数量 返修数量 …

人机并互　传感器　PDA　RFID　生产设备　条码扫描器　检测设备

图 7.26　实时数据采集和分析

采什么(采集来源)
- 工艺控制参数
- 质量结果
- 物料消耗与物资状态
- 设备状态
- 人员与工时绩效
- 水、电、气消耗

怎么采与在哪里采
- 控制系统获取(DCS、PLC、QCS、CCD)
- 条码扫描
- 人工录入
- 刷卡获取
- 系统自带(参数、日期类)
- 内部获取(系统关联带出)

采集设备(设备)
- 工控计算机、智能仪表、读卡器、条码枪、设备接口、系统接口、条码打印机
- 数量及分布

图 7.27　数据采集分析

最终输出《MES数据采集分析报告》框架,包含车间数据采集需求分析、车间数据采集方式分析、生产车间数据采集点分布与规划以及数据采集预算。

7.3.5　MES系统边界与集成

需求确定后,需要就系统的边界进行界定,如果界限划分不清晰,即便是从业务角度分析出来的需求也将面临新的挑战,如通过哪一个系统的实施来落地的问题,所以要划清MES与其他系统之间的关系。首先要解决的是 MES可能会与哪些系统会发生关系;其次,分清楚各种系统所擅长的功能;再次,对于系统之间的关系进行切割;最后,划清系统边界后,考虑清楚系统间集成的方式。系统边界确定的步骤如图 7.29 所示。对现有系统将

第7章 从制造执行系统到制造运营管理

图 7.28　数据采集分析的步骤

从功能调研、系统应用效果两方面进行分析,并对后续应用方向以及同 MES 集成、数据交换上做全面评估和论证,使其后续能很好地支撑业务需要。

图 7.29　系统边界确定的步骤

最后生成《系统现状评估与 MES 集成报告》,包括车间现有系统应用现状分析、MES 系统的定位与边界、现有系统未来应用建议以及 MES 与其他系统的集成关系分析。

7.3.6　系统需求分析与框架设计

因 MES 系统的个性化较强,在需求梳理的过程中,需结合行业和企业的特点,对生产管理流程、工艺管理需求以及业务管理需求进行详细分析,以保证未来的 MES 系统能够满足企业个性化的要求。MES 系统框架与功能设计及详细功能设计,如图 7.30 和图 7.31 所示。

最终输出《MES 需求分析架构设计报告》框架,包括 MES 系统需求汇总与分析、MES 系统总体规划与框架设计、MES 系统详细功能设计。

图 7.30 MES 系统蓝图

第7章 从制造执行系统到制造运营管理

图 7.31 MES 详细功能设计

7.3.7 实施方案制定

在实施路线上,需依据企业目前生产管理的瓶颈、存在的问题、企业的核心管理特色、模块对业务的重要性、模块的投资收益比、同类型企业的建设情况等,规划出详细的实施路线,包括哪些模块先应用、模块之间的先后关系等。同时需学习和借鉴其他企业的经验和企业的现状,规划出详细的风险规避措施。

MES 项目的实施要做到管理先行、业务驱动、IT 支撑,如图 7.32 所示。具体原则:

(1) 以业务为主导,IT 部门为辅助。
(2) 管理提升为基础,数据准确是关键。
(3) 标准化、规范化是 MES 运行的必要条件。

图 7.32 MES 实施原则

(4) 高层领导充分参与,"一把手"工程。

(5) 以应用为原则,而非"一步到位"。

最终输出《MES 实施方案报告》框架,包括 MES 实施原则与总体要求、MES 实施步骤及内容、MES 实施各阶段的详细功能要求及目标、MES 系统投资预算分析,以及如图 7.33 所示的 MES 实施前整改样例。

MES功能应用的前提要求	整改措施
工艺基础信息完善	1. 梳理目前厂内各车间内工艺规程中的工序名称,并形成企业级资源库,工艺编制直接月用标准工序; 2. 完善维护多工艺路线作业方式的工艺卡; 3. 细化工艺卡内容,完善设备、工装刀具、工时等信息; 4. 建立生产通用工艺模板,提升工艺卡编制效率和内容一致性
质量标准基础信息建立	建立各产品各工序质检项目和指标标准
物料基础数据梳理	参考集团总物料管理规则,制定并调节总级物料编码规则和分类规则,对所有物料编码进行规范,清理不符合规则物料的编码,处理一物多码问题
生产计划统筹协调	增加生产计划统筹职能,对各产品型号间的生产计划统筹协调,依据经验进行粗能力平衡执行时检查生产资源冲突等问题
设备控制系统联网	通过传感器等方式对DNC网络之外的设备进行整改,使设备运行状态等信息能及时采集

图 7.33 MES 实施前整改样例

视频讲解

7.4 制造运营管理

7.4.1 MOM 概念的提出

MES 的发展与实践过程中遇到了如下问题:由于 MES 应用的行业之间差异巨大,不同 MES 产品的设计理念和发展历程不相同,MES 和企业的业务系统及控制系统之间的边界往往难以清晰地界定,从而导致 MES 与其他软件产品之间常常存在较多的重叠,交互关系也不够清晰;由于缺少通用的 MES 集成模型或集成平台,导致 MES 的通用性差,可扩展性不足,各种数据难以实现有效的集成与共享;由于绝大多数 MES 只关注生产执行的核心作用,对维护运行、质量运行和库存运行的重视程度有限,通常将其弱化为处理能力十分有限的功能模块,有时甚至缺少这部分功能,并且未提高到与生产运营相类似的复杂程度来描述,难以充分满足现代制造企业对其制造运营区域的业务管理需求,进而直接影响对企业的运营管理效果。

针对这些问题,美国仪器、系统和自动化协会(instrumentation,system,and automation society,ISA)于 2000 年开始发布 ISA-95 标准,首次正式确立了制造运营管理(manufacturing operations management,MOM)的概念,从而避免对 MES 边界的争论,针对更广义、更明确的

MOM 划定边界,将 MOM 作为该领域的通用研究对象和内容,并构建通用活动模型,应用于生产、维护、质量和库存四类主要运营区域,详细定义了各类运营系统的功能及各功能模块之间的相互关系,从而将以生产执行为主体的 MES 框架扩展至生产运营、维护运营、质量运营和库存运营并重的 MOM 框架。该标准于 2003 年由国际标准化组织和国际电工委员会(international electrotechnical commission, IEC)联合采用,正式发布为国际标准 IEC/ISO 62264——《企业控制系统集成》。

IEC/ISO62264 标准以美国普度大学企业参考体系结构(PERA)为基础,建立了如图 7.34 所示的功能层次模型,将企业的功能划分为 5 个层次,明确地指出制造运营管理的范围是企业功能层次中的第 3 层,作用是定义了为实现生产最终产品的工作流活动,包括了生产记录的维护和生产过程的协调与优化等。IEC/ISO 62264 标准对制造运营管理的定义是:通过协调管理企业的人员、设备、物料和能源等资源,把原材料或零件转化为产品的活动。它包含管理那些由物理设备、人和信息系统来执行的行为,并涵盖了管理有关调度、产能、产品定义、历史信息、生产装置信息,以及与其相关的资源状况信息的活动。

图 7.34 功能层次模型

由此针对制造运营管理的研究可转化为两个方面:一是针对制造运营管理内部的整体结构、主要功能及信息流走向的定义;二是针对制造运营管理与其外部系统(即第 4 层的业务计划系统、第 2 层及其以下的过程控制系统)之间信息交互的定义。

2016 年,美国国家标准与技术研究院在发布的《智能制造系统现行标准体系》报告中定义了智能制造系统模型,其中用 MOM 取代 MES,让业界对于制造运营管控的认知升级。

7.4.2 MOM 与 MES 的关系

从范围上看,MOM 覆盖的范围比 MES 支撑的范围更广泛、更明确。MOM 覆盖的范围是企业制造运行区域(第 3 层)内的全部活动,是一个抽象化了的并且相对固定的区域;MES 涉及的范围则会因其产品的设计理念、发展历程,以及应用的行业、地域的不同而变化,难以给出一个十分明确的界限。但无论 MES 的范围如何变化与扩展,都不可能超越

MOM 的界限,即 MOM 所定义的范围是 MES 可扩展范围的上限。由于 MES 的范围会随其产品历程而不断变化,这就使 MES 和其他管理与控制系统之间的边界往往很难清晰地界定,各个软件产品间、功能模块间常常存在较多的重叠,交互关系也很不清晰,使得不同厂商的 MES 产品难以有效地实现集成与共享。MOM 的提出避免了 MES 边界的争论,提供了一个更为广义并抽象化了的边界范围和一个更为明确的统一框架。

从本质上看,MOM 与 MES 是从两个不同角度所提出的概念。MOM 应该是一个对象范畴的概念;MES 则是一个软件产品或软件系统的概念。可以说 MOM 就是所要研究和解决的问题本身,也可以看作是包括了各种 MES 类产品所涉及的对象范围经过抽象化了的通用内容的上限;而 MES 则是为了解决某一类 MOM 问题而设计开发出来的软件产品。在 MOM 的概念提出之前,由于该领域缺少对象范畴的明确表述,因此 MES 除了自身软件产品和软件系统的主体概念之外,还包含了其所能解决问题的部分概念和描述,但是由于 MES 自身概念的模糊性和边界范围的不确定性,使得该领域通用的研究对象与研究内容并不明确,不利于该领域进一步发展。MOM 的提出则可以解决这方面的问题,明确作为该领域的通用研究对象与内容,而 MES 则回归其软件产品或软件系统的主体概念,从而使得该领域的研究更加清晰化。

从内容上看,MOM 与 MES 的整体结构存在着一定的差异。MOM 是将生产运营、维护运行、质量运行和库存运行并列起来,使用一个统一的通用活动模型模板来描述,并详细定义了通用活动模型内部的主要功能及各功能之间的信息流;MES 则通常是以生产运行为核心,其他几部分运行管理弱化为功能模块,处于辅助生产运行的位置,功能十分有限,并没有采用与生产运行管理相类似的复杂程度的框架来描述,但是随着现代企业对企业安全生产、精益生产和生产质量要求日益提高,尤其是在对这几方面更为重视的行业,如食品行业,MES 难以充分满足对于设备维护、质量和库存管理的要求,进而直接影响对于生产运行的管理。MOM 的提出利用与生产运行相统一的平行框架,扩展和细化了对于维护运行、质量运行和库存运行的模型化描述,使其与生产运行相互作用,更好地支撑制造运行领域的研究与应用。

总体来看,MES 可以视为针对 MOM 问题的一种具体实现方式,或是一种为解决某一类 MOM 问题而设计开发的软件产品实例。MOM 的提出并不是要替代 MES,而是要为该领域确立一个通用的、明确的研究对象和研究内容,并提供一个主体框架;而 MES 依然会作为该领域最常见的软件产品和软件系统,基于 MOM 确立的主体框架,进一步向集成化、标准化的方向发展,从而更易于实现集成和共享,更便于维护和升级。

7.4.3 MOM 的功能结构模型

IEC/ISO 62264 标准又参考美国普度大学的 CIM 参考模型,给出了企业功能数据流模型,定义了与生产制造相关的 12 种基本功能及各个功能间相交互的信息流;并根据业务性质的不同,将功能数据流模型中制造运营管理的内部细分为 4 个不同性质的区域,生成了如图 7.35 所示的制造运营管理模型,明确了 MOM 内部整体结构。

图 7.35 中的粗虚线代表了企业的业务计划系统与制造运营系统之间的接口,即给出了制造运营管理的边界。白色椭圆和带箭头的实线段则分别代表企业中与生产制造相关的基本功能及各功能之间相交互的信息流(详见图 7.36,其中各符号的定义如表 7.1 所示)。

第7章 从制造执行系统到制造运营管理

图 7.35 制造运营管理 MOM 模型

图 7.36 制造运营管理 MOM 各功能之间交互的信息流

图 7.35 中的阴影区域则表示制造运营管理内部细分的 4 大类不同性质的区域,分别是生产运行管理、维护运行管理、质量运行管理和库存运行管理。支持性的活动,如安全管理、信息管理、配置管理、文档管理、法规依从性管理以及突发事件与偏差管理没有包括进标准中,但常常包含在企业范围内。

表 7.1　图 7.36 中各符号的定义

符　　号	定　　义
功能(4.0)	一个功能表示为有标注的椭圆。一个功能是由相同目标分类的一组任务组成的。功能同分层方法加以组织,并用名称和数字加以区别。数字用来确认数据模型层次的等级
外部实体	一个外部实体表示为一个有标注的长方形。外部实体是模型边界以外的部件,它向功能发送数据,和/或从功能接收数据
数据流名称	一条带箭头的实线表示在功能、数据存储器或外部实体之间流动的一组数据。数据是在企业控制集成模型内定义的。所有实线都有一个数据流名称。在功能层次某一层的数据流可用较低层的一个或多个数据流表示
------▶	一条带箭头的虚线表示在功能、数据存储器或外部实体之间流动的一组数据。数据与企业控制集成模型无关,只是用来图示功能的前后关系。无名称的虚线数据流不在本模型中识别
数据存储器	一个永久性数据存储器表示为在上、下方各有一条线的数据存储器名称。一个永久性数据存储器维护一个数据流中所定义的信息,因此,它一般用于具有原始数据源的潜在的非同步方式中

1. 订单处理

订单处理的一般功能通常包括:①客户订单处理、接收和确认;②销售预测;③放弃和保留处理;④销货毛利报告;⑤确定生产订单。在订单处理功能和制造控制功能之间通常不存在直接接口。

2. 生产调度

生产调度功能通过生产调度表、实际的生产信息以及生产能力信息与制造控制系统功能互连。这种信息交换在生产控制功能内表述。

在一个区域内,详细调度被看作一种控制功能。生产调度的一般功能通常包括:

- 生产调度表的确定。
- 长期原材料需求的确认。
- 最终产品包装调度表的确定。
- 可供销售的产品的确定。

由生产调度功能产生或修改的信息包括:生产调度表;实际生产和计划生产的对比;生产的产能和资源可用性;当前的订货情况。

3. 生产控制

(1) 生产控制的主要功能。

生产控制的功能包括与制造控制有关的大多数功能。生产控制的功能通常包括:

- 按生产调度表和生产标准控制原材料转变成最终产品。

- 完成工厂工程设计活动并更新工艺计划。
- 提出原材料需求。
- 生成性能和成本报告。
- 评估对产能和质量的约束条件。
- 自测和诊断生产和控制设备。
- 为 SOP(标准操作程序)配方以及专用加工设备的设备操作建立生产标准和指示。
生产控制中的主要功能包括过程支持工程、运行控制以及运行计划。

(2) 过程支持工程。

过程支持工程的功能主要包括:
- 提出修改或维护要求。
- 协调维护和工程设计功能。
- 提供运行和维护功能的技术标准和方法。
- 跟踪设备和工艺性能。
- 提供对操作人员的技术支持。
- 跟踪技术进展。

过程支持工程的功能产生或修改以下信息,这些信息用于其他控制功能。
- 少量的设备和工艺修改,可能包括新的设计图纸。
- 对如何操作设备的指示,可能包括标准的操作程序。
- 对如何制作产品的指示,可能包括生产规则和标准物料、设备以及其他所用的资源及物料安全性数据单。
- 对如何安装设备的指示,可能包括销售商设备。
- 环境和安全性操作极限和约束。
- 工艺设备设计技术和工艺操作方法,以及在线操作指示的工程标准。

(3) 运行控制。

运行控制是管理一个工厂或区域内所有生产的功能的汇集。运行控制的功能通常包括:
- 按调度表和技术规范生产产品。
- 报告生产、过程及资源信息。
- 监视设备运行,确认操作测量值,以及确定维护要求。
- 准备设备维护,并在维护后将设备投入运行。
- 完成生产和控制设备的诊断和自检查。
- 平衡和优化工场或区域内的生产。
- 可能的当地工厂或区域的劳动力管理和文件管理。

运行控制功能一般生成或修改如下信息,这些信息用于其他的控制功能。
- 生产请求状况。
- 被选择的生产数据,诸如用来计算生产成本和性能的数据。
- 被选择的过程数据,诸如设备性能反馈。
- 资源状况。
- 维护工作通知单请求状况。

- 维护请求。
- 诊断和自测试结果。
- 过程历史。
- 过程支持和工程支持请求。
- 物料分析请求。

（4）运行计划。

运行计划的功能主要包括：

- 制订一种基于生产调度表的短期生产计划。
- 对照原材料可用性和产品储藏能力，检查生产调度表。
- 对照设备和人员可用性，检查生产调度表。
- 确定产能现状的百分值。
- 考虑到设备停机、人力和原材料可利用性，按小时修改生产计划。

运行计划的功能一般生成或修改如下信息，这些信息用于其他的控制功能。

- 物料和能源库存量报告。
- 满足生产计划所需要的物料和能源要求。
- 运行控制的工厂或区域生产计划。
- 可利用的生产资源的能力。

视频讲解

4. 物料和能源控制

物料和能源控制的功能主要包括：

- 管理库存量、转移，以及物料和能源的质量。
- 在短期和长期需求的基础上提出物料和能源采购请求。
- 计算和报告库存量平衡以及原材料和能源使用的损耗。
- 接收入库的物料和能源供应并请求质量保证测试。
- 通知采购可接受的物料和能源供应。

物料和能源控制的功能一般生成或修改如下信息，这些信息用于其他的控制功能。

- 物料和能源订货要求。
- 接收的物料和能源的进货确认。
- 物料和能源库存量报告。
- 对运行控制的手动和自动转移指示。

基于本地的组织结构，物料和能源控制中的一些功能可能处于控制域内。因此，就需要表述进出物料和能源控制的所选数据流，因为这些数据流可能跨越企业控制系统的边界。

5. 采购

采购的功能主要包括：

- 发出有供应商名字的原材料、补给品、备件、工具、设备和其他所需物料的订单。
- 监视采购进程并向申请人报告。
- 物品到货并认可后，发放进货支付发票。
- 汇集和处理原材料、备件等的单位请求，以便将订单发给销售商。

采购的功能通常产生或修改预期的物料和能源交付进度表(用于其他控制功能)。

6. 质量保证

质量保证的功能主要包括：
- 物料的试验和分类。
- 设定物料质量标准。
- 根据技术、市场和客户服务等提出的要求，对制造和测试实验室发布标准。
- 收集和维护物料质量数据。
- 发放其他用途的物料(提交或进一步处理)。
- 证明产品是按照标准工艺条件生产的。
- 对照客户要求和统计质量控制例行程序检查产品数据，以保证产品发货前质量合格。
- 将物料偏差重新置入工艺过程，以便重新评估以改进工艺。

质量保证的功能通常产生或修改如下信息，这些信息用于其他控制功能：
- 质量保证试验结果。
- 批准发放物料或同意放弃。
- 可施行的标准和客户对物料质量的要求。

基于本地的组织结构，质量保证中的某些功能可能位于控制域内，例如质量保证请求。因此，就需要论述进出质量保证的所选数据流，因为这些数据流可能跨越企业控制系统的边界。

7. 产品库存控制

产品库存控制的功能主要包括：
- 管理制成品库存量。
- 按照产品销售指示储备特定的产品。
- 按照交货进度表完成包装好的最终产品。
- 向生产调度报告库存量。
- 向产品成本核算报告余额和损耗。
- 与产品发货管理协调，安排产品的实物装载/发运。

产品库存控制的功能通常产生或修改如下信息，这些信息用于其他控制功能。
- 制成品库存量。
- 库存量余额。
- 包装进度表。
- 发货放行。
- 发货确认。
- 各项要求。

基于本地的组织结构，产品库存量控制内的某些功能可能处于控制域内。因此，就需要利用进出产品库存控制的所选数据流，因为这些数据流可能跨越企业控制系统的边界。

8. 成本核算

成本核算的功能主要包括：
- 计算和报告产品总成本。

- 向生产部门报告成本计算结果以作调整。
- 为生产设定成本目标。
- 收集原材料、劳动力、能源和其他要传送到会计部门的成本。
- 计算和报告总生产成本,向生产部门报告成本计算结果以作调整。
- 为物料和能源供应及分配设定成本目标。

成本核算的功能通常产生或修改如下信息,这些信息用于其他控制功能。
- 生产的成本目标。
- 生产绩效和成本。
- 从物料和能源控制出发对零件和能源输入进行核算。

9. 产品发运管理

产品发运管理的功能主要包括:
- 按接受的订单要求组织产品发货运输。
- 与运输公司商谈和发出订单。
- 接受工场货运条款并发放发货物料。
- 准备相应的发货文件(提单,结关)。
- 确认发运并发送至总会计部门要求开具发票。
- 向产品成本核算部门报告发运成本。

10. 维护管理

维护管理的功能主要包括:
- 提供现有设施的维护。
- 提供预防性维护计划。
- 提供设备监视以预测故障,其内容包括自检和提供诊断程序。
- 发出物料和备件的定购单请求。
- 拟定维护成本报告,并与外部承包工作量相协调。
- 为过程支持工程提供性能和可靠性的状态与技术反馈。

维护管理的功能通常产生或修改如下信息,这些信息用于其他控制功能。
- 维护进度表,它规定以后工作订单的计划。
- 维护工作通知单,它规定需要停用维修的专用设备以及可供利用的维护功能。
- 关于设备的诊断和自检请求。

基于本地的组织结构,维护管理内的某些功能可能处于控制域内。因此,就需要给出进出维护管理的所洗数据流,因为这些数据流可能跨越企业控制系统的边界。

7.4.4 MOM 信息的交互与信息资源

为了实现 MOM 与业务计划系统(第 4 层)之间的信息更有效地集成与共享,IEC/ISO 62264 标准分别针对 MOM 内部 4 类不同性质的区域进行了归纳与整合,将其与业务系统间交互的信息均归为 4 类,分别是运行定义信息、运行能力信息、运行调度/请求信息和运行绩效/响应信息。这 4 类信息可根据其所应用的制造运营管理区域进行细化,如图 7.37 所示,从而使得交互的制造运行信息能够形成一个完整的逻辑闭环。

第7章 从制造执行系统到制造运营管理

图 7.37　制造运营信息

在明确了 MOM 的范围、结构和信息交互的基础上,IEC/ISO 62264 标准采用 UML(unified modeling language,统一建模语言)建立了企业信息资源对象模型,描述了企业信息的基本结构。首先通过建立 3 类基础资源对象模型(即人员模型、设备模型和物料模型)作为企业信息构建的基础;进而使用并汇集这 3 类基础资源模型,辅以特定的参数描述和从属性描述,联合生成了过程段模型。过程段是指企业中一个生产段所需的所有资源和能力的汇集,可视为企业生产过程的基本粒度,过程段对象模型即成为描述企业信息资源的基本单位。通过过程段模型与前面定义的 3 类基础资源模型的联合使用和汇集,便可生成与制造运行信息相对应的对象模型,即运行能力模型、运行定义模型、运行调度模型和运行绩效模型,从而使 MOM 与业务计划系统之间相交互的制造运行信息有了对象模型的支撑,为 MOM 软件产品和软件系统的开发与集成奠定了坚实的基础。

7.4.5　MOM 活动模型

如图 7.38 所示,IEC/ISO 62264 标准定义了 MOM 通用活动模型模板,给出了 MOM 内部的基本体系框架,作为描述与研究制造运行管理的基本工具。该模型中的椭圆框表示企业制造运营管理内部的主要活动,带箭头的实线则代表了这些活动之间相互传递的各种信息流。通过这些活动和信息流的定义,可以清晰地反映企业制造运营管理的基本业务过程,实现对从原材料、能源和信息到产品的转换过程中的成本、数量、安全和时间等参数进行协调、指导和追踪。

MOM 通用活动模型模板实际使用时,需细化到制造运营管理的 4 类主要区域。例如,当该模型模板用于描述生产运营管理时,它将会细化生成一个更为具体的生产运营管理活动模型,如图 7.39 所示。该模型的主要活动已细化到与生产直接相关,各活动之间的信息流也被进一步地细化描述,并扩展了它与第 1~2 层生产控制功能之间的信息交互。

图 7.38 MOM 活动模型模板

图 7.39 生产运营管理的活动模型

在生产运营管理活动模型实际应用时,业务系统通过调用产品定义管理和生产资源管理的信息,结合第 4 层的相关活动与信息,形成生产调度信息传递给详细生产调度模块;通过该模块分解为详细生产进度表;再通过生成分派模块进一步生成生产分派清单;最后通过生产执行管理模块形成操作命令,下达给第 1、2 层的生产控制功能。实际的生产功能需要再结合产品定义管理所提供的生产规则,完成由生产执行管理下达的操作命令,并以操作响应的形式,将实际的生产结果反馈给生产执行管理模块。同时,通过生产数据收集模块从实际生产过程及生产执行管理模块,实时获取并存储设备和流程特定数据与操作响应信息,形成生产和资源的历史数据,传递给生产跟踪和生产绩效分析模块,进一步形成生产跟踪报告和绩效分析结果反馈给 MOM 的其他活动,并形成生产绩效信息反馈给第 4 层的业务系统。

类似地,MOM 通用活动模型模板同样可以用于描述其他 3 类制造运行区域,形成维护运行管理活动模型、质量运行管理活动模型和库存运行管理活动模型。以上 4 类运行管理活动模型之间通过详细调度模块相交互,共同为制造运行管理提供了模型化的描述与支撑。

第7章 从制造执行系统到制造运营管理

7.4.6 MOM 的案例

1. 锐制制造运营系统

浙江锐制公司 MOM 是以 MES 为基础,加入 APS、PMC、WMS、QMS 和 TPM 等相关系统,涵盖计划、物流、生产、质量、设备五大制造领域,集制造、执行与工厂运营于一体,对工厂实行全方位数字化管理的软件系统,如图 7.40 所示。

(1) 以平台化的工厂建模方式,在软件上灵活构建从集团到工厂、车间、产线、设备的工厂运转体系;并以此进行包含工艺路线和工艺参数的工艺 BOM 管理。

(2) 以 RFID/标识码、现场物流、生产防错、异常处理、动作管控、数据采集及监控 SCADA、SPC 及产品溯源、质量管理、设备运维等系统功能,满足生产工厂工位级别对人、机、料、法、环、测等方面的制造执行管理和现场控制。

(3) 采用工业大数据平台进行现场监控、数据仿真、工业智能和大数据分析,从而实现工厂管理的全方位数字化。

图 7.41 是锐制 MOM 系统数据层级图,其中,①、②、③分别是锐制 CPS(信息物理系统)/DCS(分布式控制系统)/DTS(数据接口系统),④是锐制 DFS(数字工厂系统),⑤是锐制 APS,⑥、⑦分别是锐制数字化供应链:PMC/WMS,⑧是锐制 MES,⑨是锐制 QMS,⑩是锐制 TPM,⑪是锐制 DBI(工业大数据分析系统)。

2. 浪潮制造运营系统

浪潮 MOM 以 MES 为原型,涵盖生产、库存、运维和质量 4 大领域,集制造执行与运营于一体,对工厂实行全方位管理。MOM 系统中包含工厂建模、工艺管理、计划管理、生产执行、质量管理、仓储管理、设备管理、条码管理、异常处理、数据采集、虚拟仿真和工业智能等众多功能,满足生产工厂对人、机、料、法、环、测及计划等各方面的管理。同时,系统外接 ERP 系统、工业大数据中心和设备管理层等模块,实现工厂管理的一体化。

浪潮 MOM 系统采用"云+边"的技术架构,以边缘智能平台为支撑,打造高级计划排产、制造执行、质量监测、设备运维和工业智能五大核心应用,为制造业客户提供生产协同、设备监测及质量追溯等多种云端服务。

1) 支持柔性制造,从容应对突发情况

浪潮 MOM 系统提供多种排产方法,随时应对突发情况,同时支持生产订单变更,实现对生产订单的数量、交期、产品、BOM 和工艺进行变更。在计划阶段(生产订单未执行)支持生产订单的取消、分割和合并。在生产订单已经下达后,未完工前可对数量、计划完成日期、生产产品、生产 BOM 和生产工艺等内容进行修改,修改后影响所有备料信息、工艺路线的工序信息和产出计划信息。通过浪潮自主研发的高级排产模型,依托机器学习通用平台能够实现系统的不断优化完善,能够提供车间级可执行的一次排产和二次排产,如图 7.42 所示。

2) 支持精益生产,实现不停机不断料

MOM 平台可实现物料需求计划计算过程配置,能够根据需要随意裁剪或增加需求和供给,指定计划策略、需求范围、可用库存统计方案、供应方案和需求日期范围。在物料需求计划运算时,通过获取主需求计划,指定计算的需求范围,指定可用库存统计方案和供应方案、库存供应策略,MRP 运行完成后,可下达计划订单到采购、自制和外协部门。

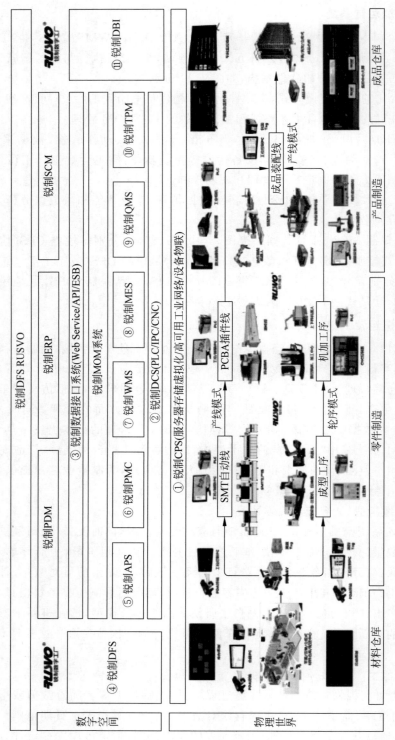

图 7.40 锐制 MOM 运行关系图(资料来源:e—works)

第7章 从制造执行系统到制造运营管理

图 7.41 锐制 MOM 系统数据层级图（资料来源：e-works）

图 7.42　浪潮高级排产模型

3) 有序生产调度与制造执行,实现均衡化生产

如图 7.43 所示,浪潮 MOM 系统通过数字化车间执行系统对具体生产活动进行管理。生产排产之后,将生产任务单通过数字化车间执行系统下达到生产线具体生产人员或者生产设备,进行具体生产操作。完工后数据返回给生产排产系统进行反馈及生产计划调整,实现生产从计划到完工的闭环管理。同时数字化车间执行系统可实现对工厂人员的管理,具有人员资质、出勤、工时和绩效管理等功能,通过系统方便统计人员作业效率,规避因人员资质不足引起的生产问题。

图 7.43　浪潮 MOM 生产管理

4) 企业制造智能让企业享受人工智能服务

基于机器学习的人工智能服务是浪潮智能制造解决方案的核心竞争力。如图 7.44 所示,浪潮 MOM 系统采用业界优秀的边缘计算架构,在边缘智能系统中推出机器视觉系统,融合现阶段主流的工业相机与自主研发的浪潮视觉检测系统,实现图像采集、检测和反馈,大大加快产成品检测工作速度并提高其准确率。

第7章 从制造执行系统到制造运营管理

图 7.44 基于边缘计算架构的浪潮 MOM 系统

5）采集控制系统 IoT/SCADA 实现现场设备的深度集成

边缘智能平台是浪潮 MOM 的基础，平台采用微服务架构，支持各种工业物联网通信。市场上大部分数控设备及智能仪表等都可以进行设备边缘数采，如西门子、ABB、三菱和霍尼韦尔及康斯特仪表等，实现企业边缘设备的互联互通与高性能计算，完成企业业务中央数据与底层数据的一体化管理，打造智能制造时代下的边缘计算，助力企业实现边缘智能。且平台采用时序数据库，存储量达到 10 亿以上级别，存储与展示时间达到毫秒级，如图 7.45 所示。

图 7.45　浪潮 MOM 的边缘数采与边缘智能

6）设备监测云开创资产远程监控的新模式

浪潮 MOM 系统依托采集控制系统 IoT/SCADA 和企业制造智能（EMI），提供公有云的远程设备监测和运维，向企业提供设备上云和监测服务。通过设备数字监测和运维，打通设备管理软件与设备的连接，实现企业内部业务与底层数据采集一体化管理，帮助企业实现设备的智能化管理。设备数字运维可实现设备远程操纵，从而提高车间自动化水平，系统界面如图 7.46 所示。

图 7.46　浪潮 MOM 系统的设备远程监控界面

7）数字孪生助力企业优化运营，开启企业新的经营模式

浪潮数字孪生是以数字化的形式对某一物理实体的行为或流程进行动态呈现，从而有效反映系统运行情况，企业可根据所获得的信息采取实际行动，实现高效运营，如图 7.47 所示。

第7章 从制造执行系统到制造运营管理

图 7.47 基于数字孪生的高效运营

习题

一、判断题

1. 相较于 ERP 来说，MES 实现技术更复杂，涉及 IT 与 OT，以及两者间的融合。（ ）
2. MESA 功能模型中质量管理模块提供了对从制造过程中收集到的测量值进行实时分析的能力，以确保合适的产品质量控制，并发现需要关注的问题。（ ）
3. 因为 MES 系统的个性化较强，所以在需求梳理的过程中，需结合行业和企业的特点，对这些特点进行详细分析，以保证未来的 MES 系统能够满足企业个性化的要求。（ ）
4. 安全管理与法规依从性管理都不是 MOM 相关支持性活动。（ ）
5. MES 是由学术界提出来的。（ ）
6. 设备维护包含于质量管理功能。（ ）
7. 人员信息是生产主体，生产人员的工作安排同生产班制以及生产时间计划紧密相关。（ ）
8. MOM 通用活动模型模板实际使用时，需细化到制造运行管理的 4 类主要区域。（ ）

二、单选题

1. 以下（ ）是 MES 支持或服务的对象。
   A. 会计员　　　　B. 现场设备　　　　C. 车间主任　　　　D. 销售业务员
2. 下面（ ）不是制造运营管理 MOM 的构成部分。
   A. 生产运作管理　　　　　　　　　B. 维护运作管理

C. 质量运作管理　　　　　　　　　　D. 销售运作管理
3. MES 与 ERP 对比,MES 不具备的特点是(　　)。
   A. MES 覆盖面大得多　　　　　　　B. MES 实现技术更复杂
   C. MES 业务模式更简单　　　　　　D. MES 管理粒度更为精细
4. 返工与修复过程中在任何控制点处都设置缓冲区管理来控制在制品数量的能力的活动,属于 MES 的功能是(　　)。
   A. 制造资源的分配与状态　　　　　B. 作业/详细排产
   C. 为生产单元分配任务　　　　　　D. 数据采集/获取
5. MES 中的(　　)功能模块能提供分钟级别的实际完成了的制造作业结果的报告,并提供该结果与过去的历史以及预期的对比。
   A. 生产过程监控　　　　　　　　　B. 可视化方式展示
   C. 生产过程透明化　　　　　　　　D. 产品质量控制

三、多选题

1. MES 基础数据包括(　　)。
   A. 人员类数据　　B. 设备类数据　　C. 物料类数据　　D. 过程类数据
2. MOM 功能数据流模型中内部细分的 4 个不同性质区域是(　　)。
   A. 生产运行管理　　　　　　　　　B. 库存运行管理
   C. 质量运行管理　　　　　　　　　D. 维护运行管理
3. 下列属于过程管理功能的有(　　)。
   A. 生产过程监控　　　　　　　　　B. 可视化方式展示
   C. 生产过程透明化　　　　　　　　D. 产品质量控制
4. 实施 MES 的主要流程变化有(　　)。
   A. 减少生产计划的层级　　　　　　B. 物料配送更加精确
   C. 质检与设备维护更加完善与规范　D. 车间人员大量岗位调整与缩减
5. 制造运营管理的对象模型包括(　　)。
   A. 运行能力模型　　　　　　　　　B. 运行定义模型
   C. 运行调度模型　　　　　　　　　D. 运行绩效模型

四、简答题

1. 什么是 MES？MES 有什么作用？
2. MES 与 ERP 的对比关系是什么？
3. MESA 的功能模块有哪些？
4. MES 需求分析包含哪些方面？
5. 什么是 MOM？MOM 的提出背景是什么？
6. 简述 MOM 的通用活动模型模板。

第 8 章 工业互联网

2012 年,美国通用电气公司(GE)首次提出工业互联网的概念,此后通信网络、物联网、云计算、大数据、人工智能等技术的发展又逐步完善了工业互联网的架构体系。工业互联网的诞生源于信息技术和工业技术的日积月累,既是技术创新突破的必然结果,也是企业转型、产业高端发展、经济高质量发展的内在要求。

8.1 工业互联网概述

8.1.1 工业互联网发展的动因

1. 技术突破焕发创新潜能,驱动工业互联网快速发展

近年来,以互联网、物联网、大数据、云计算为代表的新一代信息技术创新代际周期大幅缩短,创新活力、集聚效应和应用潜能裂变式释放,并以更快速度、更广范围、更深程度地向工业技术、生产工艺、经营管理、营销服务等环节渗透,深刻变革生产模式、组织方式和产业发展范式,推动制造业加速向数字化、网络化、智能化发展。互联网打破时空界限,使 ICT 能力如同自来水一样唾手可得,实现随时随地按需所取;物联网和传感器技术的突破,使人们能够以低成本、高效率方式实现对机器数据的大规模采集;云服务降低了 IT 资源的成本与壁垒,促进了信息技术更广泛的应用,为工业互联网平台的发展奠定了坚实的技术基础;边缘计算为传输、存储、分析海量数据提供了有效的解决方案,缓解了网络宽带的压力;大数据技术能够在杂乱无章的数据中挖掘有价值的信息,促成了信息技术应用潜能的深层次挖掘;软件定义为工业互联网发展提供了全新架构,工业 APP 封装、复用、传播工业技术和经验知识,给工业互联网平台赋予了新的能力和灵活性。

2. 企业数字化转型加速,牵引工业互联网创新发展

当前,数字转型浪潮扑面而来。GE、西门子等跨国企业纷纷踏上数字转型之路。GE近年来通过一系列收购不断强化软件能力,加快进行数字化布局,将数字技术与其在航空、能源、医疗和交通等领域的专业优势结合,向全球领先的工业互联网公司转型。西门子依靠自身多年积累的工业经验和ICT经验,开发了Teamcenter数据平台,集成了PLM、MES和TIA(全集成自动化),贯穿于产品生命周期各环节的"数字化双胞胎":产品数字化双胞胎、生产工艺数字化双胞胎、设备数字化双胞胎,致力于提供企业数字转型系统解决方案。在数字转型的驱动下,一方面基于云架构的工业互联网平台快速发展,另一方面工业互联网平台也成为企业实现转型发展和掌控主导权的最佳切入点和有力支撑。

3. 先进制造业发展路径明晰,推动工业互联网步入发轫阶段

先进制造业是制造业中创新最活跃、成果最丰富的领域,也是价值链上高利润、高附加值的领域,是以创新为引领和支撑的产业体系,是软件定义、数据驱动、平台支撑、服务增值、智能主导的新型制造体系最具代表性的产业。工业互联网是以数字化、网络化、智能化为主要特征的新工业革命的关键基础设施,加快其发展有利于加速智能制造发展,更大范围、更高效率、更加精准地优化生产和服务资源配置,促进传统产业转型升级,催生新技术、新业态、新模式,为先进制造业发展提供技术基础。同时,工业互联网平台承担着工业操作系统的关键角色,是工业全要素汇聚的枢纽,是工业资源配置的核心,驱动着先进制造体系的智能运转。先进制造业的发展脉络日益清晰,既为工业互联网的发展提出了新要求,也为工业互联网发展提供了广阔的发展空间。

4. 生态系统勾画国家竞争力新内涵,促进工业互联网体系日臻完善

围绕产业生态系统之争正成为国际博弈竞争的重要筹码。传统制造业以产品和生产为核心的商业模式已经在向以消费者为核心、以服务型制造为重点转变,产业竞争正在从价值链提升转向价值网络构建,从单一环节演变为产业生态的竞争。当前,发达国家抢抓新一轮工业革命机遇,围绕核心标准、技术、平台加速布局工业互联网,构建数字驱动的工业新生态。GE围绕构建航空发动机、大型医疗设备等高端装备产品的全生命周期管理服务体系,基于Predix培育产业生态,实现对35 000台航空发动机的监测管理,打通了数据采集、工业APP开发、服务应用的生态链。西门子围绕高端智能装备和智能工厂运营,基于MindSphere构建以开放平台、工业操作系统和工业APP为核心的产业生态体系。围绕"智能机器+云平台+应用APP"功能架构,整合"平台提供商+应用开发者+用户"等主体资源,形成基于工业云的制造业生态体系,抢占工业大数据入口主导权、培育海量开发者、打造用户黏性,正成为工业互联网体系发展的核心。

8.1.2 工业互联网的概念与内涵

1. 工业互联网的概念与发展

工业互联网最早由GE提出。GE的CEO杰夫·伊梅尔特(Jeffrey R. Immelt)认为,工业互联网是一个由机器、设备组、设施和系统网络组成的庞大物理世界,能够在更深层面与连接能力、大数据、数字分析相结合。美国将工业互联网上升为国家战略,力图以互联网等信息技术优势加强异地协同制造,以数据驱动制造业智能化转型,破解制造业空心化发展难题。

关于工业互联网的概念,不同国家、行业基于不同的发展基础和需要,说法并不统一,有工业互联网、信息物理系统(CPS)、工业物联网(IIoT)等。我国采用"工业互联网"这一概念，其内涵也在不断丰富和完善。

李克强总理在 2015 年政府工作报告中提出，将建设工业互联网作为落实"互联网＋"的行动计划、推动两化深度融合的重要手段之一。

2016 年，国务院印发的《关于深化制造业与互联网融合发展的指导意见》〔国发〔2016〕28 号〕中，将工业互联网作为制造业与互联网融合的"新四基"之一。

2017 年 11 月 27 日，国务院印发了《国务院关于深化"互联网＋先进制造业"发展工业互联网的指导意见》，明确指出工业互联网通过系统构建网络、平台、安全三大功能体系，打造人、机、物全面互联的新型网络基础设施，形成智能化发展的新兴业态和应用模式，是推进制造强国和网络强国建设的重要基础，是全面建成小康社会和建设社会主义现代化强国的有力支撑。

2018 年 7 月，工业和信息化部印发了《工业互联网平台建设及推广指南》和《工业互联网平台评价方法》。《工业互联网平台建设及推广指南》提出，到 2020 年，培育 10 家左右的跨行业、跨领域工业互联网平台和一批面向特定行业、特定区域的企业级工业互联网平台。

2019 年 1 月 18 日，工业和信息化部已印发《工业互联网网络建设及推广指南》，初步建成工业互联网基础设施和技术产业体系，包括建设满足试验和商用需求的工业互联网企业外网标杆网络，建设一批工业互联网企业内网标杆网络，建成一批关键技术和重点行业的工业互联网网络实验环境，建设 20 个以上网络技术创新和行业应用测试床，形成先进、系统的工业互联网网络技术体系和标准体系等。

2019 年，在全国两会上，"工业互联网"成为"热词"并写入《2019 年国务院政府工作报告》。《2019 年国务院政府工作报告》提出，围绕推动制造业高质量发展，强化工业基础和技术创新能力，促进先进制造业和现代服务业融合发展，加快建设制造强国。打造工业互联网平台，拓展"智能＋"，为制造业转型升级赋能。

2020 年 3 月 20 日，工业和信息化部印发《关于推动工业互联网加快发展的通知》，要求各有关单位要加快新型基础设施建设、加快拓展融合创新应用、加快健全安全保障体系、加快壮大创新发展动能、加快完善产业生态布局、加大政策支持力度；深入贯彻习近平总书记在统筹推进新冠肺炎疫情防控和经济社会发展工作部署会议上的重要讲话精神，落实中央关于推动工业互联网加快发展的决策部署，统筹发展与安全，推动工业互联网在更广范围、更深程度、更高水平上融合创新，培植壮大经济发展新动能，支撑实现高质量发展。

由此看来，工业互联网的内涵逐渐丰富。最初，工业互联网被认为是应用于工业生产环境的高可靠、低延时、安全泛在的互联网，是实现生产机器、工业产品、控制系统、信息系统和人之间泛在连接的重要基石。当前，工业互联网被认为是由网络、平台、安全构成的体系，是互联网和新一代信息技术在工业全领域、全产业链、全价值链中的融合集成应用，是一个巨型复杂的网络制造生态系统，通过机器、零部件、控制系统、信息系统、产品及人之间的互联互通，基于对工业大数据的全面深度感知、实时传输交换、快速计算处理和高级建模分析，驱动企业在技术研发、开发制造、组织管理、生产经营、市场营销等方面开展全向度创新，促进产业链上/下游的融合与产业生态的协同发展。工业互联网连接工业全系统、全产业链、全价值链,是支撑工业智能化发展的关键基础设施,是新一代信息技术与制造业深度融合所形成的新兴业态与应用模式,是互联网从消费领域向生产领域、从虚拟经济向实体经济拓展的核心载体,是一套基于云的制造业数字化、网络化、智能化的解决方案。

2. 工业互联网的内涵

工业互联网是满足工业智能化发展的需求,具有低时延、高可靠、广覆盖特点的关键网络基础设施,是新一代信息通信技术与先进制造业深度融合所形成的新兴业态与应用模式。工业互联网包括网络、平台、安全三大体系。其中,网络体系是基础,平台体系是核心,安全体系是保障。

(1) 网络体系是基础。

工业互联网将连接对象延伸到工业全系统,可实现人、物品、机器、车间、企业及设计、研发、生产、管理、服务等产业链、价值链全要素各环节的泛在深度互联与数据的顺畅流通,形成工业智能化的"血液循环系统"。

(2) 平台体系是核心。

工业互联网平台作为工业智能化发展的核心载体,平台体系为数据汇聚、建模分析、应用开发、资源调度、监测管理等提供支撑,实现生产智能决策、业务模式创新、资源优化配置、产业生态培育,形成工业智能化的"神经中枢系统"。

(3) 安全体系是保障。

建设满足工业需求的安全技术体系和管理体系,增强设备、网络、控制、应用和数据的安全保障能力,识别和抵御安全威胁,化解各种安全风险,构建工业智能化发展的安全可信环境,形成工业智能化的"免疫防护系统"。

8.1.3 工业互联网的本质与特征

1. 工业互联网的本质

(1) 工业互联网是机器、数据和人的融合。

从构成要素角度看,机器、数据和人共同构成了工业互联网生态系统。工业生产中,各种机器、设备组和设施通过传感器、嵌入式控制器和应用系统与网络连接,构建形成基于"云—网—端"的新型复杂体系架构。随着生产的推进,数据在体系架构内源源不断地产生和流动,通过采集、传输和分析处理,实现向信息资产的转换和商业化应用。人既包括企业内部的技术工人、领导者和远程协同的研究人员等,也包括企业之外的消费者,人员彼此间建立网络连接并频繁交互,完成设计、操作、维护及高质量的服务。

(2) 工业互联网是实现数据价值的技术集成。

从核心技术角度看,贯彻工业互联网始终的是大数据,工业互联网的本质就是构建一套数据自动流动的运行体系,即将正确的数据(所承载知识)在正确的时间传递给正确的人和机器,以信息流带动技术流、资金流、人才流、物资流,进而不断优化制造资源的配置效率。数据体系从原始的杂乱无章到最有价值的决策信息,经历了产生、收集、传输、分析、整合、管理、决策等阶段。其中,就需要集成应用各类技术和各类软硬件,完成感知识别、远近距离通信、数据挖掘、分布式处理、智能算法、系统集成、平台应用等连续性任务。简而言之,工业互联网是实现数据价值的重要工具。

(3) 工业互联网是基于互联网的巨型复杂创新生态系统。

工业互联网是涵盖从软件到硬件、从数字到实体、从厂内到厂外的复杂生态体系,应用主体多样,应用形式丰富。从产业发展角度看,工业互联网构建了一个庞大的网络制造生态系统,为企业提供了全面的感知、移动的应用、云端的资源和大数据分析,实现各类制造要素和资源的信息交互及数据集成,释放数据价值。这有效驱动了企业在技术研发、开发制造、组织管理、生产经营、市场营销等方面开展全面创新,实现产业间的融合与产业生态的协同发展。这个生态系统为企业发展智能制造构筑了先进组织形态,为社会化大协作生产搭建了深度互联的信息网络,为其他行业智慧应用提供了可以支撑多类信息服务的基础平台,为经济社会提质增效发展提供重要的驱动力量。

(4) 工业互联网是基于互联网平台的双创体系。

工业互联网由平台、网络、安全三大体系构成。其中,工业互联网平台是一个由平台建设商、解决方案提供商、开发者等多方主体构建的"双创"平台。工业互联网平台包括数据采集层、平台开发层(工业 PaaS)和应用服务层(工业 APP),需要多方主体合作构建。其中,数据采集层主要由自动化企业、ICT 企业等解决方案提供商主导,核心是通过协议兼容、转换实现多源设备、异构系统的数据可采集、可交互、可传输。平台开发层主要由工业企业主导,核心是将大量工业技术原理、行业知识、基础模型规则化、软件化、模块化,并封装为可重复使用的微服务。应用服务层由软件开发商、应用开发者主导,核心是面向特定行业、特定应用场景开发工业 APP,通过多方主体的协同参与,推动形成资源富集、合作共赢、协同演进的制造业"双创"生态。

2. 工业互联网的典型特征

(1) 数据资产化,价值无极限。

工业互联网的本质是基于传感器、处理器、执行器、信息网络、云计算、大数据将现实的物理世界映射为虚拟的数字模型,通过基于高级算法的大数据分析,将最优的决策数据反馈给物理世界,优化物理世界运转效率,提升安全水平。从智能机器的信息采集到企业管控的智慧决策,工业互联网应用的最终目标是释放数据价值,数据资源日益成为重要的生产要素,数据资产的优劣将成为一个企业软实力和竞争力的重要标志。从应用的角度讲,数据在优化生产、提升服务、完善供应链管理等方面都能为企业创造价值。例如,数据可以用于生产线监测与预警、设备故障诊断与维护、产品质量监测预测等,以直观明了的量化信息形式传递生产的隐性状态,模型范围从纯粹的统计"黑箱"模型到基于专家和知识的"白箱"模型,支持决策者采取适时维修策略,降低生产成本。数据还可以帮助决策者跟踪产品库存和销售价格,预测市场需求,通讨供应链的优化提升生产效益。数据的应用价值决定了其必将成为未来工业企业战略性生产要素,企业价值中枢将从厂房、设备等有形资产向数据等无形资产转移。数据分析对推动智能制造具有核心作用,只有得到有作用的分析结果,智能制造才能得以实现。

(2) 生产可定义,动态可调整。

当前,软件成为驱动未来工业的重要力量,机器的价值已从衡量零部件的数量、精度,衡量电路数与灵敏度,到衡量芯片数量、衡量软件代码数与可靠度。制造业需要实现研发设计、生产制造、经营管理、运维服务等知识和工艺流程的模型化、代码化、工具化,进而实现软件的平台化,本质上即"软件定义制造"。软件定义产品功能、软件定义管理流程、软件定义生产方式、软件定义企业能力、软件定义商业模式正在成为全球制造业发展的新特征。一个没有软件的系统,最多是初级智能系统,无法成为智能水平较高的开放智能系统。越来越多的制造企业重视软件的开发和应用,加速转型发展。在工业互联网条件下,机器和开源硬件的智能控制由软件完成,通过互联将智能控制链条延伸至产品全生命周期的各个环节,并通过软件快速不断地迭代,实现机器能力、生产能力的迭代和业务流程的优化;由软件产生的数据、信息、流程、模式等都归集到知识工作的自动化,所涉及的大数据、模式识别、人工智能、控制技术等使得企业内部、企业之间、产业系统实现深度整合,推动企业生产和管理向可通过软件定义、实时执行和动态调整的智能化方向转变。这极大地改变了传统的基于固定模具、固定生产线的规模化生产模式,破解了企业资源不能灵活调整分配、大量闲置浪费的发展瓶颈。例如,软件可以预测市场动向,计算生产需求,动态调整原材料库存;软件可以升级机器功能,加大其生产能力和适用范围;软件可以实现设备智能调配,按需配置其生产任务和工作负载。软件由于实现了模块化开发,各模块如同积木,相对独立又能任意组合、按需搭配,因此在工业互联网上的应用将不断深化,软件定义制造的模式将日益普及。

(3) 组织虚拟化,创新无边界。

工业互联网通过集成先进的信息通信和自动控制等技术,构建了物理空间与信息空间中人、机、物、环境、信息等要素相互映射、适时交互、高效协同的复杂系统,突破了时空界限,实现系统内资源配置和运行的按需响应、快速迭代、动态优化。同时,工业互联网也具备了开放、共享、协同、去中心化的特征,使得企业不断突破地域、领域、技术的界限,加快汇聚技术、资金、人才等创新要素,生产协同由企业内部扩大到全供应链条甚至是跨供应链条上,大企业通过数据、设备、系统集成互联,打通企业内外部、企业之间及产业链各环节,实现与中小企业在细分领域的服务能力和创新能力的整合共享,同时让更多的相关企业、客户甚至终端用户参与自身的研发设计和生产制造,促进产业链各个环节互联互通,构建多方参与、高效协同、合作共赢的产业生态。

(4) IT/OT 融合化,知识可复用。

工业互联网的发展既需要沉淀大量的工业机理,也需要具备科学先进的数据分析手段。大量工业知识经验以数字化模型方式沉淀,再把海量数据加入数字化模型中进行反复迭代、学习、计算、分析,从而实现对工业机器、设备、系统运行的状态感知、实时分析、自主决策、精准执行和学习提升。可以说,对工业机理的深入理解是进行工业数据分析的重要前提,科学强大的数据分析能力是工业优化运行的重要支撑,随着工业互联网的发展,工业机理与数据科学深度融合的分析范式将成为主流,大数据、机器学习、人工智能等方法成为平台必备工具,通过各种基于工业机理的分析模型在平台上的沉淀,平台将汇聚起大量的工业知识,有效支撑复杂数据分析,并实现知识传承、迭代与复用。

8.2 工业互联网平台的体系架构及核心技术

8.2.1 工业互联网平台的定位和作用

工业互联网平台是工业互联网的核心,是连接设备、软件、工厂、产品、人等工业全要素的枢纽,是海量工业数据采集、汇聚、分析和服务的载体,是支撑工业资源泛在连接、弹性供给、高效配置的中枢,是实现网络化制造的核心依托。从"云""网""端"的角度来看,工业互联网平台以"云"为核心,通过"网"的泛在连接,实现对海量终"端"资源、数据和主体的汇聚集成与优化配置。

工业互联网平台包含数据采集体系、工业 PaaS 平台和应用服务体系三大核心要素。其中,数据采集是基础,工业 PaaS 是核心,应用服务体系是关键。其本质是通过构建精准、实时、高效的数据采集互联体系,建立面向工业大数据存储、集成、访问、分析、管理的开发环境,支撑工业技术、经验、知识的模型化、软件化、复用化,不断优化研发设计、生产制造、运营管理等资源配置效率,形成资源富集、多方参与、合作共赢、协同演进的制造业生态。从工业互联网平台的关键作用来看,主要有三个方面。

(1) 工业互联网平台是传统工业云平台的迭代升级。

从工业云平台到工业互联网平台演进包括成本驱动导向、集成应用导向、能力交易导向、创新引领导向、生态构建导向五个阶段,工业互联网平台在传统工业云平台的软件工具共享、业务系统集成基础上,叠加了制造能力开放、知识经验复用与第三方开发者集聚的功能,大幅提升工业知识生产、传播、利用效率,形成海量开放 APP 应用与工业用户之间相互促进、双向迭代的生态体系。

(2) 工业互联网平台是新工业体系的"操作系统"。

工业互联网平台依托高效的设备集成模块、强大的数据处理引擎、开放的开发环境工具、组件化的工业知识微服务,向下对接海量工业装备、仪器、产品,向上支撑工业智能化应用的快速开发与部署,发挥着类似于微软 Windows 系统、谷歌 Android 系统和苹果 iOS 系统的重要作用,支撑并构建了基于软件定义的高度灵活与智能的新工业体系。

(3) 工业互联网平台是资源集聚共享的有效载体。

工业互联网平台将信息流、资金流、人才创意、制造工具和制造能力在云端汇聚,将工业企业、信息通信企业、互联网企业、第三方开发者等主体在云端集聚,将数据科学、工业科学、管理科学、信息科学、计算机科学在云端融合,推动资源、主体、知识集聚共享,形成社会化的协同生产方式和组织模式。

8.2.2 工业互联网平台的体系架构

工业互联网平台是面向制造业数字化、网络化、智能化需求,构建基于海量数据采集、汇聚、分析的服务体系,支撑制造资源泛在连接、弹性供给、高效配置的载体。

从构成来看,工业互联网平台包含四大要素:数据采集(边缘层)、基础设施(IaaS 层)、工业平台(PaaS 层)、工业 APP(SaaS 层)。工业互联网平台架构如图 8.1 所示。

(1) 数据采集(边缘层)是基础。

数据采集的本质是利用泛在感知技术对多源设备、异构系统、运营环境、人等要素信息进行实时、高效采集和云端汇聚。通过构建一个精准、实时、高效的数据采集体系对设备、系统、环境、人等要素信息进行数据采集、汇聚。同时,通过协议转换和边缘计算,一部分数据在边缘侧进行分析、处理并将结果直接返回到机器设备,指导设备运行;另一部分数据传到云端进行综合分析,进一步优化形成决策。数据采集通过实现制造全流程隐性数据的显性化,为制造资源的优化提供了海量数据源,是实时分析、科学决策的起点,也是建设工业

图 8.1 工业互联网平台架构

互联网平台的基础。

(2) 基础设施(IaaS 层)是支撑。

基础设施的作用是提供计算、存储及网络等资源,支撑 PaaS 层更好地为用户服务。通过虚拟化技术将计算、存储、网络等资源池化,向用户提供可计量、弹性化的资源服务。这一层主要由 ICT 企业主导建设,在这一领域,我国以阿里、腾讯、华为代表的企业提供的服务在国际上已经处于第一梯队,与发达国家处于同一水平。

(3) 工业平台(PaaS 层)是核心。

通过构建一个可扩展的操作系统,为工业 APP 应用开发提供基础平台。工业 PaaS 平台本质是一个基于云计算的开放式、可扩展的工业操作系统,除能够提供通用 PaaS 平台的运行环境和运营管理环境之外,还具有一套标准化、模块化的工业微服务组件库、开发环境、工业大数据系统,为工业 APP 应用开发提供一个基础平台。对于工业互联网而言,工业互联网平台是核心,而对于工业互联网平台而言,工业 PaaS 是 IaaS 层和 SaaS 层承上启下的中间关键层,向下能够调用部署在 IaaS 层的资源,向上能够为 SaaS 层提供功能模块、管理模块、计算存储等资源的调用和配置。工业 PaaS 最核心的是基于微服务架构的数字化模型,即将大量工业技术原理、行业知识、基础工艺、模型工具等规则化、软件化、模块化,并封装为可重复使用的组件。

(4) 工业 APP(SaaS 层)是关键。

通过推动工业技术、经验、知识和最佳实践的模型化、软件化,形成满足不同行业、不同场景的应用服务,并以工业 APP 的形式呈现出来。工业 APP 层由传统软件云化和基于工业 PaaS 层开发的新型工业 APP 应用构成,面向企业客户提供 SaaS 服务。工业 APP 层通过不断汇聚应用开发者、软件开发商、服务集成商、工业用户和平台运营商等各方资源,正成为行业领军企业和软件巨头构建和打造共生共赢工业云生态系统的关键。

8.2.3 工业互联网平台的核心技术

工业互联网平台运用了许多技术,其中以传感器技术、协议转换技术、工业建模技术、微服务架构技术、图形化编程技术等最为关键。本节按照工业互联网平台架构分层对其核心技术进行简要介绍,如表 8.1 所示。

表 8.1 工业互联网平台核心技术(杨春立,孙会峰,2019)

架构分层	关键技术
数据采集层	传感器技术
	协议转换技术
	低功耗技术
	能量获取技术
	边缘计算技术
基础层设施	海量数据分布存储技术
	海量数据管理技术
	虚拟化技术
	云计算平台管理技术
工业 PaaS 层	数据建模分析技术
	工业建模技术
	微服务架构技术
	动态调度技术
	平台安全技术
工业 APP(SaaS 层)	多租户技术
	应用系统集成技术

如图 8.2 所示,工业互联网平台的技术进展,具体而言有以下四个方面:

一是平台边缘功能由数据接入向智能分析演进,传统的定制化的数据接入方案逐步演变成平台服务;而边缘数据分析功能从简单规则引擎的应用向人工智能等复杂分析延伸;边缘功能变化的背后是通用 IT 软硬件架构的下沉,给边缘数据分析和应用运行带来更好的支持环境,使整体平台架构更加统一,降低平台系统应用的综合成本。

二是模型的沉淀、集成与管理成为平台核心能力,信息模型的集成与统一成为提升平台工业要素管理水平的关键,为平台资产、功能提供统一的语义描述;机理模型、数据模型、业务模型快速在平台中沉淀,使平台化的提供工业个性服务成为可能;数字孪生由概念走向落地,多类模型融合集成,支撑全企业的系统优化。

三是数据管理与分析从开源工具走向成熟商业方案,平台聚焦工业特色需求,普遍开展定制化开发强化工业数据管理能力;工业现场的实时性业务需求驱动平台大力发展实时流分析能力,人工智能技术进一步扩大了平台处理工业问题的深度和广度;平台不断丰富数据分析和可视化工具,催生工业数据 PaaS,有望大幅降低分析门槛,提升分析效率。

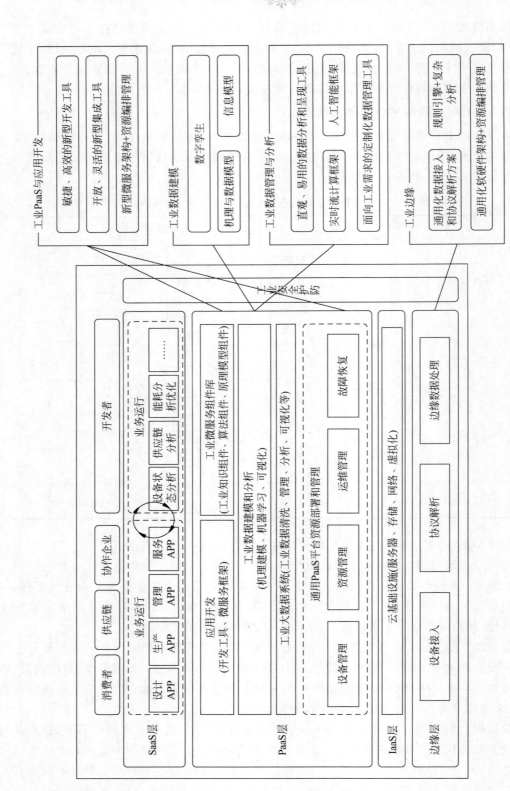

图 8.2 工业互联网平台的技术进展

四是平台架构向资源灵活组织、功能封装复用、开发敏捷高效加速演进,以 Kubernetes、Service Mesh 为代表的容器、微服务技术演进推动平台基础架构加速成熟,大幅提高平台功能解耦和集成的效率;新型集成技术发展将有效提升平台功能复用效率,推动平台功能由"内部调用"走向"多云集成";DevOps 与低代码提升开发效率,降低开发门槛,新兴平台架构和应用开发技术推动工业 APP 交付更快、应用更广。

8.3 工业互联网平台应用案例

1. 工业互联网平台应用分布及层次

国外工业互联网平台应用分布如图 8.3 所示,国内工业互联网平台应用分布如图 8.4 所示。可以看出,工业互联网平台在设备管理服务、生产过程管控、企业运营管理以及资源配置协同方面都起到比较大的作用。

图 8.3 国外工业互联网平台应用分布(工业互联网平台白皮书,2019)

综合图 8.3 和图 8.4,可以将工业互联网平台应用划分为三个层次,如图 8.5 和图 8.6 所示。

1) 层次Ⅰ:基于平台的信息化应用

得益于平台的"连接+数据可视化"能力,传统的生产管理类信息化应用得到更为广泛的普及。其中,在生产监控分析领域应用最为广泛,在物料管理、排产调度等方面也有初步探索。微软、思科、罗克韦尔、树根互联、宝信、阿里云等企业的平台均推出了面向生产过程可视化应用。这类应用主要提供数据汇聚和描述基础,帮助管理者直观了解工厂运行状态,其更高价值的实现依赖于在此基础之上的更深层次数据挖掘分析。

基于平台的"软件上云+简单数据分析"在客户关系管理、供应链管理和部分企业计划资源管理领域获得应用,有效降低中小企业软件使用成本。如 SAP、Oracle、Salesforce、微软、用友浪潮、金蝶等企业提供大量管理软件 SaaS 服务。如 Salesforce 所提供的云化 CRM

图 8.4　国内工业互联网平台应用分布（工业互联网平台白皮书，2019）

图 8.5　工业互联网平台应用的三个层次

软件服务已聚集超过 15 万客户，同时除通用软件工具之外，还提供基于社交网络的客户关系与需求分析，为中小企业提供销售渠道服务。用友提供采购、供应链、物流、财务、人力资源等工业云服务，服务工业企业客户达 44 万家。

2）层次Ⅱ：基于平台大数据能力的深度优化

基于平台的大数据能力以"模型+深度数据分析"模式在设备运维、产品后服务、能耗管理、质量管控、工艺调优等场景获得大量应用，并取得较为显著的经济效益。GE、西门子、

第8章 工业互联网

图 8.6 工业互联网平台应用优化价值视图

ABB、富士康、树根互联、东方国信、日立、C3IoT 等企业已经推出了上百个上述类型的应用服务,如 Uptake 帮助美国最大核电站 PALO Verde,通过提高资产性能,实现每年 1000 万美元的成本节省,成本降低 20%。又如青岛纺织机械厂依托海尔 COSMOPlat 通过数据采集及分析实现设备远程运维,每年可省 96 万元,宕机时长从每次的三天缩短为一天,可降低直接损失 64 万元/次。

3) 层次Ⅲ:基于平台协同能力的资源调配和模式创新

借助平台整合产业链资源,探索制造能力交易、供应链协同等应用,成为部分企业的实践选择。如智能云科依托 iSESOL 平台开放共享自身生产力,提高闲置设备的利用率,目前已对 24 000 台机床提供超过 533 万小时的交易共享服务。再如中船集团利用船海智云平台对船舶制造企业、船用设备制造企业等开展纳期监控等应用,提升供应链协同水平。基于平台进行深层次的全流程系统性优化尚处在局部的探索阶段。

2. 海尔 COSMOPlat 平台

作为中国最早一批探索工业互联网的企业,海尔在探索制造业数字化转型升级的实践中,研发了具有中国自主知识产权、全球首家引入用户全流程参与体验的工业互联网平台——COSMOPlat(cloud of smart manufacture operation plat)。COSMOPlat 以用户体验为中心,旨在创造用户终身价值,实现企业、用户、资源的共创共赢共享。其意义在于使整个智能家电的应用产业链变得完整,主要方式是通过将每个消费者不同的个性化需求与智能化、透明化的工业产业链紧密的对接,实现了用户、产品、生产线之间的无缝对接,使用户可以高度地参与到产品的设计和制造过程中。

COSMOPlat通过平台创新、技术创新与生态创新,构建"1+7+N"平台架构体系,即1平台7个模块覆盖N个行业,实现跨行业、跨领域应用。其中,7个模块为用户交互、研发创新、协同采购、智能制造、智慧物流、智能服务、精准营销。通过COSMOPlat,海尔改变了传统制造业各个模块串联式的价值链,开创了7个模块间的环形价值创造方式(见图8.7),使组织职能部门变成直面用户的节点,以快速响应用户,实现与用户的零距离。

图8.7 海尔COSMOPlat 7个模块间的环形价值创造

海尔以众创汇为窗口收集用户定制需求,依靠云技术处理智能设备与物联网终端产生的海量数据,整合用户碎片化的需求。该平台提供了三种个性化定制模式,即模块定制、众创定制和专属定制。

(1) 众创定制。产品通过众创的方式产生,通过用户投票等机制实现,一旦达到最小批次量后,海尔就开始生产。

(2) 模块化定制。用户可以根据模块进行定制化购买。

(3) 个性化定制。为用户提供独一无二的定制化服务。

在消费者定制完其希望的产品之后,海尔的大数据采集中心通过互联网将其传送到数据云平台进行信息数据的存储与分析,就可以通过海尔工业互联网中的互联工厂实现生产。针对平台提供的三种定制化服务,海尔互联工厂有三种生产模式:①针对不变的模块,该种模块采用高效自动化生产线,在保证产品质量的情况下最大化降低产品单价;②针对可变化的模块,主要通过柔性自动化生产线,根据订单需求,对模块进行组合;③针对极端定制化情况,主要实行定制单元线。每个操作员在作岗位上接收唯一订单,系统会根据实时安装手册,将所有的零部件推送到他的岗位上。通过这种信息化和智能化,最大化保证了生产效率,缓解库存压力。此外,通过工厂内自下而上的系统集成及与上下游企业间的数字化协作,互联工厂缩短了信息传递链,实现了用户、供应商、上下游的零距离,并为用户提供全程可视化的体验。

在采购端,海尔COSMOPlat采用模块化采购模式,通过建立开放的海达源全球采购平台,实现从零件商到模块商的端到端信息融合。在COSMOPlat平台上,海尔的所有供应商都能随时参与模块设计,与海尔进行零距离交互。同时,COSMOPlat对所有供应商的信息收集后进行后台处理,通过大数据运算,自动对所有供应商进行绩效评价和分类,并制定后续采购计划,实现了对供应商关系管理的颠覆。海达源全球采购平台还向外部中小企业提供采购交易和转型升级服务,帮助中小企业优化自身采购体系,降低采购成本,带动供应商整体和外部中小企业的信息化升级。

COSMOPlat平台以用户体验为中心,实现企业由大规模制造向大规模定制的转型,最终构建成企业、用户、资源共创共赢的新型生态体系。COSMOPlat的三大差异化特征表现为全周期、全流程和全生态,如表8.2所示。

表8.2 海尔COSMOPlat的三大差异化特征

全周期	用户通过COSMOPlat对产品全生命周期进行参与 海尔通过智能家电了解用户使用全周期		
全流程	高精度(三联)	联全要素	制造全要素人、机、物、单等与客户互联
		联全流程	用户与企业全流程零距离互联互通
		联网器	产品升级为网器,持续与用户交互
	高效率(三化)	柔性化	三种生产模式
		数字化	以COSMO-IM为核心的五大系统集成
		智能化	智能产品的自控制、自学习、自优化
全生态	全球资源共创共赢		

全周期主要体现在两个方面。一是用户通过COSMOPlat平台对产品全生命周期进行参与。产品全生命周期和用户进行紧密的连接,解决了大规模生产与个性化之间的矛盾。二是海尔通过用户对智能家电全生命周期的使用,在产品销售结束后依然可以对客户在生活场景中的使用情况进行全程了解,从而改进产品,为客户创造新的需求。

全流程主要体现在智能制造方面,即将低效的串联流程转变为以用户为中心的并联流程,以互联工厂为载体解决了大规模制造和个性化定制的矛盾,实现了大规模制造到大规模定制转型。COSMOPlat与用户连接,实现"三联"(用户与全要素互联、用户与"网器"互联、用户与全流程互联)与"三化"(柔性化、数字化、智能化)。

第三是全生态。COSMOPlat不是一个封闭的体系,而是一个开放的平台。平台上的每个企业、资源方和用户都可以在平台上共创共赢共享。

海尔的COSMOPlat的实践可以说是工业互联网方面的最佳实践,通过重塑产业价值链和生态链,改变了企业与用户之间传统的交易关系,构建了企业、用户、资源共创共赢的工业新生态体系,持续进行跨行业、跨领域赋能。其开放性和普适性,为实现跨行业、跨领域、跨文化的全面复制提供了可能,为相关的中小型企业进行工业互联网创新提供了可参照的样本。

8.4 工业互联网平台运营模式

电子商务、广告竞价、应用分成、金融服务、专业服务、功能订阅等互联网平台经济模式大部分在工业互联网平台中也会出现。但是工业互联网平台现阶段将以专业服务、功能订阅为最主要运营模式。

1. 专业服务

专业服务是当前平台企业的最主要盈利手段,基于平台的系统集成是最主要的服务方式。绝大部分与设备管理、能耗优化、质量提升相关的大数据分析平台都以这种方式提供服务。如寄云科技主要面向电力、石化、高端装备等行业,依托其平台的大数据分析处理能力,结合客户需求场景,进行定制化解决方案开发与现场部署。即便是企业运营等管理软件服务平台也需要依赖这种方式进行落地部署。如用友利用精智平台的数据集成能力,为厦门侨兴提供定制化解决方案,全面打通已有的 ERP、PDM 和 MES 系统。此外咨询服务也正在成为平台专业服务的重要方式,部分企业依托其平台所集聚的数据,为客户提供分析服务,以指导业务拓展,如 Salesforce 为用户提供一对一的数据增值等技术咨询服务,拓宽盈利空间。

2. 功能订阅

功能订阅是现阶段平台盈利的重要补充,有可能成为未来平台商业模式的核心。
(1) IT 资源及工业软件服务已普遍采用订阅服务方式。
一是云资源订阅,亚马逊、微软、阿里、腾讯、华为都提供了较为成熟的 IaaS 资源租用服务。
二是功能组件订阅,如 GE Predix 提供超过 50 种微服务工具集,以订阅形式向用户收费。百度为工业设备提供位置定位 API,根据使用量收费。
三是工业 SaaS 订阅,如 PTC 应用商店中基于 ThingWorx 的工业 SaaS 数量超过 40 个,均以订阅方式提供;ANSYS 提供仿真软件的云端订阅服务,用户可选择在 ANSYS 企业云或其合作伙伴的云平台上进行订阅;SAP、甲骨文等提供了基于自家平台的云化 ERP 订阅服务;西门子 Manage MyMachines 等应用软件以订阅模式进行收费。
(2) 围绕资产运维、能耗优化领域的托管服务正在成为工业领域新的订阅方式。
如天远科技为工程机械厂商提供资产托管服务,基于远程监控诊断以保障设备资产安全,托管运营设备超过 25 万台;极熵物联为中小企业提供空压机等设备的运营托管服务,目前平台上管理设备超过 600 台,节能减排提升 30% 以上。

3. 交易模式

交易模式中,工业产品交易相对成熟,制造能力交易与工业知识交易仍在探索。在工业产品交易方面,部分工业互联网平台依托其对产业链资源的集聚,提供工业产品交易服务。如积微物联基于 CⅢ 平台对订单需求、库存、物流数据进行整合与分析,提供钢铁、钒钛等产品的在线交易服务,钢铁年交易额超过 700 亿元。在制造能力交易和工业知识交易方面,智能云科利用 iSESOL 平台对装备工况、地理位置等数据进行分析,面向机械加工领域企业提供订单匹配与交易服务,探索制造能力交易模式。航天云网利用 INDICS 平台积累产品设计图、标准件模型等资源,供企业用户使用。但是,由于现阶段知识产权与数据共享问题、制造系统的互联互通与管理问题尚未完全解决,导致制造能力与工业知识的交易模式仍在探索。

4. 金融服务模式

金融服务模式显现巨大的价值潜力,是平台企业探索商业模式的新热点。推动产融结合是增强金融服务实体功能重要措施。工业企业及金融机构均可基于平台开展产融结合。目前从以下三条路径实现产融结合。

一是数据+保险模式。如平安集团基于平台获取和集成工业排污企业的生产、经营、排污、信用等数据,利用 AI 与大数据技术进行环境监管风险分析,实现环责险有效投放。

二是数据+信贷模式。如树根互联赋能久隆保险推出设备 UBI 保险,联合慕尼黑再保险和德国工程机械巨头普茨曼斯特推出设备在线延长保修定价服务,成功探索出保费和理赔额双降,保险公司和客户共赢的保险新模式。海尔金控利用 COSMOPlat 将单个企业的不可控风险转变为供应链企业整体的可控风险,为中小企业提供融资借贷、供应链金融服务。

三是数据+租赁模式。徐工基于汉云平台的大量设备管理能力,探索经营租赁模式,融资租赁率超过 80%。中科云谷基于平台对设备租赁进行全过程管理,实现租赁回款管理等功能。

5. 其他模式

基于应用商店的分成模式刚刚起步。部分领先的工业互联网平台已经开始探索构建应用开发者商店,如 PTC 构建应用市场,提供超过 200 个软件工具;西门子 MindSphere 应用商店提供超过 20 项应用服务。虽然上述平台为培育应用生态目前还未对应用开发者进行分成,但未来随着市场的成熟,这也可能成为平台一种新的盈利方式。

此外,直接将平台作为一种软件产品进行销售也是部分企业的盈利手段之一。PTC 依托其代理商渠道将 ThingWorx 平台作为一种软件工具直接销售,供其他企业进行二次开发,搭建自家平台或开展企业内数据的采集与集成工作。如 IT 服务商 NSW 对 ThingWorx 平台进行二次开发,以其为"底座"构建自家平台 Toami;Woodward 利用 ThingWorx 平台开发了自家制造信息系统,将工厂内自动化设备、ERP、PLM、MOM 系统进行了全面集成。

6. 工业互联网平台运营展望

(1) 平台创新与竞争的大幕刚刚拉开,未来将有更多主体进入这一领域,但只有少数能最终构建起自己的"平台经济"。

(2) 伴随平台成熟与应用深化,构建面向业务与数据的服务体系将可能成为平台建设的关键与核心。

(3) 工业 APP 创新能力与应用交付能力将是平台价值实现的关键,具有工业积淀的企业短期优势更为明显。

(4) 生态建设将成为下一阶段平台产业发展的主线。

(5) 平台应用短期仍将以设备侧与工厂侧为主,长期看消费侧将逐渐发力,并最终实现汇聚打通。

(6) 平台治理将成为政府与企业必须面对的重要问题,数据确权、数据流转与平台安全是关键。

视频讲解

8.5 基于区块链的工业互联网

8.5.1 区块链概述

1. 区块链的概念与特性

区块链起源于比特币,2008年11月1日,一位自称中本聪(Satoshi Nakamoto)的人发表了《比特币:一种点对点的电子现金系统》一文,阐述了基于P2P网络技术、加密技术、时间戳技术、区块链技术等的电子现金系统的构架理念,这标志着比特币的诞生。两个月后理论步入实践,2009年1月3日第一个序号为0的创世区块诞生。2009年1月9日出现序号为1的区块,并与序号为0的创世区块相连接形成了链,这标志着区块链的诞生。区块链和比特币的关系如图8.8所示。

比特币是区块链的首个应用　　区块链是支撑比特币的底层技术

图8.8　区块链和比特币

区块链的概念可分为狭义和广义。从狭义上讲,区块链的本质是一种分布式记账同步更新账本技术,以去中心化和去信任化的方式,集体维护一个可靠数据库的技术方案。从广义上讲,区块链是一种革新和颠覆性的思维理念,去中介化,建立信任社会,实现共享。因此区块链的主要特性包含以下三个方面。

(1) 去中心化。

网络没有中心化的物理节点和管理机构,网络功能的维护依赖网络中所有具有维护功能的节点完成,各个节点的地位是平等的,一个节点甚至几个节点的损坏不会影响整个系统的运作,网络具备很强的健壮性。

(2) 去中介信任。

网络节点间数据传输是匿名的,而且节点之间不需要互相信任,整个系统通过公开透明数学算法运行。节点彼此数据公开,彼此信任,没有办法欺骗其他节点。

(3) 数据可靠。

系统中每个节点都能获得一份完整"账本"的副本。除非能够同时控制整个系统中超过51%的节点,否则单个节点上对数据的修改是无效的,也无法影响其他节点上的数据内容。

2. 区块链的结构

区块链的结构包含交易、区块和链三个组成部分。

- 交易(transaction)：一次操作,导致账本状态的一次改变,如添加一条记录。
- 区块(block)：记录一段时间内发生的交易和状态结果,是对当前账本状态的一次共识。
- 链(chain)：由一个个区块按照发生顺序串联而成,是整个状态变化的日志记录。

3. 区块链的分类

区块链包含三类,如图8.9所示。

(1) 公共区块链(公有链)。网络中的节点可任意接入,网络中数据读写权限不受限制,任何人都能参与共识过程。比特币属于典型的公有链。

(2) 私有区块链(私有链)。网络中的节点被一个组织控制,写入权限仅限在一个组织内部,读取权限有限对外开放,全球42家银行组建的区块链联盟R3 CEV就是私有链。

(3) 联盟区块链(联盟链)。介于公有链和私有链之间。公开节点可以任意接入；而授权节点则必须通过授权才可以接入的区块链。

图8.9 区块链的分类

4. 区块链的发展

区块链的发展经历了区块链1.0(可编程货币)、区块链2.0(可编程经济)和区块链3.0(可编程社会),如图8.10所示,其范畴和机制如表8.3所示。

图8.10 区块链的发展历程

表 8.3 区块链范畴及机制

区块链范畴		机制	子机制/技术/原理	子机制/技术/原理的内涵
区块链 3.0	区块链 2.0 是合约	共享机制	公开透明点对点链接	无须第三方中介、无须中心的点对点直接链接与全网广播(有助于以货易货)
	区块链 1.0 是货币与支付：聚焦分布式系统中广义共识与(算法式)信任机制		分布式账本的一致性	全网只有一个总账本,各节点均有相同备份并有相同的记账权利
		狭义共识机制	工作量证明机制 POW (proof-of-work)	是确保正确答案很难被获取但又很容易被验证的哈希算法计算证明；各节点每次根据计算工作量的大小抢夺唯一的记账权和比特币奖励
			最长链原理	只要诚实节点群控制过半(即超51%)计算能力,最长链就是真实结果；节点可随时离开或重入网络,最长链是离线期间所有交易证明
		奖励机制	区块/代币奖励制度	赢者将区块记入链中并获一定比特币(其总量呈S形分布且有限)
			交易费奖励制度	创建区块的赢者可获交易制造者提供的交易输入与输出的差值
		狭义安全透明信任机制	网络加密技术	公/私钥匙加密和数字签名对个人隐私信息进行匿名加密保护
			透明技术	账号全网公开但户名匿藏,公匙全网公开但私匙仅由用户保管
			时间戳溯源技术	依时间戳忠实记录每笔交易至首尾衔接区块链中,各节点可查
			基于哈希算法的不可篡改技术	忠实记录每笔交易；除非欺诈节点群控制过半计算能力(也称为51%攻击),否则结果不可能被篡改；随记录的变长篡改成本呈指数激增而不值得
	合约将区块链 1.0 拓至金融和市场的全面应用	狭义新型共识机制	权益证明机制 POS (proof-of-stake)	类似"股权证明",以节点持有比特币的比例和币龄来等比例地降低证明难度,以便加快大对速度并激励用户持续供给解题计算力
			储量/可恢复性证明	需要存储大量数据被运算的解谜算法,以便存储有价值的大文件
			混合机制	多种证明混合(如 POS+POW 的活动证明)以应对矿池的负面效应
		智能合约契约机制	可编程脚本技术	用一种特定描述性语言编写的可自主执行代码(含可编程货币)
			多重签名技术	由签名的多方全体或部分同时签名或延时签名以便生效的技术,两人同签可对应担保交易,三人中任意两人同签可对应联名账户
			图灵完备技术	完善脚本而能计算图灵可计算(Turing-computable)函数的技术

续表

区块链范畴	机制	子机制/技术/原理	子机制/技术/原理的内涵
区块链3.0 区块链3.0深化区块链2.0并同时向更广领域推广应用，比如政府、健康、科学、文学、文化和艺术领域	共享机制	三式记账法(亦第一个狭义的公司治理创新)	在复式账基础上增加第三项，以便让需做检查的内外利益相关者及监管者根据不同权限即时访问账本(也即可审计、可搜索和可验证的分类账)
	分层结构机制	侧链技术(解决必要的隐私问题)	与主链双向楔入满足个性化应用的侧链，在公有区块链外衍生私有区块链，如私有或半公开账本(其机密交易可以保密交易的金额)
		闪电网络技术	解决比特币的交易规模、实时性和小额支付问题的微支付渠道
	自治机制	自主运作代理人技术(亦智能预言机)	可分析环境并有能力独立做决定(含收/支决定)的智能设备/系统，为物联网和分布式自治企业/组织的智能运作提供智能代理者
	协作机制	更正式声誉度机制	与代币衔接的声誉度机制提升社会生产(如Linux商业生态系统)协同质量
		按量(次)计费机制	不涉产权而按(使用)量计费的去中心化的分享/共享协作经济，如中心化Uber/Airbnb对应去中心化版Uber/Airbnb将依智能激励更好协调节点用户
		产销者一体的机制	产销者一体的节点以更充分地互动/博弈而发展更协作的平台
		新范式/层次的云机制	点对点范式下与传统云并行的新层次上的政府公有云和私有应用云

8.5.2 区块链赋能工业互联网

2017年10月30日，国务院常务会审议通过了《深化"互联网＋先进制造业"发展工业互联网的指导意见》(以下简称《意见》)。这是我国推进工业互联网的纲领性文件，将为当前和今后一个时期国内工业互联网发展提供指导和规范。《意见》指出，工业互联网是连接工业全系统、全产业链、全价值链，支撑工业智能化发展的关键基础设施，是新一代信息技术与制造业深度融合所形成的新兴业态与应用模式，是互联网从消费领域向生产领域、从虚拟经济向实体经济拓展的核心载体。

2019年10月24日下午，习近平主席在中央政治局第十八次集体学习时强调：把区块链作为核心技术自主创新重要突破口，加快推动区块链技术和产业创新发展。

2020年3月20日，工业和信息化部印发的《关于推动工业互联网加快发展的通知》提出，提升工业互联网平台核心能力需以区块链等新技术作为支撑。

当前，工业互联网连接规模变大，端到端的连接和交易也将更为频繁，需要通过区块链将产业链上下游间的数据上链，这样有助于实现核心企业生态内共享、工业企业间互信共享、工业互联网平台间价值共享。利用区块链技术为工业"网络化生产"推进中遇到的生产协同、工业安全、信息共享、资源融合、柔性监管等挑战提供相应的解决方案。

1. 基于区块链技术的工业云架构

在工业互联网平台提供的供需能力撮合模块中，区块链技术起到了分布式的监管模式，保障企业需求各确认环节的内容不可修改，提高供需撮合效率。

在工业品交易环节,利用区块链技术保障交易双方的利益与数据安全。

在云产品和服务的供给过程中,基于统一数字身份认证、共识机制、智能合约技术,推动企业登云补贴政策数字化执行和监管,实现数据流通、溯源、确权及交易,为工业企业提供安全保障。

通过搭建以上架构的工业云平台(见图8.11),将更好地解决云平台在生产制造过程的数据采集、管理、服务和应用中面临的数据安全、数据信任、数据存储方式、数据价值服务等问题。

图 8.11 基于区块链技术的工业云架构

2. 区块链+工业互联网应用场景举例

工业互联网平台现行痛点之一:
(1) 平台客户当发生经济纠纷时缺少可靠的交易凭证。
(2) 平台认证、金融机构缺少全面可信的依据。

区块链解决工业互联网痛点一的方式如图8.12所示,区块链利用其时间戳、分布式存储特性、完整账本在多节点顺序记录等特性,使得单一节点无法改变整个账本数据,保证交易双方或多方达成均认可的可靠交易凭证;同时借助于非对称加密技术,拥有相应公钥的认证方、金融服务方能够读取必要交易数据,在增强数据隐私性与安全性的同时,解决平台认证和金融机构缺少全面可信依据的痛点。

工业互联网平台现行痛点之二:云网用户活跃度相对较低,缺乏激励措施。

如图8.13所示,工业互联网平台可以效仿比特币挖矿过程,用户可通过增加活跃度的相关举措获取积分。

工业互联网平台现行痛点之三:供应链存在不够透明的问题,采购方缺乏对采购物品的必要了解。发生质量问题时,缺乏可靠的追溯依据。

如图8.14所示,RFID技术可用来较为全面地记录供应链各个环节信息,利用区块链的时间戳、分布式存储特性,完整账本在多节点顺序记录,无法通过篡改一个单节点数据而改变整个账本数据。同时利用非对称加密技术,只有获得相应公钥的需求采购方才能够读取需求提供方数据,增强数据隐私性与安全性。

图 8.12　外协外购交易区块链（资料来源：天智公司）

图 8.13　云网积分（资料来源：天智公司）

图 8.14　供应链数据写入区块链（资料来源：天智公司）

3. 区块链在工业互联网信息安全中的应用

（1）区块链可以解决工业互联网数据共享中的关键问题。

工业互联网数据是工业领域各类资源的核心载体，通过汇聚、处理、分析、共享和应用各类数据资源，推动工业经济全要素、全产业链、全价值链的数据流通共享，实现对工业领域各类资源的统筹管理和调配。我国工业互联网数据资源总量呈爆炸性增长，区块链技术可以有针对性地解决工业互联网平台数据共享模式中存在的主导权不清晰、隐私保护难、数据确权难、资源负载严重等问题。图8.15和图8.16分别是基于区块链的工业互联网平台架构以及相应的数据处理流程。

图8.15 基于区块链的工业互联网平台架构

图8.16 基于区块链的平台数据处理流程

(2) 区块链可以实现对工业互联网企业运营的柔性监管。

工业互联网基于各种网络互联技术,可以将工业设计、工艺、生产、管理、服务等涉及企业从创立到结束的全生命周期全部串联起来,从而摆脱了传统工业企业间的割据状态。区块链特有的"物理分布式、逻辑多中心、监管强中心"的多层次架构设计,能够为政府监管部门和工业企业相互之间提供一种"松耦合"的连接方式,如政府与企业之间、企业与企业之间、同一企业内部不同的生产部门之间,均可实现工业互联网对象标识的管理需求。图8.17所示

图 8.17 区块链管理系统架构

为区块链管理系统架构。

(3) 区块链可以提升工业互联网企业的制造协同管理能力。

工业互联网应该赋能整个工业系统，使其拥有描述、诊断、预测、决策、控制的智能化功能。基于共识算法、密码学、智能合约等技术，可构建一个多方可信的"工业互联网＋区块链"生产协作平台，提高工业生产制造效率和促进企业管理协同。图 8.18 所示为基于区块链技术的工业互联网平台方案流程图。

图 8.18　基于区块链技术的工业互联网平台方案流程图

(4) 区块链助力工业互联网建立主动防护体系。

工业互联网打破了传统的网络安全界限，企业 IT 和 OT 实现融合，工业网络、管理网络与互联网相互连接，大量工业互联网资产在公网暴露，安全边界不断延伸，工业互联网成为网络攻击的重点目标。区块链技术提供了一种在不可信网络中进行信息与价值传递、交换的可信通道，为解决工业互联网安全问题提供了新方法和新思路。

习题

一、判断题

1. 资源调配和模式创新不是工业互联网平台应用的发展层次。（　　）
2. 区块链的分布式监管模式能够为工业互联网平台提供供需撮合效率。（　　）
3. 区块链可以提升工业互联网企业的制造协同管理能力。（　　）
4. "工业互联网"的概念最早由通用电气于 2012 年提出，随后美国五家行业龙头企业联手组建了工业互联网联盟(IIC)，将这一概念大力推广开来。（　　）
5. 工业互联网平台是资源集聚共享的有效载体。（　　）
6. 互联的最终目的是为智能决策提供支撑，进而实现工业过程的运行优化。（　　）
7. 平台创新与竞争的大幕刚刚拉开，未来将有更多主体进入工业互联网产业这一领域，大多能最终构建起自己的"平台经济"。（　　）
8. 广义上讲，区块链是一种革新和颠覆性的思维理念，去中介化，建立信任社会，实现共享的分布式基础架构与计算范式。（　　）
9. 区块链技术提供了一种在不可信网络中进行信息与价值传递、交换的可信通道，为

解决工业互联网安全问题提供了新方法和新思路。( )

二、单选题

1. 2012 年美国 GE 公司提出工业互联网,以下( )不属于工业互联网的三要素。
   A. 生产时间　　　B. 设备　　　C. 人　　　D. 数据分析
2. 以下选项中( )不属于区块链的主要特性。
   A. 去中心化　　　B. 去中介信任　　　C. 低时延　　　D. 数据可靠
3. 工业互联网本质内涵是"人-机-物"深度融合的智能网络空间,其信息空间与物理空间同步演进的特点属于( )。
   A. 三元融合　　　B. 时空关联　　　C. 平行演进　　　D. 智能涌现
4. 区块链的主要分类中没有( )。
   A. 公共区块链　　　B. 私有区块链　　　C. 联盟区块链　　　D. 工业区块链
5. 区块链的技术特性不具备( )。
   A. 分布式容错性　　　B. 隐私保护性　　　C. 不可篡改性　　　D. 具有中心

三、多选题

1. 工业互联网平台功能架构包含( )。
   A. 边缘层　　　B. IaaS 层　　　C. 工业 PaaS 层　　　D. 工业 SaaS 层
2. 区块链的狭义安全透明信任机制运用了( )。
   A. 网络加密技术　　　　　　　B. 透明技术
   C. 时间戳溯源技术　　　　　　D. 基于哈希算法的技术
3. 利用区块链技术为工业"网络化生产"推进中遇到的( )问题提供相应的解决方案。
   A. 生产协同　　　　　　　　　B. 工业安全
   C. 信息共享　　　　　　　　　D. 资源融合

四、简答题

1. 工业互联网的产生背景是什么?为什么需要工业互联网?
2. 工业互联网的应用层次与应用模式有哪些?
3. 我国大中小企业如何推进基于工业互联网平台的创新应用?
4. 什么是区块链?区块链发展各阶段的内在机制是什么?
5. 区块链如何赋能工业互联网?

参 考 文 献

[1] 李长江. 关于数字经济内涵的初步探讨[J]. 电子政务, 2017(9): 83-92.
[2] TAPSCOTT D. The digital economy: promise and peril in the age of networked intelligence[M]. New York: McGraw Hill, 1997.
[3] 李艺铭, 安晖. 数字经济: 新时代 再起航[M]. 北京: 人民邮电出版社, 2017.
[4] 张鹏. 数字经济的本质及其发展逻辑[J]. 经济学家, 2019(2): 25-33.
[5] 逄健, 朱欣民. 国外数字经济发展趋势与数字经济国家发展战略[J]. 科技进步与对策, 2013(8): 124-128.
[6] Department of Broadband Communications and the Digital Economy. Australia's digital economy: future directions[R/OL]. (2009-7-15)[2021-1-10]. http://apo.org.au/node/17766.
[7] 王伟玲, 王晶. 我国数字经济发展的趋势与推动政策研究[J]. 经济纵横, 2019(1): 69-75.
[8] 肖旭, 戚聿东. 产业数字化转型的价值维度与理论逻辑[J]. 改革, 2019(8): 61-70.
[9] 吕铁, 徐梦周. 传统产业数字化转型的趋向与路径[J]. 人民论坛·学术前沿, 2019(18): 13-19.
[10] 李永红, 黄瑞. 我国数字产业化与产业数字化模式的研究[J]. 科技管理研究, 2019, 39(16): 129-134.
[11] 新华三大学. 数字化转型之路[M]. 北京: 机械工业出版社, 2019.
[12] 王兴山. 数字化转型中的企业进化[M]. 北京: 电子工业出版社, 2019.
[13] 孟小峰, 慈祥. 大数据管理: 概念、技术与挑战[J]. 计算机研究与发展, 2013, 50(1): 146-169.
[14] 邹蕾, 张先锋. 人工智能及其发展应用[J]. 信息网络安全, 2012, 12(2): 11-13.
[15] JIN J, MA L, YE X W. Digital transformation strategies for existed firms: from the perspectives of data ownership and key value propositions[J]. Asian Journal of Technology Innovation, 2019, 28(3): 1-17.
[16] 冯登国, 张敏, 李昊. 大数据安全与隐私保护[J]. 计算机学报, 2014, 37(1): 246-258.
[17] 冯朝胜, 秦志光, 袁丁. 云数据安全存储技术[J]. 计算机学报, 2015, 38(1): 150-163.
[18] 中国信息通信研究院. "5G+云+AI": 数字经济新时代的引擎[R/OL]. (2019-12-9)[2021-1-10]. http://www.cbdio.com/image/site2/20191209/f42853157e261f5840505a.pdf.
[19] 中国信息通信研究院. 中国数字经济发展白皮书(2017年)[R/OL]. (2017-7-13)[2021-1-10]. http://www.cac.gov.cn/files/pdf/baipishu/shuzijingjifazhan.pdf.
[20] 陈剑, 黄朔, 刘运辉. 从赋能到使能: 数字化环境下的企业运营管理[J]. 管理世界, 2020, 36(2): 117-128.
[21] 迈克尔·格里夫斯. 产品生命周期管理[M]. 褚学宁, 译. 北京: 中国财政经济出版社, 2007.
[22] 苏春. 数字化设计与制造[M]. 3版. 北京: 机械工业出版社, 2019.
[23] 王建华, 程绪琦. AutoCAD 2014 标准培训教程[M]. 北京: 电子工业出版社, 2014.
[24] GRIEVES M, VICKERS J. Digital twin: mitigating unpredictable, undesirable emergent behavior in complex systems[J]. Transdisciplinary Perspectives on Complex Systems, 2017, 10(3): 85-113.
[25] 陶飞, 张贺, 戚庆林, 等. 数字孪生十问: 分析与思考[J]. 计算机集成制造系统, 2020, 26(1): 1-17.
[26] 庄存波, 刘检华, 熊辉, 等. 产品数字孪生体的内涵、体系结构及其发展趋势[J]. 计算机集成制造系统, 2017, 23(4): 753-768.
[27] 陶飞, 刘蔚然, 张萌, 等. 数字孪生五维模型及十大领域应用[J]. 计算机集成制造系统, 2019, 25(1): 1-18.

参考文献

[28] 苗田,张旭,熊辉,等.数字孪生技术在产品生命周期中的应用与展望[J].计算机集成制造系统,2019,25(6):1546-1558.

[29] LI X,CAO J R,LIU Z G,et al. Sustainable business model based on digital twin platform network: the inspiration from Haier's case study in China[J]. Sustainability,2020,12(3):936-958.

[30] 中国电子信息产业发展研究院.数字孪生白皮书(2019)[R/OL].(2019-12-19)[2021-1-10]. http://www.woniupai.net/93291.html.

[31] 梁乃明,方志刚,李荣跃,等.数字孪生实战:基于模型的数字化企业(MBE)[M].北京:机械工业出版社,2020.

[32] 田军,刘正刚.企业资源计划(ERP)[M].2版.北京:机械工业出版社,2020.

[33] F.罗伯特·雅各布斯,理查德·B.蔡斯.运营管理(原书第15版)[M].北京:机械工业出版社,2020.

[34] 比特智造管理员.智能工厂指挥中心:西门子APS介绍[OL].(2019-11-13)[2021-1-10]. https://www.jianshu.com/p/2b440be3c027.

[35] 蔡颖.APS走向实践[M].广州:广东经济出版社,2007.

[36] 蔡颖.APS供应链优化引擎[M].广州:广东经济出版社,2004.

[37] JIANCHIDAODI.什么是APS高级计划排程(生产计划排产)系统?[OL].(2017-3-31)[2021-1-10]. https://www.cnblogs.com/Jianchidaodi/p/6649766.html.

[38] 黄培.MES选型与实施指南[M].北京:机械工业出版社,2020.

[39] 彭振云,高毅,唐昭琳.MES基础与应用[M].北京:机械工业出版社,2021.

[40] 苏宏业,肖力墡,苗宇,等.制造运行管理(MOM)研究与应用综述[J].制造业自动化,2010,32(4):8-13,95.

[41] 肖力墡,苏宏业,褚健.基于IEC/ISO 62264标准的制造运行管理系统[J].计算机集成制造系统,2011,17(7):1420-1429.

[42] 浪潮集团.浪潮制造运营管理系统(MOM)[J].智能制造,2019(4):29-31.

[43] 邵奇峰,金澈清,张召,等.区块链技术:架构及进展[J].计算机学报,2018,41(5):969-988.

[44] 吕文晶,陈劲,刘进.工业互联网的智能制造模式与企业平台建设:基于海尔集团的案例研究[J].中国软科学,2019(7):1-13.

[45] 徐雪松,金泳,曾智,等.应用于工业互联网数据安全的分层轻量级高通量区块链方法[J].计算机集成制造系统,2019,25(12):3258-3266.

[46] 范希文.金融科技的赢家、输家和看家[J].金融博览,2017(11):44-45.

[47] 杨春立,孙会峰.工业互联网创新实践[M].北京:电子工业出版社,2019.

[48] 工业互联网产业联盟(AII).工业互联网平台白皮书(2019)[R/OL].[2021-1-10]. https://www.miit.gov.cn/n973401/n5993937/n5993958/c6002326/part/6002331.pdf.

[49] 李晓,刘正刚.基于区块链技术的供应链智能治理机制[J].中国流通经济,2017(11):34-44.

图书资源支持

感谢您一直以来对清华版图书的支持和爱护。为了配合本书的使用,本书提供配套的资源,有需求的读者请扫描下方的"书圈"微信公众号二维码,在图书专区下载,也可以拨打电话或发送电子邮件咨询。

如果您在使用本书的过程中遇到了什么问题,或者有相关图书出版计划,也请您发邮件告诉我们,以便我们更好地为您服务。

我们的联系方式:

地　　址:北京市海淀区双清路学研大厦 A 座 714

邮　　编:100084

电　　话:010-83470236　010-83470237

客服邮箱:2301891038@qq.com

QQ:2301891038(请写明您的单位和姓名)

资源下载: 关注公众号"书圈"下载配套资源。

资源下载、样书申请

书 圈

获取最新书目

观看课程直播